할머니의 노래

HARUMONI NO UTA:
ZAINICHI JYOSEI NO SENCHU SENGO
by Fumiko Kawata
ⓒ 2014 by Mari Takiguchi
Originally published in 2014 by Iwanami Shoten, Publishers, Tokyo.
This Korean edition published in 2024
by Bada Publishing Co., Ltd.
by arrangement with Iwanami Shoten, Publishers, Tokyo.

이 책의 한국어판 저작권은 (주)신원 에이전시를 통해 저작권자와 독점 계약한 바다출판사에 있습니다.
저작권법에 따라 한국 내에서 보호를 받는 저작물이므로 무단전재와 무단복제를 금합니다.

식민지 시대 재일 여성들의 삶과 증언
할머니의 노래

가와타 후미코 지음 안해룡·김해경 옮김

바다출판사

차례

서문 | 알아야 할 역사에 내딛는 첫걸음 9

1 빨리 태어나서 손해를 봤어 17
길쌈을 배우려던 무렵 일본 공장으로 • 말도 모르면서 아이를 돌보고, 용케 해냈어 • 공장의 어린 노동자, 가혹한 환경 • '가난해서'와 '여자라서' • 배우고 싶다, 그때도 지금도

2 둥둥 떠가는 솥, '주워서 살았어' 41
열일곱에 결혼해서 시동생들을 키웠어 • 가족 넷이 세상을 떠나다 • 장사는 말이지, 맛있으면 먹으러 오는 거야 • 자식들에게도 하지 않던 얘기들 • "두 손 든 거잖아" • 막걸리를 만들면 경찰이 잡아갔어 • 술 마시던 시어머니, 마시지 않던 남편

3 대충 묻었어, 죽으면 죽은 채로 71
한 번이라도 방공호에 들어가지 않고 잠들어보고 싶었어 • 대충 묻었어, 죽으면 죽은 채로 • 빨리 전쟁이 끝났으면 좋겠다 • 흰 저고리에 행선지를 먹물로 써서 • '헌병 같은 일'을 하던 집에 얹혀살다 • 셋이 손잡고 도망가는데 왠지 한쪽 손이 무거워 • 알몸으로 어깨를 껴안고 몸을 따뜻하게 • 강에서 건진 검은 익사체가 둑 여기저기에

4 히로시마 거리가 통째로 사라졌어   101

"엄마, 피 나와" "너도" • 피폭과 동시에 맞은 아버지의 '해방' • 원폭 후유증이 어떤 건지는 몰라 • 의사도 모른다니 말이 돼? • 60년도 더 지나 나타난 원폭 피해

5 겪을 대로 겪었지, 고생은 나의 힘   131

교실의 '오줌싸개 할멈' • 남편은 도박에 찌들고, 혼자서 출산을 • 궁지에 빠진 남편의 거짓말 • 날마다 새벽 2시에 일어나 70인분의 밥을 짓다 • 중고 삼륜차로 폐품을 모으며

6 밀항선을 탔다가 인생길이 틀어졌다   157

술렁술렁 안절부절, 재봉틀을 싣고 제주도로 • 내 몸으로 낳은 아이들을 데리고 • 도항 증명서와 전후 법적 위치 • 학교 다니고 싶어서 일본으로 • 죽으면 갈 테니 지금은 괜찮아

7 아저씨, 빨간 종이로 된 약 주세요   181

어머니의 웃는 얼굴을 본 적이 없다 • 현미를 찧다가 친구가 부른 노래 • 빨간 종이로 된 약 주세요 • 그렇게 정직했던 남편이 거짓말을 • 한센병 비율이 높은 재일 코리언

8 여기는 40번지,
좋은 것도 나쁜 것도 출발점은 여기야   205

탯줄도, 추억의 사진도 없다 • 40번지 소사 • 함께 싸워 쟁취한 집 • 무서워서 혼자 여기서 살겠냐? • 인생에서 가장 공부가 되었다 • 사람과 사람, 40번지 시대의 커뮤니티

9 전쟁도 쓰나미도 삶을 빼앗지는 못해   229

우리 마리코는 흙까지 먹었다니까 • '위안부 110번'에 전해진 정보 • 칼을 차고 위안소로 온 군인 • 몸속이 얼어붙는 것 같아서 겨울이 싫어 • 재판에 져도 나는 녹슬지 않아

10 피붙이가 헤어지면 안 돼, 절대로! 253

이렇게 길어질지는 생각도 못 했어요 • 새어머니, 할머니와 함께 일본으로 • 아궁이 앞에서 눈물만 찔찔 • 결국은 유랑민, 뿌리 없는 풀 • 의사가 되었지만 병사한 장남 • 뉴스를 들을 때마다 가슴 아파

11 우리 학교는 정말 창유리가 없었어 277

교실에서 쫓겨난 아이들 • 사진 속 또 한 명의 소녀 • 겨울이면 뭔가를 뒤집어쓰고 • 조선 이름을 불러줘요 • 홍일점으로 시작된 교사 생활

12 후쿠시마, 원전이 머릿속에서 떠나질 않아 305

원전 사고 후 우울해진 손자 • 아버지는 조선인, 어머니는 일본인 • 지진 당시 나미에마치에 한국·조선인은 12명 • 대피소가 된 조선 학교에서 아들이 있는 곳으로 • 점점 가난해져, 푸하하 • 한국 할머니에게 집 빌려주는 사람은 없어요

맺는말 | 식은땀을 흘려가며 들은 이야기들 329
옮긴이의 말 | 일본 여성이 직접 마주한 재일 여성의 삶과 기록 337

‖ 일러두기 ‖

1. 일본 인명, 지명, 작품명과 독음은 국립국어원의 '외래어 표기법'을 따르되, 지명의 군(郡), 현(県), 초·야마(町) 등은 통일성을 기하기 위해 띄어 쓰지 않고 지명에 붙여서 표기했다.
2. 이 책에서 글줄 괄호 안에 설명한 주는 모두 지은이의 것이며 옮긴이 주는 모두 하단에 각주로 구별했다.
3. 잡지와 신문 같은 매체명, 영화, 시, 노래, 논문 제목 등은 홑화살괄호(〈 〉)로, 단행본 책 제목은 겹화살괄호(《 》)로 표기했다.
4. 이 책에서 '在日(재일)'은 역사적 문맥에 따라 재일 조선인, 재일 한국·조선인, 재일 코리언 세 가지로 옮겼다. '재일 조선인'은 근대 이후 한반도에서 일본으로 이주한 이들을 일컫는 이름이었다. 샌프란시스코강화조약 이후 외국인 등록에는 국적을 '조선'이라 표기했다. '재일 한국·조선인'은 남과 북이 각기 독자적인 정부를 세우고 한일기본조약을 체결한 이후 1970년대와 80년대에 걸쳐 폭넓게 쓰였는데, 국적과 정치적인 판단에 따라 한국계는 '재일 한국인', 북한계는 '재일 조선인'이라고 별도로 부르기도 했다. '재일 코리언'은 남북 대립의 상황이나 국적과 관계없이 2000년대부터 일반화되었고, 한국에서는 '在日'의 일본어 발음 그대로 '자이니치'라고 표현하기도 한다.

서문

알아야 할 역사에
내딛는 첫걸음

2012년 6월부터 '할머니의 노래'라는 글을 월간지 〈세카이(世界)〉에 실으면서 '연재를 시작하며―두 재일 여성과의 귀중한 만남'이라는 다음과 같은 글을 썼다.

1977년 일본군 '위안부' 피해자임을 최초로 증언한 배봉기 씨와 처음 만났을 때 나는 강한 충격을 받았다. '어릴 적에 집이 가난해서'라는 말을 듣고부터 나는 빈곤과 성노예제 문제에 관심이 생겼다. 그러나 봉기 씨가 경험한 식민지 조선의 빈곤은 차원이 달랐다. 전쟁이 남긴 기억으로 인해 그는 PTSD(외상 후 스트레스 장애) 증상이 심했다. 오키나와(沖繩)에서 사람들을 피해 살고 있던 그가 수년에 걸친 취재에 응해주었던 것은 말할 수 없는 피해를 타자에게 터놓을 수 없었기 때문이었을 것이다. 1992년 1월 시민단체에서 정보 수집을 위해 설치한 긴급 전화 '위안부 110번'에 송신도 씨에 관한 정보가 전해졌을 때 다른 회원은 재조사를 망설였지만, 나는 봉기 씨에게 등 떠밀리듯 미야기현(宮城県) 오나가와(女川)에 있는 신도 씨의 집을 방문했다. 신도 씨가 재판을 시작한 것은 그로부터 1년 뒤였다. 분명 봉기 씨와 신도 씨를 만난 다음부터 내게 일본군의 성폭력 문제는 필생의 작업이 되었다.

재일 여성 두 분을 알게 된 순간 나는 다른 재일 여성들이 어떤 인생을 걸어왔는지 알고 싶어졌다. 처음에는 막연히 재일 여성의 삶을 기록한다면 좋은 결과가 나올 것이라 생각했다. 하지만 뒤늦게 이 기록이 일본인들에게 결코 간과할 수 없는 역사임을 자각했다.

지금 이 순간도 재일 할머니들을 만나면 봉기 씨를 처음 만났을 때 받았던 충격과 비슷한 울림이 있다. 일본 사회에서 일어나고 있었지만 눈치채지 못했던 이야기가 한 분 한 분 할머니들을 만날 때마다 실타래가 풀리듯 전개된다. 이 이야기를 기록해두고자 한다.

재일 할머니들이 쓰는 말 중에 '고생 자랑', '가난 자랑'이라는 말이 있다. '고생'이나 '가난'이라는 말에 '자랑'이라는 단어가 붙는 것은 왠지 어색하다. 한국·조선에 원래 이런 단어가 있었던 걸까? 아닐 것이다. 고향을 떠나 일본에서 일본어를 쓰면서 살아가는 할머니들에게서 나온 조어가 분명하다. 자신이 얼마나 고생했는지 얼마나 가난했는지를 자랑하는 것인지, 아니면 고생과 가난을 하소연하는 것이 헛수고임을 조롱하는 것인지 그 진의를 정확히 알 수는 없다. 하지만, '고생'과 '가난'을 자랑하면서 훌훌 털어버리는 할머니들의 웃음소리가 들리는 듯해서 속이 시원하다.

할머니들이 잘 쓰는 표현 중에는 신세타령이라는 말도 있다. 사전에서는 '자기의 처지에 관한 이야기. 자기의 불행한 운명을 이야기식으로 노래하는 것'이라고 풀이하고 있다.

여러 가지 제각각의 털실을 이어
뜬 팬티

무슨 색이냐고 물어도 대답할 수 없는 색이었어
처음은 어린이 스웨터로,
그것이 낡아 뜯어지면
풀어서 다른 털실을 더해
다시 어린이 스웨터를 뜬다
그러는 동안
너덜너덜해져서
이제 어떻게도 못 하게 되면
마지막에 팬티가 된다
열 가지 색이라도 모자라요 (이하 생략)

이 〈엄마의 팬티 색〉이라는 시를 시집 《망향(望郷)》(天理時報社, 2005)의 첫머리에 게재한 저자 이명숙 씨의 어머니는 공복을 달래기 위해 끈으로 배를 바짝 죄고 리어카를 끌면서 헝겊이나 고철을 모아 아이들을 길렀다. 날마다 있었던 일들을 즉흥적인 노래로 만들어 부른 어머니의 신세타령을 명숙 씨는 어릴 때 이따금씩 듣곤 했다. 생전에 어머니가 불렀던 신세타령을 동생이 녹음해두었다. 이 노래를 듣는 순간 명숙 씨는 테이프 녹음기를 안고 가슴을 쥐어뜯었다고 한다. "그 녹음테이프를 들려주실 수 있나요?"라는 말이 목구멍까지 올라왔지만, 참았다. 다른 사람에게는 들려주고 싶지 않을 만큼 중요한 것이 아닐까? …… 그런 아픔이 느껴졌기 때문이다.

송신도 씨는 노래를 좋아한다. 집회나 연회에서 사람들이 모일 때마다 노래를 했다. 잊히지 않는 신도 씨의 신세타령이 있다. '위안부' 피해 사실과 국제법 위반을 인정했지만 청구는 기각된 고등법원 판결이 있은 뒤 보고집회에서 침통해하던 많은 참석자 앞에서 누구보다도 낙담했을 신도 씨는 마이크를 잡고 "노래 한 곡 부르겠다"며 느닷없이 노래를 시작했다.

> 나는야 에헤- 진 재판 괜찮아 좋아 그렇지만
> 몇 번을 지더라도 나는 녹슬지 않으니
> 여기 모인 분들 잘 들어요 두 번 다시 전쟁은 하지 말아주세요
> 도시코(송 씨의 일본 이름)는 지금도, 100년 살아도, 내일 죽어도
> 할 때는 한다. 돈이 없어도, 입을 것이 없어도, 장식품이 없어도
> 해내겠어. 이 정치가 거지들. 아, 힘내고, 아, 힘내고, 힘내

문장으로 옮기면 엉망진창이지만, 참석자들 사이를 돌아다니며 춤추고 노래 부르는 신도 씨의 즉흥가에 집회장 분위기는 돌연 고조되

었다. 송신도 할머니는 집회 참석자들을 웃기지 않으면 돌아가지 않았다. 집회장의 열기가 넘치면 스스로도 고무되는 사람이었다. 그런 그가 부르는 혼신의 신세타령이었다.

돌이켜보면 나는 젊었을 적부터 나이 든 여성들의 이야기를 들어 왔다. 계기가 있다.

여성 잡지 편집부에 근무하고 있을 무렵 기소로(木曾路) 여행 기사를 기획한 적이 있다. 취재 중 개전에서 삼베를 짜는 할머니가 있다는 말을 듣고 찾아갔다.

"삼베를 짜는 작업은 실을 뽑는 일부터 시작하나요?"

"아니야. 씨를 뿌리는 일부터야."

가족의 옷을 만드는 작업이 씨를 뿌리는 일부터 시작된다는 할머니의 이야기를 듣고 나는 노인들의 인생담에 귀를 기울이는 즐거움을 배웠다. 남자가 아닌 '할머니'다. 왜 '할머니'인가? 할머니들은 문자로 기록되지 않았던 세계를 내게 보여주었기 때문이다.

자유기고가가 되어 처음 작업한 《바로 어제의 여자들(つい昨日の女たち)》(冬樹社, 1979), 《여자들의 자장가(女たちの子守唄)》(第三文明社, 1982), 《류큐호의 여자들(琉球弧の女たち)》(冬樹社, 1983)은 메이지 시대에 태어난 여성들의 이야기를 듣고 쓴 책이다. 일본의 마을 곳곳을 돌아다니다 오키나와에 갔을 때 배봉기 씨를 만났다.

최근 수년 동안은 가와사키(川崎), 오사카(大阪), 도쿄(東京), 사이타마(埼玉), 교토(京都), 나고야(名古屋) 등지를 찾아 재일 할머니들의 이야기를 들었다. 나이 든 여성들의 이야기를 듣던 젊은 시절의 기억이 문득 되살아났다. 말할 필요도 없이 일본 할머니들과 재일 할머니들은 생활 기반이 다르다. 틀림없이 재일 할머니들은 일본의 식민 지배 때문에 현재 일본에서 살고 있다. 이것이 대전제다. 하지만 순전히 내 경험에서 말하자면, 30여 년이라는 시간의 차이는 있어도 메이지 시대에 태어난 일본 할머니들과 현재 재일 할머니들 사이에는 공통점이 있다. 글자를 읽지 못하는 사람이 많다는 점이다.

전후 민주주의 교육의 세례를 받은 나로서는 글자를 읽지 못하는 할머니들의 인생담이 신선하게 다가왔다. 극단적으로 말하는 것인지는 모르지만, 문자 문화를 접하지 않고 살아온 사람일수록 내가 모르는 세계관을 더 많이 보여주었다. 예를 들면 가족의 옷을 만들기 위해 삼베의 씨를 뿌리는 일부터 시작하는 종합적인 노동으로 축적된 힘, 생활에 필요한 모든 물자를 자력으로 만들어내는 힘을 반영하는 세계관이랄까?

재일 할머니들에게서도 같은 경험을 했다. 글자를 모르는 할머니들이야말로 생생한 언어를 쓴다. 하지만 교육을 받지 못한 일본 할머니들이 소작지에서 농사를 짓기 위해 흙이나 자연과 싸우면서 살아온 데 반해, 재일 할머니들은 고향을 떠나 있었기 때문에 정착할 곳조차 없었다. 대부분은 동포들이 집단으로 모여 살기 시작한 도시에서 살았다. 음식을 제공받는 정도이거나, 임금이 지급된다 해도 극히 낮은 임금 조건에서 어린 나이부터 노동을 시작했기에, 재일 할머니들은 전쟁 전부터 여성 노동자의 선구자였다. 할머니들은 언제나 일을 하고 있었다. 노동조합에 소속되는 기회도 극히 드물었다. 새처럼 불안정한 상태에서 일을 해왔으며 때론 자영을 하기도 했다. 노동에 종사한 경험이 없는 할머니는 거의 없을 것이다.

'일본인이야말로 알지 않으면 안 되는 역사'라는 판단이 들었기에 할머니들의 인생을 담는 작업을 잘난 듯 시작했는데, 젊은 날 할머니들의 이야기를 듣던 때처럼 잔잔한 감동이 느껴졌다. 상상하기조차 힘든 가난이 몰고 온 갖가지 어려움과 마주했던 한 명 한 명 할머니의 굳건한 의지. 할머니들의 '고생 자랑'이나 '가난 자랑'과 입장은 다르지만, 뜨거운 갈채를 보내고 싶다. 알지 않으면 안 되는 역사를 배우는 첫걸음은 내딛었다는 마음이다.

1
빨리 태어나서 손해를 봤어

위 김숙량 씨는 어릴 때 일하던 공장에서도, 결혼 직후 살던 지역에서도 주변에는 모두 일본인이었다고 말한다. 젊은 시절의 모습.
아래 다섯 살에 오사카로 이주해 여덟 살 나이부터 메리야스 공장에서 노동자로 일했던 김숙량 씨. 자택에서.

"아이들 수업 참관을 가면 이름을 쓰잖아. 자기 이름도 못 써. 그게 겁나서, 가고 싶어도 언제나 거짓말로 '일이 바쁘니까 갈 수 있을 때 갈게' 하고는 아이를 학교에 보냈어."

"외국인 등록 갱신할 때 관공서에 가면 창구에서 '일본어를 쓸 수 있는 사람과 함께 와' 이러면서 돌려보내."

"길을 묻는데, 내가 찾는 가게 간판이 눈앞에 있었어. 간판이 있어도 읽지 못하니 알 수가 없지. 그러니 상대방은 이상하다는 표정을 하고……."

할머니들을 취재하면서 일본 사회에서 글자를 몰라 생활에 어려움을 겪었다는 이야기를 몇 번이나 들었다. 읽고 쓸 수 없다는 것이 알려지는 것은 더없는 수치였고 공포이기도 했다. 시력검사표의 글자를 위에서부터 아래까지 전부 외우는 고육지책을 썼다는 이야기도 들었다.

여기에 등장하는 재일 코리언 할머니들은 교육을 받을 기회가 없었다. 이른 시기에 일본에 온 할머니들 대부분은 학교에 다닌 경험이 없다.

1930년대 이후 재일 아동들의 취학률은 상승했지만, 초등학교를 졸업한 할머니들의 수는 적었다. 어려서부터 집안일을 도와야 했으며 극히 낮은 임금을 받고 가내수공업 공장에서 일을 하기도 했다. 또는 아이 돌보는 일을 하거나 농가에 일꾼으로 가는 경우도 있었다.

일흔 살이 넘어서 야간학교에 다니기 시작한 어느 할머니는 "어렸을 때 생각하던 공부와는 달라서 바로 잊어버려. 잊어버리는 머리를 갖고 있는 것 같아. 자꾸 잊어버려"라며 한탄했다. 글자를 알고 싶다는 열망이 강해서 모처럼 기회를 얻은 할머니였다.

**길쌈을 배우려던 무렵
일본 공장으로**

"젊었을 때 조금은 알았는데, 나이가 드니까 잊어버려, 일본 말로는 정말 모르겠어."

가와사키에 살고 있는 서맹순(1918년생 경상남도 출신) 씨가 인사를 나누고 나서 한 첫마디였다. 70년 이상 일본에서 살았지만 서 할머니에게 일본어는 이국의 언어였다. 어릴 때 도쿄 오이마치(大井町)의 전구 공장에서 3년간 일하다가 한 번 고향에 돌아갔고, 열여섯에 결혼해서 다시 일본에 왔다.

"아오(청색)는 백금이고, 아카(적색)는 구리야. 그걸 연결하는 일을 하다가 밤이 되면 눈이 가물가물해서 아무리 눈을 비벼도 볼 수가 없었어. 저쪽도 찔끔찔끔, 이쪽도 찔끔찔끔, 우는 사람도 많았지."

맹순 씨가 일하던 공장에서는 환락가를 수놓는 작은 전구를 만들고 있었다. 맹순 씨는 구리로 된 도입선에 백금 필라멘트를 붙이는 작업을 했다. 아오(アオ), 아카(アカ)는 업계 용어일 것이다. 전구의 물림쇠로는 놋쇠가 사용되었다. 이 공장에서는 조선의 어린 소녀와 젊은 여성 30명 정도가 일을 했다. 고용주도 조선에서 온 사람이었다.

"내 또래 친구들이 반, 어른들이 반이었어. 어른이라고 해봤자 결혼해서 남편을 따라오거나 남편을 찾으러 왔다가 그런 공장에 들어온 사람들이야."

열둘, 열셋 먹은 소녀들이나 열다섯, 열여섯에 결혼한 어린 신부들이었다. 이 어린 신부들은 생활고 탓에 일본으로 일을 구하러 갔다가 연락이 끊긴 남편을 찾아서 온 여성들이다. 그들은 공장 숙소에서 먹고 자면서 그곳 주소를 고향에 알려놓고 연락을 받은 남편이 데리러 오기를 기다렸다.

아침에는 5시에 일어났다. 하루 일이 끝나면 반드시 작업대에 떨어진 재료를 줍고 깨끗하게 청소를 했다. 세수를 하고 잠을 청하면 한밤중이었다. 낮에도 졸음이 쏟아져서 일하다가 여기저기서 쪽잠을 자야 했다. 졸지 말라는 고함소리가 온종일 끊이지 않았다.

맹순 씨는 생각지도 못했던 계기로 일본에 왔다.

맹순 씨가 태어나기도 전에 오빠 셋이 차례로 죽었다. 이 때문에 부모는 맹순 씨가 태어나자 건강한 아이로 자라길 바랐다. 여자아이였는데도 남자아이의 탄생을 축하하는 소나무와 대나무를 세워 마을 사람들의 빈축을 샀다. 하지만 맹순 씨는 젖을 먹지 못해서 언제나 머리에 종기가 났고, 여러 차례 위독한 상태에 빠지기도 했다. 주변 어른들이 몇 번이나 장례를 준비하기도 했다.

어느덧 아홉 살이 되었을 때 집집을 돌아다니던 점쟁이가 찾아왔다. 맹순 씨의 건강을 걱정하던 부모는 점쟁이에게 점을 보았다. 점쟁이는 이 아이는 아홉 살에 나라 밖으로 나가지 않으면 명이 짧아진다고 말했다.

얼마 뒤 일본에서 사촌 오빠가 왔다. 사촌 오빠는 시나가와(品川)에 있는 공장에서 적당한 일손이 있으면 데리고 오라는 부탁을 받고 있었다. 맹순 씨 부모는 점쟁이 말을 들은 터라 세 아들에 이어 딸마저 잃을지 모른다는 불안 때문에 딸을 일본으로 보내기로 결정했다. 맹순 씨가 어머니에게서 길쌈을 배우려고 생각하던 무렵이었다.

생활이 어려웠던 것은 아니다. 한자를 알던 아버지는 마을 사람들을 위해 여러 가지 상담을 해주었다. 지주와 교섭을 해서 경작지가 없는 사람들이 소작을 할 수 있게 하거나 가난한 사람이 빚을 낼 때 거들어주는 등 신망이 두터웠다. 집에는 아버지가 도와준 사람들이 가져온 떡과 술이 쌓여 있었다. 맹순 씨도 사촌이 아이들에게 보리죽밖에 먹이지 못하는 것을 보고 어른 몰래 집의 쌀과 보리를 가져다주곤 했다.

밭에서 목화를 재배하고 옷을 지어 입었다. 실을 꼬는 데 품이 들었다.

"전부 집에서 만들어 입었어요. 밤이든 낮이든 잠을 잘 여유가 없었지요. 나는 언제나 갓난아이를 업고 실을 꼬았어요. 울면 꼬집어 뜯었어요. '아파. 엄마, 언니가 꼬집어'라고 소리치곤 했지요."

맹순 씨는 동생을 돌보면서 실을 꼬았다. 심지를 만들어서 기름에 불을 붙이고 어둠침침한 방에서 밤늦도록 일을 했다.

사촌 오빠를 따라 마을을 떠나던 날, 역까지 마중 나온 어머니는 차창 너머에서 몇 번이나 맹순 씨의 이름을 불렀다. 점쟁이가 예언한 딸의 운명을 믿었다. 노여움을 안고 나오지는 않았지만, 열차가 달리기 시작하자 어머니는 소원이 이루어지기를 바라면서 덧없이 눈물을 흘리며 돌을 던졌다.

맹순 씨가 일했던 오이마치와 인접한 시나가와구의 미나미시나가와(南品川)에 수작업으로 전구를 만드는 곳이 지금도 있다는 이야기를 듣고 찾아가 보았다. 조선의 소녀들이 어떻게 작업을 했었는지 조금이라도 알고 싶었기 때문이다.

아사다 전구 제작소의 아사다 세이조(浅田精造, 1931년생)의 말에 따르면, 전쟁 시기 오이마치 주변에는 전구 공장이 70여 곳에 달했다. 메구로(目黒) 강을 따라 전구용 유리관을 만드는 공장도 몇 곳 있었다. 유리관 공장에서 쓸 석탄을 배로 운반했기 때문이다.

전구를 만들려면 도입선에 필라멘트를 붙이는 연결 작업, 그것을 유리관에 붙이는 밀봉 작업, 유리관을 진공으로 만드는 배기(排氣)

작업, 꼭지쇠를 붙이는 마무리까지 네 가지 공정을 거쳐야 한다. 밀봉과 배기는 남자 직공이, 마무리는 아주머니가, 연결 작업은 젊은 여성이 담당했다고 한다. 가는 도입선에 또 가느다란 필라멘트를 붙인다. 눈이 좋고 손놀림이 능숙하지 않으면 할 수 없는 작업이었다. 아사다 씨는 주변 공장에서 조선인 직공이나 여공이 일본인과 함께 일했다고 기억하고 있었다.

필라멘트는 1920년대에는 백금을 재료로 썼고, 나중에는 텅스텐으로 대체되었다. 백금은 고가였기 때문에, 당시 여공들은 작업장에 깔개를 깔고 작업을 한 다음 하루 일이 끝나면 반드시 꼼꼼하게 백금을 주워 모았다. 하루 종일 앉아서 선 연결 작업을 한 그들이 일이 끝나고 반드시 청소를 한 것은 백금을 줍기 위해서였다.

아사다 씨는 전후에도 공장을 계속 운영했는데, 조선인이 운영하는 전구 공장이 두 곳쯤 있었다고 했다.

맹순 씨는 매일 아침 엄지손가락 크기의 백금 필라멘트를 넘겨받아 하루 100개 정도 연결 작업을 했다.

"백금과 구리를 잘 붙이면 착착하면서 불이 붙어. 잘못 붙이면 비비비비 하면서 엉망진창이 되어버리지."

급여는 나오지 않았고, 간단한 옷만 제공되었다. 먹을 것이 부족한 빈곤 가정의 식구를 덜어주는 셈이라서 어린아이의 노동 대가는 침식으로 충분하다고 여겼기 때문이다. 여름 간편복 말고는 아무것도 주지 않았기 때문에 맹순 씨는 집에서 나올 때 입고 있었던 조선옷이 해지면 몇 번이나 기우고 기우면서 입고 다녔다.

어쩌다 쉬는 날에도 밖에 나갈 수는 없었다. 목욕탕에 갈 때만 밖으로 나갈 수 있었다. 외출은 공장에서 상당히 떨어진 밭에 한 번 나간 것이 유일했다. 배추나 무를 가지고 가도 좋다는 농가 사람의 이야기를 친구에게서 듣고 간 것이었다. 맹순 씨는 밭에서 자라고 있던 부추를 뜯었다. 그러자 농가 사람이 무슨 일이냐고 소리치며 달려왔다. 말이 통하지 않아 영문도 모르고 머리를 조아릴 수밖에 없었다.

"길을 걸어도 눈물이 나고, 화장실에 가도 눈물이 흐르고. 일이 끝나면 청소를 하고 나서 달을 쳐다봐. 달을 보면 눈물이 주룩주룩 나와. 그러면 소장이 그렇게 돌아가고 싶으면 돌아가라고 말했어."

맹순 씨는 나고야에 있던 사촌 오빠에게 돈을 빌려 고향으로 가는 방법을 듣고는 선물로 명태 두 마리를 들고 3년 만에 고향으로 돌아갔다. 마을 청년과 결혼한 다음 다시 일본에 온 것은 1년 뒤였다.

말도 모르면서 아이를 돌보고, 용케 해냈어

김숙량(1922년생 제주도 출신) 씨는 다섯 살 때 어머니와 함께 오사카의 니시노다(西野田)에 왔다. 제주도에 있을 때 어머니는 가마로 구운 그릇 행상을 했다. 어머니는 행상을 나가면서 숙량 씨를 옆집에 맡겼다.

"두세 살 때 난 툭하면 울었어. 엄마, 엄마 하면서. 아, 나는 울면서 컸어."

어머니는 걷다가 해가 저물면 소나무 아래서 노숙을 하기도 했다. 어머니의 그런 모습을 불쌍하게 여긴 고모는 "너 여기서 고생하지 말고 일본에 가면 어때?"라고 권했다. 고모의 압박에 어머니는 할아버지가 계시던 오사카로 왔다.

아버지는 당시 냄비, 찻주전자, 찻잔 등을 만드는 법랑 공장에서 일하고 있었다. 오사카에 올 무렵 어린 나이였던 숙량 씨는 어머니가 어디로 가는지도 몰랐다. 고물을 주우러 다녔는지는 알 수 없고, 낮에는 아버지의 작업장을 따라다녔다. 일본어는 물론 아직 주변 환경도 익숙하지 않은 시기라서 친구도 없었다. 할아버지는 어머니를 돌보지도 않고 일이 끝나면 술을 마셨고, 식사도 자기가 좋아하는 음식만 먹었다.

숙량 씨가 메리야스 공장에서 일하기 시작한 것은 여덟 살 때였다. 남자 속옷을 만드는 공장이었다. 당시 니시노다에는 메리야스 공장이 나란히 붙어 있었다.

숙량 씨가 처음으로 한 일은 뒷마감. 날마다 꿰맨 내복을 다림질한 후 착착 접어 상자에 넣었다.

아침 7시에는 집을 나섰다. 그 시간에는 공원에서 라디오 체조를 하고 있었다.

"그 안에 같이 들어가고 싶어서, 하고 싶어서 자꾸 울었어요. '일하러 가기 싫어' 하면서요. 그래도 먹고살 수가 없으니까 '잔말 말고, 빨리 가' 조선말로 한 소리 들었지요."

같은 공장에 살면서 일하던 일본 소녀가 있었다. 숙량 씨보다는 연상이었지만 겨울에도 찬물로 걸레를 빨아 유리를 닦고 출입구를 훔쳤다. 부모와 떨어져 일하는 소녀의 모습을 보면서 자기처럼 가난한 집 아이라고 생각했다. 숙량 씨를 제외하고는 모두 일본 사람만 일하던 공장이었다.

열 살이 되자 재봉틀 밟는 일을 하게 되었다. 기뻐서 혼신의 힘을 다했다. 소매 붙이기, 옷깃 붙이기, 소매 끝마감 같은 모든 공정이 분업이었다. 소매를 붙이는 사람은 소매를 붙이는 일만, 옷깃을 붙이는 일도, 소매 끝마감도 같았다. 각기 전문화된 재봉틀이 있었다. 숙련공이 되면 다른 공장으로 쉽게 이직할 수도 있었다. 숙량 씨는 스물한 살에 결혼할 때까지 메리야스 공장에서 일을 계속했다.

양여선(1922년생 제주도 출신) 씨는 일곱 살 나이에 어머니, 둘째 오빠와 함께 셋이서 오사카에 왔다. 항구에 도착해 부두에 내렸던 일을 생각했다. 간토대지진 전에 일본으로 떠난 아버지를 찾으러 왔던 것이다. 큰오빠는 먼저 일본에 와 있었다. 언니도 오사카의 방직공장에서 일하고 있었다. 둘째 오빠는 친척 아저씨 덕택으로 수습사원으로 일할 수 있었다. 여선 씨만 어머니를 따라 아버지가 있는 도쿄로 향했다.

아버지는 핫피* 차림으로 막일을 했다. 도쿄 미카와시마(三河島)에 방을 빌려 세 사람이 함께 살기 시작했다. 어머니는 출퇴근하면서 합숙소 식모 일을 했다. 여선 씨도 어머니를 따라 합숙소로 갔다.

---

* 막일을 하는 사람들이 입는 간편한 웃옷.

그러다가 인근에 사는 사람이 부탁을 해서 아이 돌보는 일을 시작했다. 머리를 큰 손수건으로 묶고 갓난아이를 업은 채 밖으로 나왔다. 아기가 배고파 울면 아이어머니가 있는 곳으로 데리고 가서 젖을 먹인 다음 다시 밖으로 나왔다.

"하루에 10전인지 12, 13전인지를 받았어."

아이를 돌보는 일의 보수가 얼마인지는 정해져 있지 않았다.

"말도 몰랐는데, 용케도 잘했어. 그네를 타러 가거나 아이를 어르기도 하고. 이거 오래 살다 보니 꿈 같은 생각이 드네. 옛날이야기야. 정말 나는 빨리 태어나서 손해를 봤다고 생각해. 조금만 늦게 태어났어도 그나마 학교는 다니게 해줬을 거야."

미카와시마에 2년 동안 살다가 오사카로 이주했다. 오사카에는 아이들만 일하는 공장이 있었다. 여선 씨는 장난감 공장에서 일했다. 밤에 여는 가게에서 자주 볼 수 있는 종이 비둘기를 만들었다. 실로 묶인 비둘기가 달린 막대기를 손바닥으로 비벼 돌리면 나는 장난감이었다. 급료를 받아 집에 돌아오면 부모님은 "이것으로 쌀 한 되를 살 수 있겠다"라고 말하곤 했다.

열 살이 되자 지퍼 공장에 다녔다. 아이들만 20명 정도가 삥 둘러앉아 일했다. 헝겊으로 만들어진 테이프에 빗처럼 생긴 틀을 대고 이빨과 이빨 사이에 작은 금속을 하나하나 손으로 꽂았다. 꽂는 일이 끝나면 직공이 도구를 이용해 헝겊에 금속을 고정했다. 여선 씨의 손가락은 지금도 굽어져 있다. 같은 곳에 힘이 들어가니까 고름이 생기고 피가 나올 정도로 매일 울면서 일을 했다. 그 흔적이었다.

공장의 어린 노동자,
가혹한 환경

1911년 공장법의 제정은 아동 노동자를 보호하기 위한 획기적인 조치였다. 그러나 그 조문을 살펴보면 당시 일하는 아동들이 처했던 혹독한 노동 환경에 놀라게 된다.

> 제2조 공장주는 12세 미만인 자를 공장에 취업시킬 수 없다. (이하 생략)
>
> 제3조 공장주는 15세 미만인 자 및 여자를 1일 12시간 이상 일을 시킬 수 없다. (이하 생략)
>
> 제4조 공장주는 15세 미만인 자 및 여자를 오후 10시부터 오전 4시에 이르는 시간 동안 일을 시킬 수 없다. (이하 생략)

12세 미만 취업 금지, 15세 미만 및 여성의 12시간 이상 노동과 심야 노동이 금지되어 있다. 단 제1조 조항에 따르면, 이런 규정은 15인 이상 직공을 고용한 공장에 한해 적용되었고, 작업의 성격이 위험하지 않은 공장은 제외된다. 이 규정을 다시 뒤집어 해석해보면, 12세부터 일을 시킬 수 있고, 15세 이상의 남자는 12시간 이상의 노동도, 심야 작업도 가능하다. 또한 고용인이 15인 미만인 소규모 공장은 이러한 규정에 구속되지 않는다.

1923년에는 최장 노동시간이 1시간 단축되어 11시간으로, 심야 노동 금지가 적용되는 연령이 15세 미만에서 16세 미만으로 수정되었다. 또한 1929년에는 연소자와 여성의 심야 노동은 전면 금지되었다. 조금씩 수정되기는 했어도 미성년 노동자의 가혹한 노동환경을 그대로 보여주는 공장법이었다. 게다가 재일 조선인에게는 이 공장법조차 적용되지 않았다.

재일 조선인 소년소녀에 대한 공장법 적용 제외 사례를 보여주는 공문서는 없는 듯하지만, 다나카 가쓰후미(田中勝文)의 〈전쟁 이전 재일 조선인 자제의 교육〉(《愛知県立女性短大紀要》 제18호, 1967)에는 다음과 같이 서술되어 있다.

> 1917년 8월 〈나고야신문〉에 따르면, 아이치(愛知)현에서는 도요하시(豊橋), 오카자키(岡崎) 등지에 많이 거주하는 조선인 자제에게도 공장법이라고 하는 취학 연령 규정을 준용하고자 하는바, 규슈(九州)의 아무개 현(縣)에서 제기된 문의에 대해 농상무성은 조선인 자제에게는 이 규정을 준용하지 않는다는 견해를 명확히 했다. (이하 생략)

공장법에서 취업 금지를 12세 미만으로 한 것은 당시 의무 교육이 소학교 6학년까지, 즉 취학 연령에 적용되었기 때문이었다. 이토 에쓰코(伊藤悦子)의 〈오사카에서 시행된 '내선융화기'의 재일 조선인 교육〉(《在日朝鮮人史研究》 제12호, 1983)에서는 부모의 직업에 관해서 '재오사카 조선인 대부분은 일용 노동자나 직공'이고 '대부분은 임시 고용이고, 일의 성격도 유해성이 있으며 중노동이기 때문에 일본인이 멀리하는 일이 많다'라고 지적하고 있다. 이 논문에 게재된 1924년 오사카 일본인과 조선인의 직종별 임금표에 의하면, 조선인의 임금은 같은 직종 일본인의 60퍼센트에서 70퍼센트 수준이다. 덧붙여 메리야스 공장 조선인의 일급은 최고 1.90엔, 보통 1.30엔, 최저 1.00엔이었다. 일본인은 최고 3.00엔, 보통 2.20엔, 최저 1.50엔이다. 이 통계는 성인을 대상으로 한 임금표이기 때문에 숙량 씨는 최저 일급인 1엔보다 낮은 급여를 받고 일했을 것이다. 이 논문에서는 1930년 이전에는 돈벌이를 위한 단순 도항자가 많았지만, 이후에는 생활 기반을 구축해서 가정을 꾸리는 사람이 증가했다는 점도 지적하고 있다.

1920년 이후 재일 조선인의 인구가 가장 많았던 곳은 오사카였다. 연도에 따라 다르기는 하지만, 후쿠오카, 효고(兵庫), 아이치, 야마구치(山口) 순이다. 조선인 집중 거주지가 형성된 오사카에는 미성년 노동자를 저임금으로 고용하는 공장이 적잖이 존재했다는 사실이 여선 씨의 증언으로 밝혀졌다. 재일 조선인 아동들을 고용하는 공장은 도쿄나 아이치현의 도요하시, 오카자키, 규슈의 아무개 현에도 존재했다는 것이 맹순 씨의 증언과 다나카의 논문으로 확인되었다.

국민개학(國民皆學)이라는 기본 방침 아래 일본에서 처음으로 소학교가 설치된 것은 1873년이다. 같은 해 취학률은 남자 39.90%, 여자 15.14%였다. 1919년에는 남자 99.14%, 여자 98.68%가 되면서 국민개학의 목표는 거의 달성하게 된다.

식민지 지배하에 있었던 당시 조선의 취학 정책은 크게 다르다.

조선에 체류하고 있던 일본인 아동의 취학률은 1924년 말에 남자 99.6%, 여자 99.6%, 같은 시기 조선인 아동의 보통학교 취학률은 남자 22.7%, 여자 4.0%였다. 그 후 남녀 모두 취학률이 오르기는 했지만, 1942년이 되어도 남자 67.2%, 여자는 29.0%에 불과했다. 낮은 취학률은 물론 남자와 여자 사이에 큰 차이가 있음이 두드러진다.

김부자의《식민지 시기 조선의 교육과 젠더(植民地期朝鮮の敎育とヅェンダー)》(世織書房, 2005)에서는 조선에 대한 취학 정책이 '실천에 있어서는 극히 배제적'이었다고 지적하고 있다. 즉 "오로지 '간이 실용'을 취지로 하는 일본어 습득과 농업 실습을 수업료 부담이 덜한 계급에 속한 소수 조선인 남자에게 실시하고, 그들로 하여금 간접 지배를 위한 하급 관리인이 될 정도면 충분하고 기타 '다수 민족에 대한 교육의 보급'은 방치해도 지배에 지장이 없다"라고 되어 있다. 이 책에서는 그 사례로 고액의 수업료를 들고 있다. 1922년의 '소학교 규정' 제83조에서 재조선 일본인 아동을 위한 공립 진조소학교(公立尋常小學校)*의 수업료는 1개월에 50전 이내로 하고 있는 것에 반해 같은 해 '보통학교 규정' 제81조에 조선인 아동의 공립보통학교 수업료는 1개월에 1엔 이내로 정하고 있다. 식민지 지배와 수탈로 극심한 빈곤 상태였던 조선인 가정에서는 일본인 가정의 두 배를 수업료로 지불하지 않으면 소학교에 다닐 수 없었다.

일본의 군국주의화가 진전되면서 조선의 소년소녀도 "인고단련

* 메이지유신부터 제2차 세계대전이 발발하기 전까지 존재했던 초등교육기관의 명칭.

김선이 씨는 열일곱 나이에
일본으로 건너가 70여 년 세월을 보냈다.

(忍苦鍛鍊)하고 훌륭하고 강한 국민"(《황국신민의 서사》 아동용)이 되도록 강요받았다. 하지만 근대 일본의 국민개학(國民皆學)이라는 기본 방침은 식민지에는 반영되지 못했다.

조선에는 각종 사립학교와 전통적인 서당 등의 교육기관이 있었다. 하지만 실제로 그 혜택을 받은 사람은 소수였다.

가와사키에 사는 김선이(1919년생 경상남도 출신) 씨의 친정은 농가였다. 아버지는 3명의 고용인에게 농사를 맡겨두고 논밭에는 거의 나가지 않았다. 큰오빠와 작은오빠는 모두 집에서 멀리 떨어진 중학교에 다녔다. 작은오빠는 일본 학교에서 공부했다. 하지만 선이 씨는 집 가까이 강가에 면한 소학교에 잠깐 다녔을 뿐이다.

"학교에 가면 말이야. 순경이 왔다 갔다 해. 그게 무서워서 말야, 학교에 갔다가도 다시 돌아왔어. 그렇게 바보 같았지."

학교를 가는 도중에 언제나 경찰관을 만났다. 경찰관을 만나는 것이 무서워서 학교에 가지 않았다는 것을 선이 씨는 성인이 된 다음 얼마나 후회했던 것일까? 식민지 조선에서 난폭하기 그지없던 일본인 경찰을 보기만 해도 공포에 떨었던 사람은 선이 씨만은 아니었을 것이다.

선이 씨가 소학교에 가지 않았던 또 하나의 이유가 있다. 오빠 둘은 중학까지 다니게 하고, 동생은 일본으로 유학까지 보낸 부모가 선이 씨에게만은 학비를 내면서까지 학교에 다닐 필요가 없다고 말했다. 선이 씨의 가정처럼 여성에게 교육은 필요 없다는 인식은 취학률의 성별 차이에서도 현저히 드러나고 있다.

'가난해서'와 '여자라서'

재일 조선인 아이들의 의무교육이 명시된 것은 1930년이 되면서부터였다.

"국내 재주 조선인은 소학교령 제32조에 의해서 학령 아동을 취학시킬 의무를 지닌다."(1930년 10월 9일)

이것은 척무성(拓務省) 조선부의 문의 '국내 재주 조선인의 학령에 해당하는 자는 …(중략)… 보호자에 대하여 취학의 의무를 가지는 자다'에 대해 문부성 보통학무국에서 보낸 답신이다.(다나카 가쓰후미의 위 논문 참조)

다나카의 논문에 나오는 이후 취학률의 변화를 보면, 1931년이

18.5%, 1934년은 39.8%, 1942년에는 64.7%가 되었다. 단 학령 아동 수는 추정치이기 때문에 취학률도 추정치이다. 10년 사이 취학률이 순식간에 높아졌다. 소학교 아동 중에 야간 소학교에 다닐 학령을 넘긴 연장자가 많았다는 점을 고려하면, 실제 취학률은 이것보다 낮았을 것으로 보인다.

교토시 사회과가 1935년 '시내 재주 조선 출신자에 관한 조사'를 기초로 작성한 〈재일 조선인 자제의 미취학 이유〉(다나카 논문)를 보면 '빈곤'이 28.59%, '여아(女兒)라서'가 16.20%, '언어불명'이 5.51%, '불명'이 45.02%이다. 이 자료를 통해 당시 재일 조선인 아이들의 상황이 엿볼 수가 있다.

1931년 5월 '오사카부(府) 재주 조선인 교육 조사'[이토 에쓰코의 위 논문 첨부 표. 출전: 사이토 미노루(斉藤実) 관계 문서 No. 5]에 의하면, 남아를 기준으로 오사카부 전체의 학령 아동 수는 6019명, 취학 아동 수는 5412명이다. 취학률을 산출하면 89.92%가 된다. 단 남자 취학 아동 가운데 야간부가 2071명, 보습과가 177명에 이른다. 학령 아동 여자는 3534명, 취학 아동 여자는 1481명으로 취학률은 41.91%이다. 여자는 보습과는 다니지 않았지만 야간부가 259명이다. 취학률이 비교적 높은 남자의 경우에는 일을 하면서 야간부나 보습과에 다닌 아동이 무척 많았던 것을 알 수 있다. 그러나 졸업자 수를 보면 남자는 1075명(17.86%), 여자는 불과 150명(4.24%)에 지나지 않는다.

야간부를 포함해 재일 조선인 여자의 소학교 졸업자는 4.24%로 여선 씨가 조금 늦게 태어났다면 "적어도 학교는 다니게 해주었을 것"

이라는 절박한 심정을 읽을 수 있는 수치다.

또한 일본 전체에서 재일 조선인 아동의 취학률에 관한 성별 통계는 몇몇 전문가에게 문의했지만, 알 수 없었다.

배우고 싶다, 그때도 지금도

이명숙(1932년생) 씨는 '더없이 1세에 가까운 2세'라고 한다. 부모는 1920년대 말 일본에 왔다. 오빠 하나와 동생 넷이 있다.

전쟁이 한창일 때 소학교를 다녔다.

1학년 때 일본식 성명 강요로 이름을 바꾸어야 했다. 창씨개명이 조선인에게는 어떤 의미를 지니는지 아직 알지 못했던 명숙 씨는 "일본인이 되는구나 하는 생각에 기뻤다"고 말했다.

"일본이 싱가포르 함락인가? 소학교 때, 그때는 깃발을 흔들면서 목숨을 걸고 했지."

그래서 교사가 이끄는 전승 축하 행렬에 서서 일장기를 흔들었다. 그래도 '조선인은 싫어', '더러워', '마늘 냄새 심해' 같은 노골적인 차별이 있었다. 동생들은 '뭐야!' 하면서 맞짱을 뜨며 다녔지만, 명숙 씨는 아무 말도 하지 못하고 고개를 숙인 채 풀이 죽어 지냈다.

"난 말이야, 마늘 냄새를 몰랐어. 어릴 때는."

늘 김치를 집에서 담갔다. 학교는 멀었지만 도시락을 들고 다니지 않았기 때문에 점심시간이 되면 집으로 달려와 먹었다.

"할머니가 김치와 밥을 주시면 말이야, 비빔밥 있잖아. 그것처럼 참기름을 넣고 비벼서 '와' 하고 먹는 거야. 다시 학교로 돌아가. 마늘이야 당연히 들어가는 거지."

오사카 항구에서 가까운 나가야(長屋)*에 살고 있었다. 조선인만 7세대가 나란히 이웃하고 있었던 나가야에서 골목 쪽은 일본인 집이었다.

"싫었지. 돌아올 때도 이 골목의 인간과는 다른 사람 같은 얼굴을 했어. 골목을 지나. 그러나 집에 돌아가면 할머니도 있고, 어머니도 있었어."

할머니는 일본어를 전혀 할 줄 몰랐다. 어머니는 죽을힘을 다해 일본어를 배우려고 노력했다. 할머니는 물론 어머니도 조선 민족의 풍습이 뼛속까지 배어 있었다.

"난 스스로를 황국 소녀로 여겼어. '조센징, 조센'이라는 말은 칼로 쑤시는 것처럼 끔찍하게 다가왔어."

집 근처 아이들은 모두 알고 있었지만, 학교에서는 일본식으로 성명을 강요한 이름으로 다녔기 때문에 같은 나가야의 아이들끼리는 조선인이라는 것을 숨기려 했다. '조센'이라는 공격을 반복해서 받으면서 조선의 아이들이 당시 사회와 교육이 이상으로 삼았던 '황국 소년', '황국 소녀'가 되어 자기 몸을 지키고자 한 것은 자연스러운 일인지도 몰랐다. 감수성이 예민했던 명숙 씨는 군국 교육과 왕따의

---

* 칸을 막아서 여러 가구가 살 수 있도록 만든 연립주택 형식의 집.

압박을 날마다 받으면서 소학교를 졸업할 무렵에는 '황국 소녀'가 되어 있었다.

"정말로 나, 지고 싶지 않았어. 누구보다도 일본인이어야 한다. 그런 마음이었어."

명숙 씨가 소학교를 졸업한 해에 일본은 패전했다. 1945년 8월 15일 명숙 씨는 자신의 믿음이 밑바닥부터 무너지는 듯한 심한 불안에 휩싸였다.

"부모는 기뻐했어. 독립했다고. 나는 왠지 끔찍하게 부정되는 듯한 상태였어. 나는 어디에도 기댈 곳이 없었어. 일본인도 아니고 한국인도 아니야. 도대체 어떻게 하면 좋은지."

일본이 패전을 하기 전에 명숙 씨는 또 하나 충격을 받은 일이 있었다. 오사카 부립 여학교가 제1지망이었다. 이에 대해 전해 들은 교사가 생각지도 못했던 말을 했다. "너는 그 학교에 들어갈 수 없어."

"조선인이라 안 된다고 하는 거야. 생각했어. 난 일본인인데, 일본 국적인데, 공적으로는 '일본인, 일본인' 하고 말하고 다녔는데……. 역시 조선인은 조선인이었던 게지."

명숙 씨는 여학생들에게 동경의 대상이었던 부립 여학교에 응시해보지도 못하고 사립 여학교에 입학했다. 입학 직후 다시 한번 상처를 입었다. 동급생들이 '조센징이야'라고 소곤거린다는 걸 알게 되었다. 부모에게 사립 여학교의 학비는 큰 부담이었다. 무리를 하면서 여학교에 다니고 싶지 않아 학교를 그만두었다. 6·3제 의무교육이 시행된 것은 1947년. 1년 몇 개월의 시간 차이를 두고 명숙 씨는 중학교를 다니지 못했다.

　60세가 되어 야간 중학교에 들어갈 때까지 여학교를 중퇴한 것을 몇 번이고 후회했다. 같은 꿈이 되풀이되었다. 올라가다 몇 번이나 떨어지면서 겨우 절벽에 올라 교실로 들어갔는데, 자기 자리가 없었다. 그런 꿈이었다.

　아직 중학교를 졸업하지 않은 나이였지만 이력서를 위조해서 일을 한 적도 있었다. 스무 살에 결혼해서 백화점 파견 사원도 해보고, 수학여행객의 이불을 개고 펴는 일이나 도시락 가게 일도 하는 등 쉬지 않고 일했다. 이력서에 중학교 졸업이라 새겨진 것이 언제나 빚이었다.

　공부를 하고 싶었다. 아버지가 읽고 난 신문을 몇 번이고 읽었다. 한자 읽는 방법이 쓰여 있어서 모르는 한자를 배울 수 있었다. 뜻은 오빠에게서 받은 낡은 사전을 가지고 하나하나 찾아보며 익혔다.

　야간 중학을 졸업한 후 정시제 학교에 진학했다. 한때 제1지망이었던 고등학교였다. 졸업 후 오사카 외국어대학 조선어과에 진학하고 싶었지만 가정 형편 때문에 꿈을 이루지 못했다.

　"공부, 지금도 하고 싶어요. 이 나이가 되도록 이런 말을 하는 것이 이상하지만, 공부하고 싶어요. 학교만이 공부가 아니죠. 그건 그렇게 생각하는데. 어릴 때, 그때의 억울함이, 역시 아직도 남아 있어요."

　야간 중학이나 정시제 고교 때 존경했던 교사나 서로 신뢰할 수 있는 친구와 만나면서 교류를 지속하고 있다. 60여 년간 품어왔던 억울함은 아직도 남아 있다.

2  둥둥 떠가는 솥,
'주워서 살았어'

위 김도례 씨가 남편과 함께 한국에 갔을 때. 남편이 세상을 떠난 지 30여 년이 흘렀다.
아래 김도례 씨가 손수 개업하고 꾸려나갔던 야키니쿠야 앞에서.

'서쪽은 이카이노(猪飼野), 동쪽은 사쿠라모토(桜本)'라고 불리는 가와사키는 조선인이 많은 지역이다. 이카이노는 현재 오사카시 이쿠노(生野)구 쓰루하시(鶴橋)의 코리아타운으로 유명한 일대이고, 사쿠라모토는 가와사키에서도 유명한 조선 문화의 중심지이다.

1923년 간토대지진으로 약 6000명의 조선인이 학살당했다. 당시에도 가와사키에는 조선인들이 살고 있었지만, 그 수가 급증한 것은 학살의 기억이 생생한 대지진 이후이다.

가와사키시 남부 공업지대는 아사노 소이치로(浅野総一郎)의 간척사업으로 생성된 광대한 토지에 형성되었다. 니혼강관(日本鋼管)이 간척지를 매입해서 조업을 시작할 무렵에는 끝없는 갈대밭이 펼쳐져 있었다. 후지가스방적, 스즈키상점(현재 아지노모토), 도쿄전기(현재 도시바) 등의 공장 건설이 잇따랐고, 아사노시멘트(현재 다이이치시멘트)도 낙진 문제가 일어나자 도쿄 후카가와(深川)에서 이전을 해왔다.

현재 가와사키와 다치카와(立川)를 연결하는 난부센(南武線)은 부설 당시 다마가와(多摩川) 모래철도라 불렸다. 다마가와 강변의 후타고(二子)와 쵸후(調布)에서 채굴한 모래를 운반하기 위해 부설되었기 때문이다.

"토지를 싸게 살 수 있다, 시멘트가 있다, 모래가 있다, 더구나 수도에서 가깝다는 점에서 공장이 계속 진출하게 되었지요. 공장 건설과 모래 채취에 조선인들이 많이 종사하고 있었고요."

사회복지법인 세이큐샤(靑丘社)의 이사장인 배중도 씨는 이렇게 설명했다. 세이큐샤는 사쿠라모토 보육원, 가와사키시 만남의 집, 사쿠라모토 어린이문화센터를 비롯해 고령자와 장애인 생활 지원 사업 등 다양한 사업을 전개해왔다.

가와사키의 조선인 밀집 지역은 이케가미마치(池上町)에 공장 건설 노동자 현장 식당이 여러 채 건설된 것이 원형이라는 설이 있지만, 배중도 씨가 지난 일을 아는 노인에게 들은 바로는 아사노의 공업단지 가까이에 살기 시작한 조선인들이 화재로 마을이 불타버리자 이케가미마치로 이주한 것이라고 한다. 산업도로에서 바다 쪽으로 갈대밭이 펼쳐져 있던 지역에 조선인이 살기 시작했던 것이다.

배수가 잘 안돼서 큰비가 내리면 며칠 동안 물이 빠지지 않아 '오리 나가야'라 불리던 지역이 하마초(浜町)에 있었다고 들은 적이 있었다. 오리 나가야에 대해서 묻자 배중도 씨는 다음과 같은 이야기를 들려주었다.

"오리 나가야라고 말하는 곳은 니혼강관 정문 가까운 부근인데,

오리 나가야 가까이에는 옛날에 여자 장사 하는 집이 있었다는 이야기를 들은 일이 있습니다. 거기 온 사람들을 상대로 하는 조선인 음식점이 한 집 있었다고…….”

열일곱에 결혼해서
시동생들을 키웠어

"솥이 구멍투성이인 거야. 물이 쏟아지니까 밥을 지을 때마다 솜을 끼워야 하니 귀찮았지만 할 수 없었어. 그런데 큰물이 나서 이렇게 (허리까지) 물이 올라와서 걸을 수가 없었어. 병아리를 두세 마리 키우고 있었는데, 천장에 올려놓고 학교에 피난했어. 병아리들이 죽을까 봐 걱정이 되어 왔더니 살아 있더라고. 이렇게 작은 병아리를 보러 왔는데 솥이, 커다란 솥이 내 앞을 지나가는 거야. 그 솥을 주워서 살았어요. 아하하하. 밥솥을 주워 살아갈 사람은 살라고 하는 거니까, 솥이. 아하하하하.”

열일곱에 결혼해서 일본에 온 박정숙(가명. 1919년생 경상남도 출신) 씨가 처음에 살았던 곳이 '강관 앞'이었다. 큰비가 내리면 물에 잠겨버리는 '오리 나가야'는 하마초의 판자촌 정도는 아니었다.

정숙 씨는 어려서 유복한 가정에서 자랐다. 실가는 농가였지만 고용인 3, 4명이 있어서 밭일을 나가지는 않았다. 여섯 남매 가운데 막내였다. 철이 들 무렵 큰언니는 결혼해서 출가해 있었다. 언니 둘과 새언니가 있었기 때문에 집안일은 신경 쓸 필요가 없었다. 소학교에 조금 다니기는 했지만, 도중에 그만두었다.

오빠 둘은 집에서 멀리 떨어진 중학교에 다녔다. 정숙 씨와는 나이 차이가 있던 큰오빠는 "뺀들거리면서 아무 일도 하지 않고 일본을 왔다 갔다 하다가" 전쟁이 끝나고부터는 한국에 살았다. 머리가 명석해서 학교 성적이 우수했던 둘째 오빠는 일본 학교에 진학했다. 하지만 '빨갱이'로 지목되어 일본 경찰의 추적을 받았다. 집에 돌아오지 못하고 산으로 도망을 다니다가 북한에서 죽었다. 산속에서 소루반이라는 푸른 잣밖에 먹지 못해 굶어 죽었다는 비보가 인편으로 가족에게 전해졌다. 정숙 씨가 셈하는 나이로 열세 살 때였다.

정숙 씨의 혼담은 마을에서 '큰스님'으로 주목받던 삼촌이 가지고 왔다. 삼촌이 일본을 여행하던 중에 절친한 동향 사람에게 대학을 나와 큰일을 하고 있는 자식이 있는데, '며느리'를 들이고 싶다는 부탁을 받았다. 아버지는 좋은 인연이라 생각해서 승낙했다. 남편 될 사람이 정숙 씨를 맞으러 왔다.

"그리고 일본에 온 그날 나는 매를 맞았어. 시집에 오면 하룻밤은 집에서 자려고 했는데, 이튿날 밤부터 매일 아침 4시경에 돌아왔어. 시어머니는 (아침에 돌아오는 남편에게) 밥도 차리지 않고 자고 있다며 나한테만 화를 내는 거야."

남편은 대학도 나오지 않았고 일정한 직업도 없이 유곽을 들락거리고 있었다. 시아버지는 '며느리'가 들어오면 아들이 생활을 고칠 것이라 생각해서 삼촌에게 '며느리'를 찾아달라고 부탁했는지도 모른다.

1년 뒤 남편은 '유곽'의 여자와 조시(銚子)에서 살기 시작했다. 돈을 뜯을 때만 집에 돌아왔다. 시어머니는 마흔네 살까지 아이를 낳았다. 남편은 장남이었고, 아래로 여동생 하나와 남동생 셋이 있었다. 아직 어린아이를 돌보는 일과 빨래를 정숙 씨가 맡아야 했다. 수도는 없었다. 통에 세탁물을 넣고 물웅덩이로 가서 씻은 다음 풀을 먹여 멋지게 입혀도 바로 진흙 덩어리가 되어서 돌아왔다.

시아버지는 시멘트 공장에서 일을 했다. 시아버지 혼자 벌어서 가족이 생활하고 있었다. 니혼강관 앞에 살면서 구멍투성이의 낡은 솥을 쓰던 때가 바로 이 무렵이었다.

가족 넷이
세상을 떠나다

전쟁 중에 가족은 지바현(千葉県) 후나바시(船橋)로 피난했다. 시아버지가 직장을 잃자 정숙 씨는 막걸리를 만들었다. 농부들이 마시러 왔다. 막걸리 원료인 쌀을 입수하지 못해서 고구마로 만들 때도 있었다.

결혼한 시누이는 자궁암에 걸려 오래전부터 집에 돌아와 있었다. 가마타(蒲田)에서 일하던 시동생도 폐결핵에 걸려 후나바시의 아버지 집으로 왔다. 두 사람 모두 의사의 진료를 받을 수 없었다. 의사들이 대부분 전쟁터로 소집되었기 때문에 진찰을 받기가 어려웠던 점도 있었지만, 설사 의사가 있다고 해도 치료비를 지불할 돈이 없었다. 시누이는 매일 밤 통증을 호소하며 고생하다가 죽었다. 방 한쪽에서 자고 있던 시동생은 조용히 숨을 거두었다. 두 사람을 돌본 사람은 정숙 씨였다.

전쟁이 끝나자 조선인 친구들을 따라 농가에서 채소를 구입해 긴시초(錦糸町)에 가서 팔았다. 시금치를 등에 짊어질 만큼 짊어지고 파를 큰 다발로 양손에 들었다. 파가 무거웠다.

채소는 전날에 미리 준비해서 아침 일찍 집을 나섰다. 긴시초 역 앞의 파출소로 경관이 출근하는 8시 전에 지나야만 했다. 경찰에게 들키면 통제 위반 따위를 이유로 물건을 몰수당했기 때문이다. 당시 도쿄에는 식재료가 극히 부족한 상태였기 때문에 집집마다 돌면 날린 듯이 팔렸다. 채소를 다 팔면 공원에서 동료들을 기다려 함께 돌아가기로 약속을 했다. 정숙 씨는 언제나 가장 먼저 팔고 와서 공원에서 기다리고 있었다.

어머니를 보고 싶은 마음에 조금씩 저금을 들어놓았다. 시어머니는 이것이 신경에 거슬렸다. 정숙 씨가 조선으로 돌아가면 일본에 다시는 돌아오지 않을지도 모른다며 걱정했고, 오랜만에 돌아온 아들을 부추겨 예금해둔 3000엔에서 2000엔을 뜯어냈다.

그해에 태어난 둘째 아이는 탯줄이 좀처럼 떨어지지 않았다. 젖을 먹어도 토하곤 했는데, 몇 개월이 지나자 죽고 말았다. 사인은 매독이었다. 정숙 씨의 남편이 감염시킨 것이었다.

"네 년이 나빠서 모두 죽었어."

정숙 씨를 몰아붙이던 시어머니는 격앙된 나머지 아이가 죽어서 '기분 좋네'라고 말했다.

"그쪽도 둘이나 죽어 기분 좋네."

정숙 씨도 시어머니에게 바로 대꾸했다. "손자가 죽어서 기뻐요?"라고. 후나바시에서 잇달아 딸, 아들, 손자를 먼저 보낸 시어머니는 어찌할 수 없는 슬픔을 정숙 씨에게 퍼부었던 것일까?

시어머니도 그해 세상을 떠났다. 일본 패전을 전후로 가족 넷이 세상을 떠났다.

장사는 말이지, 맛있으면 먹으러 오는 거야

"죽을힘을 다해 채소를 팔아서 15만 엔을 만들었어. 그래서 우리 아버지, 빌어먹을 우리 아버지에게 2만 엔 쥐여주고. 돌아와서 돈 가지고. 그래서 13만 엔 가지고 나와서 가와사키로 갔어, 집을 샀어. 낡았지만 8만으로 40평 집."

이케가미마치의 집에는 수도가 둘이나 있었다. 후나바시에서 빌렸던 집은 우물 펌프를 가슴 높이까지 들어 올려 젓더라도 물이 잘 올라오지 않았기 때문에 기뻤다.

"이쪽으로 와서 또 뒷거래를 했지. 누룩. 쌀을 사서 누룩을 만들어. 이웃에 사는 할아버지가 만드는 사람이었어. 그래서 배웠지."

나무로 납작한 상자를 30개 넘게 만들었다. 이 상자에 누룩곰팡이를 혼합한 밥을 넣고 누룩 띄우는 방에 교차해서 쌓았다. 누룩 띄우는 방에는 연탄을 하나 넣어서 따뜻한 온도를 유지했다.

누룩은 막걸리를 만드는 사람에게 팔았다. 주문을 받고 자전거로 배달을 가다가 경찰의 심문에 걸려 연행되는 일도 있었다. 경찰에게 누룩을 보이고 '감주를 만든다'고 하면 더 이상 묻지도 않고 '가지고 가'라고 해서 돌아왔다. 그런 일이 두 번 있었지만, 누룩은 거론도 되지 않았다.

돼지 두 마리를 길렀다. 먹이는 막걸리에서 소주를 만들 때 나오는 지게미를 받아 자전거로 날랐다. 먹이를 나르는 일이 힘에 부쳐 많이 먹이지는 못했다.

누룩 만들기를 배웠던 집과 다른 이웃에서 돼지 30마리를 기르고 있었다. 그러다 어느 날 "옆집 할아버지가 와서 뭘 말하는가 하고 봤더니, 우리 돼지 두 마리가 싼 똥 때문에 도랑이 막혔다는 거야. 화가 나서 '돼지 두 마리가 많아요? 서른 마리가 많아요? 어느 쪽이 똥을 많이 흘리는데요?' 하니까 자기 집으로 도망가더니 변소에 들어가선 나오질 않아. 그리고 얼마 지나지 않아 30마리, 엄청나게 돼지가 죽은 거야. 그런데 우리 돼지 한 마리는 10마리, 다른 한 마리는 9마리, 이렇게 19마리 새끼를 낳은 거지. 옆집 돼지는 죽고, 우리 돼지는 비싸게 팔렸어."

농담이라 생각할 수 없는 진지한 어조로 정숙 씨는 말했다.

새끼 돼지는 먹이를 먹을 수 있게 되면 팔렸다. 이케가미마치 부근에서 돼지를 기르는 사람이 사러 왔다.

밀주 단속이 심해진 것은 1950년대 초반이다. 차츰 막걸리를 만드는 사람들이 줄어들었고 누룩도 팔리지 않았다.

정숙 씨는 나카지마(中島)에 집을 또 한 채 사서 술집을 시작했다. 가까이에 다른 술집이 없어서 잠을 잘 시간이 없을 정도로 번창했다. 불고기, 조림, 족발처럼 여러 가지 조선 요리를 만들어 팔았다.

"장사는 말이지, 맛있는 것을 만들어놓으면 먹으러 와. 먹고 싶은 사람이 돈을 내는 것이야."

술집으로 돈을 번 정숙 씨는 실감했다. 큰아들, 큰딸과 함께 셋이서 가게를 운영했지만, 큰아들은 결혼한 다음 바로 점포를 빌려 독립했다. 큰딸도 결혼을 해 오랫동안 운영해온 가게를 접었다. 가게를 그만둔 뒤에 무엇을 할까 고민하다가 "가게를 접어도 가만있지는 않을 거야"라는 답이 돌아왔다. 무슨 일을 했는지는 말하기 싫어했다. 가까스로 약간 미소를 띠면서 이렇게 말했다.

"계를 든다거나 돈이 필요한 사람에게 빌려주고 조금 이자를 받는다거나 그렇게 했지."

예전부터 금융기관에서는 재일 코리언에게 융자를 해주지 않았다. 그래서 재일 사회에서는 뭉치 자금을 마련하는 방법으로 계를 들었다. 관혼상제나 교육비, 또는 사업 자금처럼 필요한 용도에 따라 다양한 규모로 계가 생겨났다.

나카지마로 이사를 한 뒤 수십 년간 정숙 씨는 남편과 상관없이 혼자 생활했다. 그러나 열두세 해 전에 남편이 돌연 집으로 돌아왔다. 남편 나이 여든넷이었다.

"죽을 때가 되니까 돌아온 거예요. 병들어 돌아온 다음 삼일 만에 병원에서 죽었어. 나, 집, 들이지 않았어요. 내가 죽도록 일해서 만든 집이잖아. 죽었을 때는 보러도 가지 않았어. 그래야 할 인간은 아니니까."

남편은 왜 돌아왔을까?

"아무도 없더라고. 첩만 있으니까 장례식도 할 수가 없잖아. 집에 오면 아들도 있고, (가까이에) 자기 동생도 있으니까 돌아온 거지. 우리 아들이 처리했어. 장례식을."

남편이 색싯집에서 관계를 맺고 함께 살았던 일본 여자와 아이가 있었다. 남편이 집을 비운 사이 정숙 씨는 남편이 책임져야 할 대가족의 생활을 지탱해야 했다. 남편은 죽을 지경이 되어서야 이 가족에게 돌아온 것이다. 이런 남편에 대한 정숙 씨의 분노는 사라지지 않았다.

자식들에게도 하지 않았던 얘기들

만남의 집(ふれあい館)에서는 고령자 교류 사업으로 매주 수요일 '도라지 모임'을 열고 있다. 마이크로버스로 참가자를 모시고 와서 오전 중에는 장구에 맞추어 노래를 부르거나 춤을 추고, 점심에는 함께 식사

만남의 집 '도라지 모임'의 회관을 사쿠라모토 보육원에 새로 지은 건물로 옮기고 난 뒤 축하하는 잔치에서.

를 하고, 오후는 노래방이나 댄스, 그러다 마음 맞는 사람들과 이야기를 나누면서 저녁까지 즐거운 시간을 보낸다. 재일 할머니, 한국에서 최근에 온 사람, 소수이기는 하지만 페루나 브라질에서 온 사람, 일본인이 섞여 있다. 지금도 지속되고 있는 글자 교실이 이 교류 사업의 기초가 되었다.

만남의 집 관장인 미우라 도모히토(三浦知人) 씨는 연필을 만져본 적 없는 사람들과의 만남이 충격적이었다고 했다. 연필을 잡고 어느 정도 힘을 넣어야 할지를 몰라 흐물흐물 글씨를 쓴다. 처음에 자기 이름을 쓰고 나서 '하-' 하고 큰 한숨을 내쉰다. 20분 정도만 연습을 해도 피곤해서 "왜 쓰지 못하는가 하면 말이야"라며 역사를 알고 있는 사람이라도 '눈이 휘둥그레질' 지나온 생활을 이야기한다. 자식들에게도 하지 않았던 얘기들이다. 왜냐하면 자식들에게 가난하고 구차한 생활을 하게 하는 것은 자기 오점이라고 생각해 평소에 버리면서 살아왔기 때문이다.

연필을 잡고 자기에 대해 이야기한다. 경험을 쌓고 공동학습자와 주고받으면서 가난은 자기에게 힘이 없었기 때문이 아니라 역사적 배경이 있기 때문이라는 것을 배운다. 만남의 집에서는 글을 가르치면서 할머니의 이야기를 통해서 배우는 자원봉사자를 공동학습자라고 부르고 있다.

"공동학습자가 눈을 동그랗게 뜨고 이야기를 듣고 있으면 내 인생을 아주 열심히 들어준다는 관계가 만들어지면서 조금은 자기 회복을 하게 되지요. 그리고 자신의 삶을 학생 앞에서 이야기해도 좋다고 하게 되고요. 삶을 담은 이야기가 지니는 사회적 의미를 할머니들이 자각해 갑니다. 이런 사업이 우리들이 중요시해야 하는 원점일 것"이라고 미우라 씨는 말한다.

김도례(1927년생 경상북도 출신) 씨는 도라지 모임에서 활동하고 있다. 다섯 살 때 어머니를 따라 일본에 왔다. 어머니는 아버지를 데리고 돌아갈 요량으로 고향에 딸 셋을 남겨두고 왔다. 공사판 막일을 하던 아버지는 돌아갈 계획을 세우지 못해 도쿄 미카와시마에 살게 되었다. 어머니는 날마다 세 딸의 이름을 부르며 울었다. 다음 해 동생이 태어난 다음 오지토요시마(王子豊島)로 이사했다.

도례 씨는 도시마 소학교에 입학했다. 황태자 탄생이나 일본이 난징을 점령했을 때에는 학교의 지도 아래 제등 행렬에 나서기도 했다.

다다미 여섯 장과 두 장짜리 방, 욕실도 없이 공동 수도를 쓰던 작은 집에서 여동생과 남동생이 태어났다. 동생들을 돌봐야 했지만 학교에 다니고 싶어서 갓난아이를 등에 업고 다녔다.

근처에 기슈(紀州) 신사가 있었는데, 그 뒤편으로 조선인들이 작은 판잣집을 짓고 살았다. 도례 씨는 인근의 조선 아이들 중에서는 나이를 먹은 편이라 아버지가 시키면 조선에서 온 지 얼마 안 되는 사람에게 목욕탕 위치를 알려주거나 글씨를 쓰지 못하는 사람들의 대필을 하기도 했다. 근처에 있는 작은 산은 아이들이 좋아하는 놀이터였다. 봄이면 쑥이나 고사리를 캐러 갔다. 기슈 신사 뒤편의 가미야바시(神谷橋)로 가는 길에는 밤이면 노점이 즐비했는데, 축제 때는 사람들로 크게 붐볐다.

"식빵을 썰잖아. 빵집 앞에서 떨어진 걸 버리면 먹었어. 거짓말이 아니야. 채소 가게에서 바나나 같은 건 조금 상하면 버리잖아. 그것도 버리면 주워 먹었어."

어머니는 방직공장에 나가 여러 가지 실을 골라내는 일을 했다. 커다란 포대에 들어 있는 실보무라지나 골라낸 실을 리어카에 싣고 옮겨오는 일은 도례 씨의 몫이었다. 말이 통하지 않고 글씨를 읽을 수 없는 어머니를 대신해서 노임을 받아왔다. 옮길 실이 많은 날은 포대가 점차 뒤로 밀리면서 균형이 무너진다. 덩치가 작은 도례 씨는 리어카 손잡이에 매달려 공중에 둥둥 떠 있다가 지나가던 사람의 도움을 받은 일도 있다.

소학교 졸업 후 2년간 다닌 진조(尋常)고등소학교* 입학시험에 합격했지만 입학금을 지불하지 못해 결국 그만두었다. "안타깝네"라며 아쉬워하던 교사가 내각인쇄국 관할 공장에 취직을 주선해주었다.

"나는 조선인인데 말이야. 그래서 모두 놀랐어."

이 공장은 중국과 조선에서 통용되는 지폐를 만들고 있었다. 재단한 종잇조각을 분실하면 아무리 양이 적어도 찾을 때까지 전 직원이 직장에 남아 있어야 했다.

매일 30분을 걸어서 다녔다. 도로 양쪽에는 높은 담으로 둘러싸인 군수공장이 몇 곳 있었다. 동료들이 도레 씨 도시락에 왜 반찬이 없는지 물어보기에 "가난해서"라고 대답하자 동료들이 조금씩 반찬을 나누어주었다. 가끔 동료들은 퇴근길에 어울려서 단팥죽 같은 걸 먹으러 가곤 했지만, 도레 씨는 언제나 곧장 집으로 돌아갔다. 어두운 밤길에서 몇 번인가 별똥별을 보았다. 매일 종이를 1000장씩 세었다. 반복되는 종이 작업 때문에 엄지와 검지 사이가 부어올랐다. 치료를 받기는 했지만, 같은 일을 계속해야 했기 때문에 다시 부었다. 나중에는 된장만 바른 채 통증을 참았다. 전쟁이 격화될 때까지 이 인쇄공장에서 2년간 일했다.

조선에 남아 있던 언니 3명 가운데 첫째 언니는 조선에서 결혼했다. 아버지는 둘째와 셋째 언니의 뱃삯을 마련해 친척에게 보냈지만 무시당했다. 오지(王子)에 있는 파출소에서 돌연 둘째 언니가 와 있

* 일본에서 초등학교령이 시행되기 전에 진조소학교와 고등소학교가 하나로 되어 있던 학교. 진조소학교는 의무교육이 실시되던 학교였지만, 고등소학교는 의무교육이 아니었기 때문에 수업료를 받았다.

다는 연락이 왔다. 파출소 앞에 서 있는 언니의 모습을 보는 순간 도례 씨는 숨이 멎는 듯했다. 도례 씨 남매들은 실밥이 터지거나 찢어진 옷을 입는 일은 없었다. 어머니가 언제나 깔끔하게 뒤를 덧대어 꿰매서 산뜻하게 입을 수 있도록 만들어놓았기 때문이다. 둘째 언니는 타야 할 열차와 환승역, 목적지가 등에 적힌 찢어진 옷을 입고 있었다.

"구걸을 하면서 온 듯했어요. 친돈야(チンドン屋)*처럼 뒤에다 글씨를 써놓고. 도쿄 역에서 갈아타고 오지에 도착하자마자 파출소로 온 거예요. 전부 써놓았으니까."

당시 둘째 언니의 나이는 열세 살. 오사카까지는 친척이 데려왔는데, 여비를 절약하기 위해 일본어를 전혀 모르는 둘째 언니 혼자서 오지로 가게 한 것이었다.

유복한 노부부의 양녀로 들어가 있던 셋째 언니는 부모가 있는 일본으로 가자고 하니 '내게는 아버지도 어머니도 없다'라면서 산으로 도망가서 함께 오지 못했다.

아버지는 셋째 딸이 열여섯 살이 되어 혼담이 오가자 고물상에게 없어서는 안 되는 리어카를 팔아 여비를 마련해서 일본으로 데리고 왔다. 이때 오랫동안 아버지를 만나지도 못했던 첫째 언니는 "아버지는 하늘에서 내려온 것이야, 땅에서 솟아오른 것이야"라며 통곡했

---

* 거리에서 북이나 관악기를 연주하면서 이목을 끌어서 상품이나 가게를 알리는 일을 하던 일본의 광고 청부업을 말한다. 몸에 광고판을 달고 무리 지어 거리를 돌아다닌다.

다고 한다.

셋째 언니는 결혼해서 아이도 낳고 오지에서 살았지만, 아버지나 일본에 정을 붙이지 못하고 전쟁이 끝나자 바로 고향으로 돌아갔다.

아버지는 돈 고생시키지 않을 것 같은 신랑감을 골라 둘째 언니를 결혼시켰다. 둘째 언니는 경제적으로는 어렵지 않았지만 주벽이 심해 폭행을 일삼는 남편 때문에 고생했다. 둘째 언니가 친정에 오면 아버지는 "내가 왜 그런 집에 시집을 보냈지"라며 후회하면서 울곤 했다.

"역사란 무서운 거예요. 나이 들어 말년에 아버지가 말했어요. 자식 열둘을 모두 훌륭하게 키우려고 했는데, 나라가 없어서 이 모양이라고."

"두 손 든 거잖아"

도례 씨 가족은 아버지의 사촌이 있던 야마나시(山梨)의 엔잔(塩山)으로 피난을 가서 일거리가 없어지자, 아버지의 신사복은 물론 도례 씨의 기모노까지 식료품과 맞바꿨다. 결국 부모는 가와사키로 가서 니혼강관의 하청 작업을 하던 사카모토구미(坂本組)의 합숙소를 맡아 운영했다.

두 살부터 열 살까지 다섯의 형제자매는 엔잔에 남아서 아이들끼리 살아야 했다. 도나리구미(隣組)*에는 도례 씨가 갈 수밖에 없었다.

"언니가 세대주인가?"라는 말을 듣는 것이 싫었다.

　아버지는 합숙소에서 일하는 사람의 인원수를 부풀려 배급을 받아서 도례 씨가 가면 쌀을 갖고 가게 했다. 풀을 뜯고, 강에서 우렁이를 건져 음식을 보탰다. 친척이 하는 양잠 일을 도우면 현금을 받지는 않지만 먹을거리는 얻을 수 있었다.

　도례 씨가 없을 때는 바로 아래 동생이 음식을 만들었다. 동생이 주인집 우물로 물을 길러 갔는데 "조선인도 물을 마시냐"면서 양동이에 돌이나 진흙을 넣는 일이 있었다. 동생에게서 "언니가 없으면 물 길러 안 가"라는 말을 듣고, 도례 씨가 주인집에 가서 화를 내자 그런 일은 없어졌다.

　가와사키에서는 1945년 4월 4일 공습으로 149명이 사망했다. 계속해서 15일 대공습으로 10만 명이 넘는 사람들이 집을 잃었다. 공장이 입은 피해도 컸는데, 산업도로의 바다 쪽 공장은 전멸했다.

　아버지가 두 살배기 동생을 보고 싶다고 하셔서 도례 씨가 데리고 간 날이 4일이었을까, 15일이었을까. 그 1년 전 11월에 태어난 여동생은 부모가 데리고 있었다. 공습경보가 울리자 어머니가 아버지에게 "어떻게 하지?"라고 물었고, 아버지는 "계집애는 많이 있으니까 괜찮아"라며 생후 5개월 된 갓난아이를 판잣집에 둔 채 대피했다. 공습이 끝나고 방공호를 나와 합숙소로 돌아오니 반 이상 파괴되었는데도 판잣집은 불에 타지 않아 여동생은 무사했다.

---

* 제2차 세계대전 당시 일본이 국민을 통제하기 위해 만든 지역 조직. 반상회와 비슷하다.

도례 씨는 가와사키에서 가지고 온 쌀을 가지고 야마나시에서 생산되는 포도와 바꾸어 둘째 언니가 있는 시나가와로 가지고 와서 주변 사람들에게 팔았다. 체리, 복숭아, 고리짝, 나막신 등 손에 넣을 수 있는 것이면 모두 가지고 왔다. 농가에서는 수송 수단이 없어 쉽게 팔지 못하던 물품들이었다. 술 배급이 있으면 2홉, 3홉이라도 사서 모아둔 다음 한 되짜리 병 5, 6개를 배낭에 담아 짊어지고 왔다.

오전에 일왕의 '옥음(玉音)' 방송이 있을 것이라 들었던 8월 15일 아침, 도례 씨는 주변에 있던 일본인에게 무심코 중얼거렸다.

"두 손 든 거잖아."

라디오를 듣고 주위 사람들이 술렁거리자 도례 씨는 공포에 떨었다.

"그런 일이 있었으니까, 죽였잖아……. 죽여버렸어요. 조선인, 모두를 죽였어."

간토대지진 때 군, 헌병, 자경단 들이 약 6000명에 달하는 죄 없는 조선인을 살해했다. 일본 패전 직후의 혼란 속에서 간토대지진 때 일어났던 학살에 대한 생생한 기억이 아물지 않은 사람들 사이에 "조선인은 살해당한다"라는 공포가 전파되고 있었던 것이다.

그 후 엔잔에서 2개월 정도 있을 때에도 도례 씨는 산지에서 계속 물건을 사서 팔았다. 차표는 이틀 동안 줄을 서지 않으면 살 수가 없었다. 남동생이나 여동생에게 줄을 서라고 시켜서 차표를 구했다. 후지(富士) 근방에 가서 귤을 사고, 나가노(長野)에 사과도 사러 갔다.

"힘이 닿는 대로 승강구를 잡았어. 터널이 많잖아. (기관차에서) 퐁

퐁 연기가 나오잖아. 얼굴이 시커매. 복잡할 때는 창으로 타기도 해. '아저씨, 조금 열어주세요'라고 하면서. 가지고 있는 물건을 먼저 집어넣고 올라타는 거야. 그런 일을 해서 왈가닥이 되었나봐."

막걸리를 만들면 경찰이 잡아갔어

친척들은 모두 조선으로 돌아갔다. 아버지는 자식들을 모아놓고 이야기했다. "조선이 해방되었으니 조선어를 생각해야 해"라고. 아버지는 도례 씨의 결혼이 결정되면 돌아갈 요량으로 준비를 시작했다. 그리고 합숙소를 운영하며 번 돈으로 배를 한 척 사셨다. 딸린 자식이 많기도 했지만, 일본 물품을 조선으로 몇 차례 갖고 가서 판 다음 생활 기반을 마련하려 했던 것이다. 그런데 일본에 와 있던 본가의 아들, 도례 씨에게는 사촌인 사람이 배를 한 번 빌려달라고 부탁했다. 아버지는 망설였지만, 어머니는 권했다. 어머니는 젊은 시절의 자신처럼 본가에서 시부모와 함께 남편이 돌아오기를 기다리고 있을 아내의 심정을 생각했던 것이다. 사촌은 물품을 싣고 조선으로 돌아가 친척 여러 집을 돈 다음 행방이 묘연해졌다. 일본으로 돌아오던 도중에 배가 침몰한 것일까? 사촌의 부인은 스무 살 나이로 젖먹이 아이가 딸린 미망인이 되었다. 그 뒤로 조선에 돌아갔던 사람들이 하나둘씩 일본으로 돌아오기 시작했다. 36년에 이르는 식민지 지배에서 벗어났지만, 미군정 아래서 정치와 경제가 전부 혼란한 상황이었던 조선에서 생활할 수가 없었기 때문이다.

아버지는 합숙소로 이용하던 건물로 학교를 세웠다. 사무원이 교사를 했다. 가와사키조련 제2학원이었다. 1946년 11월 공습으로 불에 탄 오시마소학교의 교실을 보수해서 가와사키조련초등학교(뒤에 학원으로 개칭)를 창립하자 제2학원의 학생들도 이 학교에 다니게 되었다.

도례 씨는 아버지의 결정으로 그해 1월 일면식도 없는 상대와 결혼했다.

남편은 스물하나, 도례 씨는 스무 살이었다. 이케가미마치에 있는 다다미 네 장 반 크기의 판잣집에서 남편과 시어머니, 그리고 도례 씨 세 사람의 생활이 시작되었다.

남편은 조선에서 살다가 아홉 살 나이에 아버지를 잃고 열한 살에 고베(神戶)에 있는 큰아버지 집으로 갔다. 학교에 다닐 수 있다고 듣기는 했지만, 야학밖에 할 수 없었다. 낮에는 큰아버지의 타비(足袋)* 공장에서 일했다. 다락방에 머물며 일했지만 힘든 일이 많아서 누이가 있던 가마타에 와서 선반 공장의 공원이 되었다. 배울 기회가 없었던 남편은 모르는 문자가 있으면 그때마다 도례 씨에게 물었다. 남편이 야학을 다니면서 중학교와 고등학교를 졸업한 것은 결혼한 다음이었다.

* 일본식 버선.

남편은 주위 청년들과 민족운동을 시작했다. 1945년 11월 조선건국촉진청년동맹(건청)이, 1946년 1월 신조선건설동맹(건동)이 결성되었고, 10월에는 재일본조선거류민단(민단)이 발족했다.

"민단이 만들어졌지만, 거기 들어가지는 않았어."

도례 씨의 어버지가 찾아와 남편에게 충고를 한 때가 이 무렵일 것이다.

남편은 아버지의 말을 그 자리에서 부정하지는 않았다. 도례 씨는 남편도 그 일원이었던 청년 조직이 가와사키 민단의 기반을 만든 과정을 알고 있었다. 민단은 대한민국 정부가 수립된 뒤 1948년 10월 '재일본대한민국거류민단'으로 개칭했다.

도례 씨는 장사를 해서 모은 상당한 금액의 돈을 결혼 전 아버지에게 드렸지만, 일부는 직접 갖고 있었다. 이 자금을 기초로 해서 도례 씨는 일이 없던 남편을 설득해 도치기(栃木)와 사이타마에서 물건을 사 와서 되파는 일을 계속했다.

도례 씨가 인근 동포 친구와 함께 시즈오카의 농가에 갔을 때의 일이다. 출혈이 있었다. "유산 아니야?" 이상한 낌새를 알아챈 것은 두 살 아래 친구였다. 도례 씨는 임신을 했는지조차 느끼지 못하고 있었다. 성에 관한 지식이 없었던 것이다. 그날 귤을 약 30킬로그램 이상 등에 짊어지고 장거리를 걸었다. 친구가 부끄러워해서 산부인과에는 들르지 못하고 찾아간 곳이 내과 병원이었다. 출혈만 멈추게 해서 돌아갈 요량이었지만 입원을 해야 했다. 남편이 병원으로 찾아왔다. 유산을 한 다음 시어머니에게 심하게 야단을 맞았다.

남편과 함께 쌀을 사가지고 오던 날, 남편이 일제 단속에 걸려 체포되었다. 도례 씨는 도망쳐서 오모리(大森)까지 갔다. 쌀을 짊어진 사람이 5, 6명 있었다. 어디서 팔 건지 물어보니 가마타에서 판다고 했다. "난 가와사키인데, 우리한테 팔지 않을래요?" 도례 씨는 그 사람들이 파는 가격보다 비싼 가격을 주겠다고 하면서 교섭을 했다. 쌀을 집까지 가지고 오자, 동네 사람들이 의아하게 생각하며 수군거렸다.

"노부타 씨 집 색시는 어떻게 된 것 아니야? 남자를 그렇게 데려오다니."

그날 사재기한 드럼통 2개들이 분량의 쌀은 남편과 시어머니, 그리고 도례 씨 세 사람이 누룩과 소주를 만드는 기초가 되었다. 나중에는 일본 술도 만들었다. 도례 씨는 자전거로 가마타의 논베이요코쵸(のん兵横丁)의 술집에 가서 팔았다. 친정에서도 막걸리를 만들었다. 부엌의 토방에 테이블 하나를 두고 손님들에게 감자를 넣은 모쯔니(モツ煮)* 등을 안주로 해서 막걸리를 팔았다. 그런 작은 막걸릿집이 몇 군데 있었다.

"막걸리를 만들면 경찰이 잡아갔어. 대단했지. 가와사키는 유명했지. 세무서 사람 하나가 죽기도 했어. 지나치게 조선 사람만 조사하러 와서 괴롭히다가 말이야."

가와사키미나미(川崎南) 세무서에는 '순직 세무관리 고 하타야마

---

* 소나 돼지의 내장을 채소와 함께 삶아서 만든 음식.

도요조(端山豊蔵)의 비. 대장대신 이케다 하야토(池田勇人) 씀'이라고 새겨진 묘비가 있다. 뒷면에는 "제삼국인 주류 밀조의 보고를 접하고 솔선해서 과원을 통솔하여 이것이 단속에 해당되는 바, 불행히 흉한에게 불령(不逞)의 보복을 당해 …(생략)… 그 직을 마쳤다"라고 적혀 있다. 1947년 6월 23일에 일어난 사건이었다.

그날 무장 경관 206명, 세무 서원 88명, 미군 헌병을 포함해 모두 300여 명이 조선인 집단 주거 지역을 포위하고 100여 명을 검거했다. 15킬로그램의 술과 그 원료인 쌀, 보리, 누룩 200킬로그램과 제조 도구를 압수했다.

"일정 구역 내의 조선인 가옥을 증거나 영장 없이 남김없이 수색하는 일, 무장한 경관이 구둣발로 집에 침입해서 가재도구를 부수면서 여성과 아이들에게 폭행과 폭언을 하고 집에서 먹을 쌀이나 배급 밀가루 등 수색 대상이 아닌 물품까지 압수"하는 등 폭력적인 단속에 대한 강한 반발이 사건의 발단이었다.[이행리(李杏理), 〈'해방' 직후 재일 조선인의 막걸리 투쟁에 대한 역사적 고찰('解放' 直後在日朝鮮人による濁酒鬪争の私的考察)〉]

사건 직후인 7월 4일 '주류 밀조 적발에 관한 태세 확정의 건'이 내각 회의를 통해 결정되어 '악질한 자는 본국으로 송환한다', '경찰의 무장력에 의한 세무서 등의 경비, 원호에 만전을 기한다' 등의 내용이 결정되었다. 1946년 이후 주세는 소득세, 법인세 다음으로 3위를 차지할 만큼 큰 조세 수입원이 되었다. '주류 밀조 적발'은 패전 직후 급격한 인플레이션으로 증대하는 재정 수지 적자를 메우기 위한 해

결책의 하나로 쓰였다. '주류 밀조' 검거율이 최고치를 나타낸 것은 1952년. 이후 막걸리 제조는 급격히 감소했다.

술 마시던 시어머니, 마시지 않던 남편

장남이 1948년 3월에 태어났다. 장마가 들어 살고 있던 일대가 1미터 이상 물이 넘치는 상태가 며칠째 계속되었다. 분뇨도 둥둥 떠다니는 상황이었다. 생후 3, 4개월 된 장남은 전축과 상 위로 다다미를 놓고 그 위에서 재웠다. 남편이 음악을 좋아해서 전축과 악기가 집에 있었다.

남편은 가와사키 역 부근의 토지를 물색하고 있었지만, 첫 손주를 귀여워한 시어머니가 사쿠라모토의 토지를 계약해 대금을 치렀다. 그 땅에 지금껏 가족이 살고 있다.

사쿠라모토로 이사를 한 다음 남편은 소주 제조를 그만두고 철물점을 시작했다. 이른바 고철상이었다. 도레 씨는 스시집을 시작했다. 요리사가 자주 쉬는 바람에 대신 스시를 만들었는데, 여자가 스시를 만드는 것은 좋지 않다는 선입견이 있어서 가게를 접었다. 그리고 돼지를 키웠다.

막걸리를 소주로 만드는 과정에서 나오는 지게미를 돼지 사료로 쓰는 사람들이 있기는 했지만, 도레 씨는 나카지마로 가서 오키나와 사람들에게 작은 고형물이 섞인 하얀 국물을 받아왔다. 이 국물이 어떤 음식물의 찌꺼기인지는 몰랐다. 반으로 자른 드럼통에 국물을 넣고 리어카로 실어 날랐다. 나중에 사쿠라모토 상점가는 걸으면 어깨를 부딪칠 정도로 붐비게 되었지만, 당시는 들판이 펼쳐져 있었다.

어느 날 아침 근처 건어물상에 가다가 들판 너머 친정집 가까이에 경찰차가 서 있는 것을 보았다. 가슴이 쿵쾅거리며 터질 것 같아 날아갈 듯이 달려가보니 막걸리 통이 차에 실려 있었다. 동생 말을 들어보니, 경찰이 "너희들, 어차피 마실 거지"라며 실려 있는 막걸리 통에 고춧가루를 붓고 섞어버렸다고 했다. 함께 경찰에게 난리를 피우던 도례 씨와 동생은 린코(臨港) 경찰서로 연행되어 하룻밤 유치장에 갇히는 신세가 되었다.

사쿠라모토의 집 뒤는 강이 흐르는 곳이라서 둑이 있었다. 그 둑이 평평해지고 강이 덮여서 배수관처럼 되고 도로가 만들어졌다. 도례 씨는 이를 계기로 돼지 사육을 그만두었다. 그 이후부터는 술집을 하거나 남편과 함께 파친코 가게를 경영하기도 했다.

파친코점을 하고 있을 무렵 시어머니가 돌아가셨다. 시어머니는 평생 치마저고리를 입고 생활했다. 도례 씨가 언제나 빳빳하게 다림질한 새하얀 치마저고리를 입혀준다고 주변 사람들의 평판이 자자했다. 남편은 카바레, 댄스홀에 다녔고, 골프는 프로급이었다. 잘 놀기는 했지만 술은 마시지 않았다. 시어머니는 술을 마셨다. 막걸리를 만들면서 맛을 보기 위해 마시던 것이 습관이 되었다. 아침에 일어나면 2홉 내지 3홉, 밤에도 마셨다. 취기가 사라질 때까지 공습으로 죽은 둘째 아들을 그리워하며 울곤 했다. 남편은 시어머니를 부드럽게 달랬다. 하지만 아무리 달래도 어머니의 마음을 추스를 수 없다는 것을 알고 있었을까, 도중에 돌연 일어서서 나가버렸다. 술을 마시며 한숨짓는 시어머니 앞에는 도레 씨 혼자 남았다.

남편은 가마타에서 동생과 함께 공습을 당해 둘 다 중상을 입었다. 방공호로 피난했지만 불길이 다가오고 있었다. 동생은 걷지 못했다. "둘 다 죽으면 어머니가 불쌍하니까 형은 도망가." 동생이 말했다. 동생을 등에 업을 힘도, 끌어당길 힘도 없었다. 어떻게도 할 수 없어 동생에게 물을 끼얹고 남편은 그곳을 도망 나왔다. 잠에서 깨어난 것은 1주일 후. 리어카를 끌고 가마타로 가서 무너진 방공호를 파내어 동생을 찾아냈다. 시체는 불에 타 있었다. 시어머니가 동생을 그리워하며 울부짖을 때면 기억하고 싶지 않아도 남편의 뇌리에 그때 일이 되살아나는 것이 분명했다. 남편이 술을 마시지 않은 것은 이 일과 관계없지 않았을 것이라고 도레 씨는 느끼고 있다.

부근에 큰 파친코 가게가 개업해 파친코 일을 그만두었다. 반년 뒤 도레 씨는 야키니쿠야(燒肉屋)*를 시작했다. 남편은 "그런 장사를 하려면 죽어버려"라며 반대했다. 야키니쿠야는 '여자를 죽인다'고들 했다. 철판 세척, 김치 담기, 양념 만들기 등 중노동이었기 때문이다.

한 칸 정도밖에 안 되는 작은 야키니쿠야이긴 했지만, 다른 가게가

---

* 일본에서는 고기구이를 야키니쿠(燒肉)라고 부르는데, 재일 코리언들은 소의 고기와 곱창에 양념을 해서 부위별로 숯불에 구워 파는 야키니쿠 가게를 운영하는 경우가 많았다. 김치와 깍두기도 함께 나온다.

없어서 번성했다. 어렸을 적 어머니는 결혼식 등 잔칫날이면 음식을 만들고 사람들을 불렀다. 요리를 잘 만들던 어머니의 손맛이 어느새 몸에 붙었는지도 모르지만 맛있다고 소문이 났다. 그 많은 고기를 자르고 다듬으면서 피로 더러워져도 목욕탕에 갈 틈도 없었다. 겨우 시간을 내서 목욕탕에 갔다가 잠이 들어버릴 정도로 바빴다.

남편은 민단 가와사키 지부 부단장을 20년간 계속했다. 젊은 사람들에게 아코디언과 기타를 자주 가르쳤다. 노래도 잘했다.

도례 씨의 친정은 '모두 총련 사람'이었다. 고등학교 때 럭비 연습 중에 사고로 죽은 남동생을 제외하고 아버지뿐 아니라 조선 학교에서 배운 일곱 형제 모두가 재일본조선인총연합회(이하 총련)를 지지했다. 바로 밑 여동생은 북한으로 귀국했다. 첫째 남동생은 조선 학교 교장으로 20년을 근무했다. 둘째 남동생도 조선 학교에서 몇 년간 교편을 잡았다. 이 남동생은 북한 사람들에게 도움을 주고자 소형 트럭 1대와 자전거 13대를 가지고 간 적도 있었다.

부모 제사를 올리기 위해 모였을 때 도례 씨가 이야기했다.

"모두 형제니까 연을 끊을 수 없다. 사상은 달라도 형제끼리 잘 지내자."

일을 하면서도 도례 씨는 남편이 일하고 있는 민단에 얼굴을 내밀기도 했다. 그러다가 임원이 되었고, 가와사키 지부 부인부 회장으로 추천되었다. 그때까지 부인부 회장 중에는 글을 쓸 수 있는 사람이 없었다. 도례 씨 위 세대의 여성들은 대부분 학교에 다니지 못했기 때문이다. 도례 씨가 글을 쓸 수 있는 첫 번째 회장이었다.

남편은 1981년 골프장에서 급사했다. 심장판막증으로 수술을 한 적이 있었다. 판막을 대체한 것이 화근이었다. 도례 씨가 부인부 회장이 된 지 채 2년도 지나지 않을 때였다. 남편의 죽음은 충격이 컸다. 도례 씨는 회장을 그만두었다.

남편이 세상을 떠난 지 벌써 30여 년이라는 세월이 흘렀다. 아들 부부가 야키니쿠야를 이어받은 지도 오래다. 고객들의 호평을 받는 도례 씨의 손맛도 계속해서 이어지고 있다.

최근 둘째 아들과 이런 이야기를 나누었다.

"어머니, 저세상에 갈 때 아버지 사진 갖고 가지 마세요."

"그렇구나. 아버지, 나를 잊었지. 저 할머니 누구냐라고 말하는 거야."

"그러니까 사진 가지고 가시지 말라고요."

남편이 세상을 뜨기 반년 전에 한국의 설악산에 가서 함께 찍은 사진이 있다. 그 사진이 좋다며 웃고 있었다.

3  대충 묻었어,
죽으면 죽은 채로

위 본 적도 없는 일본식 머리를 하고 결혼식을 올려야 했던 박윤경 씨.
아래 피난지였던 와라비에서 방화 훈련을 한 김문선 씨.

"경찰서 앞을 지나가는데 경관이 나와서 말이야. 먹물을 넣은 물총을 확 하고 옷에 쏘는 거야. 먹물은 지워지지 않으니까."

히가시오사카(東大阪)시에 거주하는 박윤경(1922년생 경상북도 출신) 씨는 열여섯 살 무렵 고향에 돌아온 오빠에게 일본에는 야간학교가 있다는 말을 들었다. 1년만 공부할 생각으로 오사카 히라오카(平岡)에 왔다. 그러나 지퍼 공장에서 일하는 사람과 친구가 되어 함께 일을 하게 되었다. 공장으로 가는 길에 경찰서가 있었다. 하얀 조선 옷에 먹물을 쏘았기 때문에 경관이 있으면 멀리 돌아가고, 없으면 뛰어서 지나갔다. 일본에 온 지 얼마 되지 않았기에 조선 옷밖에 없었다.

"정신없이 일을 하고 있으면 말이야, 단속이 들어와. 저고리를 면도칼로 찢는 일도 있어. '기모노 입어'라면서 말이지. 조선 옷은 금지였어."

일하느라 야학에 다닐 기회를 놓쳤다. 선도 보지 않고 열일곱에 결

열여섯 나이에 일본에 왔던 박윤경 씨. 하얀 조선 옷을 입으면 경찰이 먹물을 쏘아댔다.

혼했다. 오빠가 결혼 상대의 아버지와 친했다.

"그러니까 시집갈 때까지는 조선 옷을 입고 다녔는데, 시집가서는 쭉 기모노. 결혼식도 일본 옷이었어. 나, 일본식으로 머리를 올렸어. 그런 건 본 적도 없는데 말이야."

결혼식장에서 처음 얼굴을 본 남편은 군수공장에서 전투모 만드는 일을 했다. 교바시(京橋)에서 생활했다. 아이는 3년 후에 태어났다.

한 번이라도 방공호에 들어가지 않고 잠들어보고 싶었어

정해진 날에는 방화 훈련을 해야 했다. 집에 사다리를 기대 세우고 길에 늘어서서 물이 든 양동이를 건네면 사다리를 타고 올라가 있는 사람이 물을 끼얹었다.

"조선 사람은 팬티를 입어. 일본 사람은 기모노를 입고 (코시마키* 를) 두르기만 하니까. 사다리 밑에서 다 보이니까. 그래서 팬티를 입기 시작했다는 얘기가 있어."

조선 여자는 치마 속에 서너 벌 겹쳐서 속바지를 입는다.

"그러니까 시집갈 때는 그거랑 버선을 많이 만들어 가."

결혼 후 몇 해가 지나서까지 친정에 가면 발가락 부분이 해어진 가족의 버선을 많이 들고 와서 꿰매어 썼다.

오사카에는 1945년 3월 13일 늦은 밤부터 14일 동트기까지 이어진 공습을 시작으로 6월부터 8월에 걸쳐 지속적으로 공습이 있었다. 이 공습으로 1만 5700명 이상이 사망했다. 일본 전국에서 재일 조선인이 가장 많았던 오사카에서는 공습에 따른 희생자도 상당수 있었겠지만 구체적인 숫자는 불분명하다.

"오사카는 뭐, 공습이 끊임없었잖아. 발 뻗고 자본 기억이 없어. 죽어도 좋으니까 한 번쯤은 방공호에 들어가지 않고 잠들었으면 좋겠다고 생각했어. 오늘은 아무리 그래도 절대 폭격이 없을 거라고, 방공호에 들어가지 않을 거라고 생각했었어. 아이들이 있잖아, 불쌍했지."

밥 먹는 도중에 공습경보가 울리면 내몰리듯 아이 둘을 데리고 방

---

* 腰卷: 통소매의 평상복 허리에 두르는 예장용 의복.

공호에 들어갔다. 방공호에 들어간 아이들은 무서워 울었다. 좁은 방공호에서 아이가 울면 음파 탐지기로 감지된다며 이불을 뒤집어씌우라는 질책을 당했다. 경보가 해제되어 집으로 돌아갔더니, 밥상 위에 돌멩이가 있었다. 폭풍에 날아온 것이었다. 문득 정신을 차려보니 맹장지*도 두 장이 사라졌다. 화장실 문은 누군가가 옮겨놓은 듯 다른 곳에 놓여 있었다. 암거래로 조금 사서 만든 음식은 천장에서 떨어진 흙과 먼지를 뒤집어써서 먹을 수 없는 지경이 되었다.

몸뻬 바지를 입은 채로 잠자리에 들었다. 아이들이 있는 가정은 대피 지시가 떨어졌다. 시부모와 남편은 교바시에 남았다. 히라오카에 방을 빌려 대피했다. 피난처에서 옷을 갈아입을 때 옷 곳곳이 다 닳아 떨어진 것을 그제서야 알았다.

대충 묻었어,
죽으면 죽은 채로

"오사카는 불의 도시였어. 소이탄이 떨어져 새빨개지면 정말 걱정이 돼. 모리노미야(森ノ宮)를 지나는데, 소이탄 폭풍으로 사람 입이 찢겨지기도 하고 뇌가 다 드러나 있어. 머리털도 다 벗겨지고. 뇌수가 흘러넘쳐 있었어."

* 방과 방 사이 두꺼운 종이를 바른 장지.

교바시는 8월 14일 대규모 공습을 당했다. 남편과 시부모가 걱정이 되어 윤경 씨는 교바시로 돌아갔다. 하룻밤 집에서 잤지만, 공습이 더 심해질 거라며 히라오카로 돌아가라고 했다.

"교통수단이 없는 거야. 아이를 데리고 가는데, 아이가 물을 마시고 싶다고 하는데 마실 물이 없어. 그래서 걸어서, 걸어서 히라오카까지 가서 겨우 죽을 쑤어 먹이려 하는데 '전쟁이 끝났다'고 하는 거야, 자치 회장이. 거짓말이라 생각했어. 전혀 기쁘지도, 슬프지도 않았어. 밤에 더 심한 게 떨어지니까 가라고 해서 왔잖아. 거짓말, 거짓말이야. 뭘 얘기해도 믿을 수가 없었어."

14일 공습으로 교바시 역이 포탄에 맞았다. 전차 2대에 타고 있던 승객들이 희생되었다. 오사카에 있던 육군 무기 공장도 파괴되었다. 사망자 210명 정도는 신원이 밝혀졌지만, 500명에서 600명에 대한 신원은 불분명했다. 전쟁이 끝나고 윤경 씨는 비가 내리는 날은 망령이 돌아다닌다는 소문을 들었다.

"대충 묻었어. 희생자를 찾는다든가 그런 일은 없었어. 죽으면 죽은 채로."

주위는 모두 불에 탔지만, 윤경 씨가 살던 쪽방은 불타지 않고 남아 있었다.

전후에는 전쟁 때보다 식량이 더 심각하게 부족했다. 이 시기에 남편과 함께 시작한 가방 제조를 몇 년 전까지 계속해왔다.

빨리 전쟁이
끝났으면 좋겠다

"모두들 날 보고 행복한 어린 시절을 보냈다며 부러워해요. 유치원에 갈 때도 유니폼을 입었고, 앞치마를 걸쳤어요. 소학교에 들어갈 때도 양장 여러 벌을 지어 입고 주문 제작한 가죽신발을 신었어요."

진금선(1930년생) 씨는 시즈오카(静岡)현 시다(志太)군 후지에다(藤枝)초[현재 후지에다시(市)]에서 나서 자랐다. 변두리에 조선인이 많이 거주하는 지역이 있었지만, 금선 씨 일가는 시내 중심에서 생활했다. 다섯 살 차이 나는 언니와 함께 금선 씨도 여학교에 다녔다. 현립 후지에다 여학교에서 조선인은 금선 씨의 언니와 금선 씨밖에 없었다.

"언니는 다부지고 공부도 잘해서 지금으로 말하면 반장, 부반장을 했어요. 조센징이라는 소리를 들으면 남학생이라 해도 따졌지. 학교에서는 이름이 알려져서 여동생이라는 것만으로도 괜찮은 대접을 받았어요. 언니가 저를 보호해주었지요. 오히려 조선인 친구들에게서 여자를 여학교까지 보내서 뭐하냐는 비난을 받았지요. 저는 좋은 부모를 만나서 걱정 없이 자랐어요."

여학교에서 영어 배우기를 기대했는데, 알파벳밖에 가르쳐주지 않았다. 짚으로 인형을 만들어 죽창으로 찌르는 군사 훈련과 왜장도(나기나타)를 쓰는 무술 훈련이 계속되었다. 학생끼리는 서로 "이렇게 해서 미국을 이길 수 있을까"라는 말을 나누기도 했다. 안뜰에 천황의 초상화를 걸어놓은 봉안전이 있었다. 교장의 훈화는 그곳에서 진행

사람들의 부러움을 받으면서 소녀 시절을 보냈다는 진금선 씨. 그래도 군사 훈련과 조병창에 동원되는 것은 모두가 매한가지였다.

되었다. 겨울에도 양말이나 버선을 신지 않은 맨발이었기 때문에 냉기에 떨면서 빨리 훈화가 끝나기만을 기도했다.

후지에다 여학교 1학년생은 학기가 끝날 즈음 전원이 누마즈(沼津)의 해군 조병창에 동원되었다. 누마즈 부근의 학생은 자택에서 다녔고, 근교의 중학교와 여학교에서 동원된 학생은 기숙사 생활을 했다. 5인실에서 초라한 이불을 덮고 잤다. 식사는 알루미늄으로 된 밥공기와 국그릇에 담겨 나왔다. 쌀은 얼마 안 되고 콩을 으깬 것이나 감자가 들어간 밥에 토란을 건더기로 한 된장국 정도였다. 먹다 남은 밥이 많았다. 고구마를 말린 가루로 반죽해서 만든 찐빵이 주식인 날도 있었다. 옆 사람과 이야기를 하지도 않고 먹을 것만 조용히 입에 넣었다.

매일 아침 기상나팔이 울리는 5시에 기상. 옷차림을 갖춘 다음 방공 두건과 철모를 쓰고 집합 장소로 갔다. 거기에서 점호를 마치고 아침식사를 한 다음엔 공장으로 향했다. 점호는 아침저녁으로 이루어졌다.

금선 씨는 비행기 조립 공장에 배치되었다. 비행기 배선에 쓰이는 피복선을 자르는 작업을 했다. 도면에 표시된 치수에 맞추어 펜치로 피복선을 잘라 가느다란 전선이 감긴 바깥쪽을 칼로 잘라서 2센티미터 정도의 전선을 내는 작업이었다. 칼을 깊게 넣으면 안에 감싸인 전선이 몇 줄 끊어졌다.

"열심히는 했지만 요령을 모르니까 선이 끊어져요. 우리가 만든 것들이 멋진 제품이 되었는지 어쨌는지. 나로서는 불량품을 만들었다는 생각이지만."

집에는 돌아갈 수 없었다. 집이 그리웠다. 여유 있는 가정에서는 부모가 먹기 좋게 자른 떡이나 찐쌀 등을 들고 와 면회를 했다. 그것을 모두 함께 나누어 먹는 것이 아니라 혼자서 아껴 먹었다.

반년이 지나 후지에다에 군수 공장이 생기자 전환 배치되었다. 무슨 부품인지도 모르면서 매일 기름투성이가 되어 선반에서 철봉을 잘랐다. 굵은 철봉은 도쿄에서 온 종업원이 잘랐다. 점심시간에 친구와 하늘을 바라보며 "빨리 전쟁이 끝났으면 좋겠다"며 한숨을 쉬었다. 그런 말을 하고 있는 순간 옥음 방송을 들었다.

"그때 너무 너무 기뻤어. 이런 일 하지 않아도 된다는 생각에. 모두 기뻐서 소리쳤어요."

금선 씨가 여학교로 돌아간 것은 2학년 말쯤이었다.

아버지는 부지런한 사람이었다. 큰아버지와 함께 일본에 와서 시즈오카현 오카베초(岡部町)에서 우츠노야(宇津ノ谷) 터널 공사의 현장

식당을 맡은 다음 어머니와 언니를 불렀다. 금선 씨는 그런 함바(飯場)*집에서 태어났다. 그 후 후지에다에 집을 빌렸다. 아버지는 친절한 집주인의 권유로 카페를 시작했다.

근처에 유곽이 있었다. 저녁이 되면 대여섯이 늘어선 가게 앞에 여자들이 예쁘게 화장을 하고 나란히 섰다. 주변에는 술집이나 장어집이 있어서 사람이 붐볐다. 지장보살과 대중목욕탕도 있었다. 유곽이 어떤 곳인지 몰랐던 금선 씨는 여자들이 가게 앞에 나오기 시작하면 자주 구경하러 갔다. 호객 행위를 하던 아주머니가 "안 돼, 안 돼. 너희들은 오면 안 돼"라며 물을 뿌리면 도망쳤다. 이런 번화가 가까이에 아버지가 운영하던 카페 '스미레(菫)'**가 번성했다.

스미레에는 경찰이 자주 드나들었다. 아버지가 내선협화회(內鮮協和会)의 말단 임무를 맡았기 때문이다. 경찰은 조선인의 동향을 염탐하기 위해 왔다. 경찰이 오면 아버지는 이마에 주먹을 대고 "오늘 이게 왔어"라고 했다. 아버지는 경관에게 술을 대접하기도 했다. 동포에게 불리한 정보를 경찰에게 알리는 일은 없었지만, 동포들의 의심을 사서 비난을 받기도 했다.

"'저거 협화회니까 저쪽에 붙어 있어.' 그렇게 생각되었던 것 같아요. 할 사람이 없어서 한 일인데 말이죠."

내선협화회는 1924년 오사카에 처음 설립되었다. 강재언과 김동

---

* 건설 현장에서 노동자들의 숙소와 식당을 겸하는 곳.
** 제비꽃.

훈이 쓴《재일 한국·조선인—역사와 전망(在日韓國·朝鮮人—歷史と展望)》(労働経済社, 1989)에는 다음과 같은 내용이 있다.

"당초에는 빈곤과 실업 증대라는 사회문제로 재일 조선인 문제를 해결 혹은 개선하기 위해 …(중략)… 조선인이 다수 거주하는 지역에 설립된 협화회는 황민화와 '내선일체'라는 중앙정부의 정책을 구체적이고 효과적으로 추진하고 조선인의 관리와 단속을 통해 민족운동을 탄압하는 전국 조직으로서 발전되고 유지되었다."

여학교 졸업 후 금선 씨는 취직을 하고 싶었다. 하지만 직장을 구하지 못해 양재(洋裁)와 뜨개질을 배우고 결혼했다. 남편은 변호사가 되려고 법학을 공부했지만, 졸업하던 해에 조선인이 사법시험을 볼 수 있는 길이 막혔다. 하마마쓰(浜松)조선초중고급학교의 교장을 맡은 후 사회운동에 깊이 관여했다. 신망이 두터웠다. 금선 씨는 양재나 뜨개질에 몰두했다. 가계에 여유가 없었지만 가정생활을 풍부하게 꾸리기 위해 여러 가지를 공부했다. 공부를 통해서 생활이 풍요로워지는 것을 즐겼다. 남편은 몇 년 전에 타계했다. 지금도 남편을 그리는 사람들이 금선 씨를 찾아온다.

흰 저고리에
행선지를 먹물로 써서

박봉례(1931년생 전라남도 출신) 씨는 다섯 자매의 막내였다. 아버지는 봉례 씨가 태어나기 전에 돌아가셨고, 어머니는 두 살 때 돌아가셨다. 맏언니는 결혼해서 조선에 있었지만, 다른 언니 셋은 모두 일본에 갔다. 봉례 씨는 부모가 없이 친할머니와 살았다. 그러다 할머니가 아들이 있는 지바현 다테야마(館山)로 가게 되었다. 아버지의 남동생으로, 봉례 씨에게는 작은아버지였다. 봉례 씨는 다시 큰언니에게 맡겨졌다.

언니는 자기 아이도 있었다. 언니의 시어머니와 시누이는 쓸데없이 아이를 맡는다며 책망을 했다. 그래서 봉례 씨는 다테야마로 가게 되었다.

언니 남편의 큰형은 역장이었는데, 봉례 씨가 입고 있던 흰색 마 저고리 위에 부산, 시모노세키(下關)를 거쳐 다테야마까지 가는 길을 먹으로 써주었다. 갈아타는 역, 그리고 언니와 작은아버지의 주소도 함께.

"역장이니까 찾아봤을 거 아니에요. 시모노세키에 도착하면 이 아이를 XX열차에 태우고, XX역에 도착하면 XX선을 태워주세요. 역 이름을 전부 썼어요. 이걸 절대 벗으면 안 된다면서 더러워져도, 땀이 나도 입고 있으라고 했어요."

부산에서 배를 탈 때까지 5일이 걸렸다. 배에 탄 사람들은 앞뒤로 먹글씨가 적힌 어린아이의 저고리에 눈을 멈추었다. 어떤 사람은 봉례 씨를 데리고 배에 타려고 했다. 하지만 그때마다 담당자가 제지했다. 그 사람들의 도항 증명서에 봉례 씨 이름이 기재되어 있지 않았기 때문이다.

어린 시절 홀로 일본에 와서 공습에도 살아남은 박봉례 씨.

"그러고 있는데 담당자가 불쌍하다며 보내주겠다고 했어요. 노래를 가르쳐주며 기억하고 있으라고 했어요. 일본 말 모르잖아요. 아무리 가르쳐줘도 모르겠는 거예요. '아저씨가 불러줄 테니까 외워봐' 하면서 서너 번 불러줬어요."

봉례 씨는 다섯 살이던 당시에 외운 '노래'를 지금껏 잊고 않고 있었다. 그러나 그것은 '노래'가 아니라 황민화 정책의 토대인 '궁성요배(宮城遥拜)'*나 '신사참배(神社參拜)'** 따위와 함께 조선인에게 강요된 어른용 '황국신민의 서사' 일부였다. 같은 내용으로 알기 쉽게 표현을 고친 어린이용도 있었다.***

---

* 궁성, 곧 천황이 사는 황궁이 있는 동쪽을 향해 절을 하는 예법.
** 천황 이데올로기를 주입하기 위해 곳곳에 신사를 세우고 강제로 참배하게 한 일.
*** 4장 히로시마 114쪽 참조.

우리 황국 신민은 신애 협력하여 단결을 굳게 한다.

"우아, 너 참 잘하네. 배에 올라타. 그래서 배를 타고 왔어요. 그 노래로. 죽게 생겼을 때 이걸 외웠으니까 절대 잊히지가 않아요."

일본에 도착했지만 아무리 기다려도 작은아버지는 데리러 오지 않았다. 시모노세키 역에서 잤다. 역무원이 무언가 물었지만 말이 통하지 않았다. 역무원이 순사를 데리고 왔지만 마찬가지였다. 며칠이 지났는데, 조선 옷을 입고 조선말을 하며 지나가는 할머니를 보았다. 자기도 모르게 봉례 씨는 달려가 이 할머니에게 안겼다.

"'이 얘는 누구 아이야? 너 어디에서 왔니?'라고 조선말로 말하는 거예요. 사정을 이야기하니까 '너 참 불쌍한 아이구나, 우리 집에 가자'라고 했어. 정말 거지였어요. 얼굴은 시커멓고."

할머니는 옷을 사서 대중목욕탕으로 데리고 가 목욕을 시킨 다음 옷을 갈아입혔다. 작은아버지에게 편지를 써 보냈다. 하지만 작은아버지는 데리러 오지 않았다.

한 달이 지났을까, 두 달이 지났을까. 작은아버지는 고베의 매형과 함께 왔다. 조선에서 둘째 언니가 결혼할 때 봉례 씨를 안아 올려준 적이 있어 얼굴을 기억하고 있었다. 작은아버지를 본 것은 그때가 처음이었다. 작은아버지의 열차 삯과 돌봐준 할머니가 부담한 모든 경비를 매형이 내주었다. 매형이 봉례 씨를 기르겠다고 했지만, 작은아버지는 그렇게는 안 된다며 허세를 부렸다.

'헌병 같은 일'을 하던 집에
얹혀살다

봉례 씨를 데리고 다테야마에 오긴 했지만, 작은아버지는 생활 형편이 어려워 봉례 씨를 키울 여유가 없었다. 봉례 씨는 아이가 없던 이웃 일본인 노부부에게 양녀로 맡겨졌다.

말이 통하지 않았기 때문에 노부부와 이야기를 나눌 수가 없었다. 가끔 작은아버지 집에 갔지만, 그때마다 작은아버지는 "저쪽 집에 있어야 해"라며 타일러 보냈다.

결국 양녀의 연을 맺지 못했다. 학교에 갈 나이가 되었지만 가지 못했다. 또 다른 일본인에게 맡겨졌어도 결과는 똑같았다. 봉례 씨는 다시 작은아버지 집에 돌아와야 했다.

세 번째 맡겨진 곳은 조선인 집이었다. 아이가 하나밖에 없어서 말 상대가 되겠다며 받아주었다. 그 집 아이는 봉례 씨보다 두 살 어린, 유치원에 다니는 남자아이였다.

그 아이가 소학교에 들어갔다. 함께 숙제를 하면서 봉례 씨는 일본어의 읽기, 쓰기, 숫자 계산을 익혔다.

그 집에는 사다코라는 조선인 가정부가 있었다. 일본에서 태어났지만 조선어와 일본어를 모두 알고 있던 사다코 언니는 일본어밖에 모르는 남자아이와 봉례 씨 사이에서 통역을 해주고 글자와 계산을 가르쳐주었다.

집주인의 이름은 다케무라라고 했다. 그 집에는 가끔 경관이나 '칼을 찬 사람'이 왔다. 현관이 2개 있었다. 경관들이 출입하는 현관을 봉례 씨는 결코 이용하면 안 되었다.

"굉장히 높은 분. 배 타는 사람은 새하얀 양복을 입잖아요. 그리고 흰 모자가 번쩍번쩍 빛나고. 어깨 쪽도 번쩍번쩍했어. 칼 2개를 차고 있었어."

집주인은 해군 복장 같은 금색 장식이 있는 흰옷을 입고 있었다. 운전수를 5, 6명 고용하고, 가스 회사 일도 하고 있었다.

"회사를 경영하면서 헌병 같은 일을 하고 있었어. 조선에서 배를 타고 와서 도망가잖아. 그런 사람이 잡히잖아. 그러면 전화를 해서 '야, 그 사람 내보내'라든가 '나쁜 사람은 2, 3일 놔둬'라든가 그런 일을 했었어요."

이일만의 〈도쿄대공습과 조선인〉(《季刊戰爭責任硏究》제53호, 2006)에는 (주)사쿠션 가스 기관제작소[조토(城東)구 미나미스나초(南砂町) 7-77] 노무과가 작성한 '반도 노무자 이입에 관한 서류'(1945년 1월 3일)의 일부가 인용되어 있다.

> 1945년 2월 8일 동 제작소 생산 책임자인 다케우치 나오히데(竹內直秀)는 해군 회계 부장에게 할당 반도인 488명의 '작업복 구입 증명서 요청'으로 500벌을 신청했다.

여기에 적혀 있는 '할당 반도인 488명'은 한반도에서 징용되어온 조선인이다.

이 보고서의 저자이자 도쿄 조선인 강제 연행 진상 조사단의 이일만 씨에 의하면, 1945년 3월 10일 도쿄 공습이 있었던 지역에는 해군 일을 수주하고 있던 이시카와지마(石川島) 하리마(播磨) 중공업의 하청 군수공장이 아주 많았다. '해군 회계부장'에게 징용자의 작업복 구입 증명서를 신청한 사쿠션 가스 기관제작소도 당시 해군의 작업을 했을 것이다.

또한 같은 회사의 생산 책임자인 다케우치는 2월 26일 조토 국민 노동 동원서장에게 4명의 '이입(移入) 조선 노무자 인솔 증명 요청'을 제출했다. 이틀 후인 28일 서장은 4명의 '인솔자 증명'을 발급했다. 그 가운데 2명의 본적이 경상남도 울산과 충청남도 천안이었다. 이일만 씨는 이 글에서 "조선인이 '조선인 사냥'의 첨병(길 안내나 통역 등)을 완수한 전형적인 예라고 할 수 있다"라고 지적했다.

이일만 씨에 따르면, 조선인이 해군 군속으로 일을 하기도 했다.

봉례 씨가 신세를 졌던 현관이 2개 달린 다케무라 씨의 집은 미나미스나마치(南砂町駅)에 있었다. 금장식이 달린 하얀 제복을 입은 다케무라 씨는 해군 군속이었을 가능성이 높다. 다케무라 씨는 '반도 노동자 488명'을 할당받은 사쿠션 가스 기관제작소처럼 미나미스나마치에서 '헌병 같은 일'을 하면서 도망자의 처우에 관해 일정한 권한을 가지고 있었던 듯하다.

셋이 손잡고 도망가는데
왠지 한쪽 손이 무거워

다케무라 일가는 후쿠시마(福島)현 히로타(広田)로 피신했다. 열세 살 봉례 씨와 열일곱의 사다코, 그리고 운전수 1명이 미나미스나마치 집에 남았다. 운전수는 낮에는 밖에서 일을 하다가 밤에 집으로 돌아왔다.

3월 9일 저녁 경계경보가 울리자 운전수가 바깥 상황을 살피러 갔다. 그날 경계경보는 한 번 해제되었다. B29*가 보소(房総) 반도 앞바다로 향했기 때문이었다. 운전수가 조금 지나 되돌아왔다.

"오빠가 돌아와서는, 준비됐냐고, 공습경보가 울릴지도 모른다고 하는 거야. 그러자 정말 팡팡 쏟아지는 거야."

운전수가 서둘러 돈을 가지고 밖으로 나갔다.

"이제, 불이 타기 시작하면서 하늘이 새빨갛고. 소이탄이라 빨라요. 비행기가 낮은 곳을 날면서 사람이 걷고 있는 곳에 우수수, 삐삐 삐삐삐. 위에서 오니까 다 타버려. 뜨거워서 있을 수 없어요. 방공 두건이 타면서 머리카락이 타니까 다들 벗어던져. 옷을 하나 벗고, 2개 벗고, 다 벗어버려."

봉례 씨를 가운데 두고 셋이 손을 잡고 도망쳤다.

---

* 히로시마에 원자폭탄을 투하한 폭격기로, 제2차 세계대전에 사용된 미국의 전략 폭격기이다.

"내가 작으니까 가운데에 넣어줬어요. 가정부 언니, 운전수와 함께 도망을 가는데, 왠지 한쪽 손이 무거운 거예요. '언니, 왜 못 걸어. 빨리 걸어, 빨리 걸으라니까.' 그러면서 보니까 벌써 죽어 있는 거예요. 소이탄에 맞아서. 하반신에 맞아서."

운전수가 "손 놔. 더 이상 어떻게 할 수 없으니까 놓아"라고 말했다. 죽은 사다코를 그대로 두고 운전수 손에 끌려 강으로 향했다.

"아아, 강에 정말 사람이 가득했어. 미나미스나마치에 큰 강이 있었어. 모두 그 강에 뛰어들었어. 뜨거워서 타 죽으니까, 모두 강에 뛰어드는 거야. 난 작아서 물에 잠기니까 오빠가 들어 올렸다가 다시 넣고."

운전수 오빠는 강물 속에서 키가 작은 봉례 씨를 안고 몸이 뜨거워지면 물에 넣고 식으면 물에서 빼주었다.

3월 10일 도쿄 대공습으로 전부 불타버린 마을을 '강의 마을'이라고 부른다. 죠토(城東)구[현재 고토(江東)구 동쪽]도 아라카와(荒川) 방수로를 비롯해 종횡으로 수로가 흐르고 있었다. 도쿄대공습·전재자료센터의 주임 연구원인 야마베 마사히코(山辺昌彦) 씨 말에 따르면, 당시 강폭이 좁은 수로는 대부분 물이 뜨거웠다고 한다. 봉례 씨가 운전수와 갔던 미나미스나마치에 가까운 큰 강은 아라카와 방수로였을 것이다.

오전 0시 8분에 날아온 선도기는 먼저 M47 네이팜 소이탄을 30미터 간격으로 투하했다. 사방에 불벽이 만들어졌다. 피난민이 도망갈 길을 막아놓고 후속 부대가 M69로 무차별 융단 폭격을 가했다. M69

는 일본 가옥을 태우기 위해 개발한 소이탄이다. 2시간 반 사이에 출격한 B29는 325기, 투하된 M69는 2000톤에 달한다. 혼쇼(本所)구[현재 스미다(墨田)구], 후카가와(深川)구, 조토구(현재 고토구), 아사쿠사(浅草)구[현재 다이토(台東)구]가 대부분 불에 탔다.

도쿄대공습·전재자료센터에는 M69 소이탄이 전시되어 있다. 한 발의 폭탄에 들어 있던 38발의 소이탄은 약 700미터 상공에서 비산한다. 네이팜을 꽉 채운 38발의 소이탄 통은 육각형 금속제로 길이는 약 50센티미터이다. 야마베 씨 설명으로는 직격으로 맞으면 충분히 살상 능력이 있다고 했다. 봉례 씨와 손을 잡고 도망치다 갑자기 걸음을 멈춘 사다코는 소이탄을 직격으로 맞은 듯하다.

앞서 언급한 〈도쿄대공습과 조선인〉에는 "도쿄에 살던 조선인 9만 7632명 중 전쟁 재해자는 4만 1300명(42.3%)이다. 이 가운데 사망자는 적어도 1만 명을 훌쩍 넘을 것으로 보인다"라고 기술되어 있다.

미군은 군 관련 기업이나 군수공장을 집중적으로 타격했다. 혼쇼구, 후카가와구, 조토구에는 군 관련 기업이나 공장이 집중되어 있었다. 조선인 연행은 모집, 관 알선, 징용과 같은 형태로 전시 상황에서 빠르게 강제력을 강화했다. 저자는 "연행된 조선인이 주로 군수공장에서 일하고 있었으며 도일 조선인이 변두리에서 부락을 형성하고 있었음을 고려하면 대공습으로 입은 조선인들의 피해는 일본인보다 그 비율이 높았으리라고 보는 것이 적절할 것"이라고 지적했다.

도쿄 공습으로 인한 사망자와 실종자는 10만 명이 넘는다고 알려져 있다. 정확한 수치는 알 수 없다. 그 이유로 몇 가지를 들 수 있다.

당시 군부는 피해 상황을 철저하게 은폐했다. 패전까지 100회가 넘는 공습으로 도쿄 시가지의 80퍼센트가 소실되었다. 재해를 입은 사람은 가족의 안부도 확인하지 못하고 도쿄를 떠났다. 일본 정부가 1946년 3월에 공포한 도회지(都会地) 전입 억제 긴급 처치령은 1948년까지 지속되었다. 도쿄 도민은 도쿄에 돌아갈 수가 없었다. 유족이 시신을 찾는 일은 불가능했다. GHQ*는 공습 보도를 금지했다. 도쿄도는 GHQ의 강력한 요청으로 공습에 의한 사망자 수색이나 실태조사보다는 수도로서 도쿄의 부흥을 우선시했다.

타국에 있었던 조선인 희생자를 조사하는 일은 일본인을 대상으로 하는 것보다 어려웠다. 이일만 씨는 '1만 명이 넘는다'라는 것이 한국·조선, 일본 학자의 공통된 인식이지만, 어느 정도를 넘어서는지에 대해서는 불분명하다고 했다.

알몸으로 어깨를 껴안고
몸을 따뜻하게

B29가 사라지고 날이 밝았다. 도처에 까맣게 불에 탄 시체가 봉례 씨의 눈에 들어왔다. 사람들은 뿔뿔이 흩어진 가족을 필사적으로 찾

---

* General Headquarters. 연합군 총사령부로, 1945년 제2차 세계대전 이후 도쿄에 설치된 관리 기구.

고 있었다. 똑바로 누워 있는 시체는 얼굴 형태나 몸 형태로 구분이 되기도 했지만, 엎어져 있는 시커먼 시체는 남녀 구분조차 되지 않았다. 사람들은 시커먼 시체를 뒤집어 얼마 되지도 않는 특징이나 단서를 찾으려 하고 있었다.

봉례 씨는 운전수 오빠와 함께 우에노 역으로 갔다. 많은 재해자들이 우에노 역에 와 있었다. 모두들 발가벗은 것이나 다름이 없었다. 3월이라 해도 기온은 아직 한겨울이었다.

"그러니까 자는 거예요. 여자도 남자도 없어요. 어깨를 껴안고. 두 겹으로 세 겹으로. 몸과 몸이 따뜻해져요. 젖이 남자 몸에 달라붙고 할아버지 고추도 몸에 붙어요. 그래도 살기 위해 껴안아야 해요. 껴안지 않으면 추우니까. 나같이 어린아이는 제일 가운데 넣어줬어요. 그리고 주변 어른들이 모두 둘러싸요. 그건 기뻤어요. 그건 최고로 기뻤어요. 더 이상 조선인도 일본인도 없었어요. 그러다 며칠이 지나니까 지카타비(地下足袋)*를 나눠줬어요. 발이 시리면 있잖아요, 엄청나게 몸이 차가워져. 지카타비를 신고 있으면 발이 따뜻하니까 몸이 어느 정도 괜찮았어요. 2, 3일이 지나니까 담요가 왔고, 나중에 몸뻬가 왔어요. 마지막에 아래 속옷이 왔지."

먹을 것은 아무것도 없었다. 겨우 주먹밥이 나왔지만 쌀보다 보리나 콩이 많아 손에 받으면 뿔뿔이 흩어졌다. 좀 떨어진 곳에 깨진 수도가 있어서 그곳으로 물을 마시러 갔다. 하지만 추워서 알몸으로는

---

* 일본의 전통 버선 타비를 변형해서 만든 작업화. 바닥 부분에 고무가 덧대어져 있다.

쉽게 갈 수가 없었다. 서로 몸을 따뜻하게 데우던 무리 중에 전쟁터에서 기아를 경험한 사람이 있었을까. 혹독한 배고픔을 견디다 못해 똥이나 오줌을 입에 넣기도 했다.

"괴상하게 들리겠지만 자기 것(대변)을 먹고, 자기 오줌을 마셔. 할아버지가 어디에선가 깨진 양동이를 찾아 물을 떠오더니 빨리 물을 마시지 않으면 목이 말라 죽을 거라고 해. 대변도 안 나와요. 아무것도 못 먹었으니까."

운전수 오빠가 조선에 함께 가자고 했다.

"넌 부모도 없고, 여기 있어도 아무도 없으니까. 네가 크면 내가 색시로 삼을 테니까"라면서.

"나를 지금까지 보살펴주셨으니 후쿠시마에 있는 주인집에 가서 '나 살아 있다'고 보여주고 싶으니까 안 갈래요."

봉례 씨는 지급받은 속옷과 몸뻬를 입고 지카타비를 챙겨 신고, 머리에 담요를 둘러쓰고 아이즈와카마쓰(会津若松)보다 한 정거장 앞인 히로타로 향했다. 역에 도착하자 아이들이 "거지가 왔다, 거지가 왔다"라면서 둥글게 눈을 뭉쳐 던졌다. 역무원이 "이 아이는 거지가 아니야. 전쟁으로 전부 타버려서 이런 행색을 하고 있는 거니까 놀리면 못써"라며 감싸주고는 사무실로 데리고 갔다. 사정을 얘기하자 다케무라에게 연락을 해주었다.

"나를 길러준 어머니가 와서 '너, 용케도 살아남았다'면서 나를 안아주고. 이미 머리카락도 없어요. 소이탄이 계속 떨어져서 머리카락이 전부 탔어요."

8월 15일 마을자치회 사람이 와서 전쟁이 끝났다고 알려주었다.

"박수를 쳤지요. 일본인이건 조선인이건 상관없이 회관에 모여서, 거기서 건배를 한 거죠. 기뻤어요, 정말. 만세, 만세였어요. 지건 이기건 더 이상 전쟁이 없는 거잖아요. 지금도, 아무것도 필요하지 않아요. 전쟁만 없으면 되요."

봉례 씨는 다케무라의 주선으로 선을 보고 열일곱에 결혼했다. 아이가 소학교 입학하기 전에 한 번 이사한 다음 가나가와(神奈川)현 쓰루미(鶴見)에서 살고 있다.

강에서 건진 검은 익사체가
둑 여기저기에

김문선(1932년생 제주도 출신) 씨의 아버지는 큰오빠, 작은오빠와 함께 미카와시마에서 군복과 군화를 만드는 공장을 운영했다. 문선 씨가 다녔던 제3하케타(峽田) 소학교에서는 언젠가부터 조례가 끝나면 학급마다 교사의 인솔 아래 스와(諏訪) 신사에 가서 일본군의 무운장구(武運長久)를 기원했다. 5학년이 되자 매일 아침 죽창 훈련이 시작되었다. 학동소개(学童疎開)*로 간 것은 5학년이 끝날 무렵이었다. 매일

---

* 일본에서 제2차 세계대전 말기의 '학동'이란 초등학교 초등과에 다니는 아동을 뜻한다. 일본제국 정부는 연고자에게로 피난하기를 장려했지만, 학교별로 집단 피난을 하는 일도 많았다.

아침부터 밤까지 직사광선을 쬐며 익숙지 않은 밭일을 계속했다. 문선 씨는 두 번이나 쓰러져 집으로 보내졌다.

이 때문에 사이타마 와라비(蕨)에 피난용으로 지어진 집을 두 채 빌렸다. 오빠 가족도 함께 이주했다. 아버지와 오빠들은 미카와시마의 집에서 공장을 다녔다. 하지만 당시에는 와라비도 안전하지 않았다. 주물공장이 많았던 이웃 가와구치(川口)는 여러 차례 공습이 있었다. 밤에 밖을 나가면 가와구치가 불타고 있는 모습이 가까이서 보였다. 조명탄이 떨어지면 신문을 읽을 수 있을 정도로 밝았다.

하루는 친구와 이야기를 나누며 걷고 있었다. 경계경보가 울렸다. 틈도 없이 바로 공습경보가 울렸을 때는 이미 머리 위에 전투기가 와 있었다. 문선 씨는 재빨리 나무 뒤로 몸을 숨겼다. 경황이 없던 친구는 연못 근처에 서 있었다. 기관총을 마구 소사하는 소리가 울렸고 정신을 차렸을 때 친구의 모습은 이미 없었다. 한순간에 일어난 일이었다. 문선 씨는 친구 집으로 달려가 연못에 빠져 죽었을지도 모른다고 전했다. 순식간에 인간의 생명이 사라졌던 기억은 문선 씨의 머릿속 깊이 새겨져 있다.

소학교 졸업을 앞둔 3월 미가와시마 집에 돌아갔다가 10일, 심야 도쿄 공습을 겪었다. 집 마당에도 방공호를 파놓았지만 깊지 않았다. 아버지와 함께 이웃 사람들과 우왕좌왕하다가 깊게 파놓은 방공호에 들어갔다. 공습경보 해제가 되어 밖으로 나오자 타서 눌어붙은 시체가 눈에 들어왔다.

나가야 여러 채가 처마를 잇대고 있는 집 주위만 타지 않은 채 남았다.

아버지의 공장은 항상 수위가 서 있던 큰 건물 옆이었다. 아버지는 그 건물이 표적이 되기 쉽다며 공장 이전을 지시해 오카치마치(御徒町)로 옮겼다. 막 이전하자마자 공장이 불에 타버리자 아버지와 오빠들이 실직했다.

스미다가와(隅田川)였는지 아라카와였는지는 기억에 없는데, 나물을 뜯으러 둑으로 가면 강에서 건져 올린 검은 익사체가 도처에 방치되어 있었다. 불길과 열풍을 피해 강에 뛰어들었다가 죽은 사람들의 시체였다. 수면에 둥둥 떠 있는 시체도 보였다.

공습의 참상을 직접 본 문선 씨 가족은 아이들의 피난처를 와라비에서 구사쓰(草津)로 옮겼다. 큰오빠의 아내와 아들과 딸, 그리고 문선 씨와 남동생 5명이 구사쓰로 갔다.

전쟁이 끝나서 와라비로 돌아간 9월, 진조고등소학교 1학년이 되었다.

배급은 고구마 가루나 땅콩 10알 정도. 식량 부족은 전시 때보다 심각했다.

"굶어 죽는 건 아닌가 싶었어. 힘들었어, 먹을 걸 찾아 걷는 것이. 뭐 먹을 게 없을까, 먹을 게 없을까 하면서."

공복을 견디다 못해 "배고파서 죽겠어"라며 어머니에게 울면서 보챘다. 곤란해하던 어머니는 아버지와 상의해 옷가지를 들고 농가로 가서 식량과 바꾸어 왔다. 그래도 고픈 배는 채워지지 않았다. 근처 아이들과 함께 길 가는 사람에게 구걸도 했다. 노점의 음식을 몰래 훔친 적도 있었다. 미군 병사한테 식빵 한 조각을 받았다. 그 맛은 죽을 때까지 잊지 못한다.

큰오빠와 작은오빠는 군수품을 생산하고 있어서 징병을 모면했다. 셋째 오빠는 징병되었다가 병이 나서 돌아왔다.

문선 씨의 바로 위 오빠는 음악을 좋아해서 가끔 문선 씨에게 축음기로 음악을 들려주었다. 구제(旧制) 중학 시절 오빠는 졸업 후의 진로를 묻는 아버지에게 음악가를 지망한다고 했다. 아버지는 전시하에서 음악가를 목표로 하는 것은 어렵지 않겠냐는 의견을 말씀하셨다. 오빠는 음악가의 길을 포기했는지 그 어렵다는 해군병학교에 응시해 합격했다. 졸업 후 조선반도에서 훈련을 받고 전쟁터로 간다는 편지가 있었지만 전쟁이 끝나도 아무런 연락도 없이 돌아오지 않았다. 큰오빠가 이곳저곳을 알아본 후 히로시마로 갔다.

오빠는 전사했다. 큰오빠는 손톱과 머리카락, 그리고 가족 앞으로 쓴 편지가 들어있는 상자를 가지고 돌아왔다. 큰오빠의 설명을 문선 씨는 충분히 이해할 수 없었다. 자폭하는 1인용 배에 타고 적 함선에 돌진해 사망했다고 했다. 해군에는 신요(震洋)라는 특공 무기와 가이텐(回天)이라는 인간 어뢰가 있었다.

어머니는 큰오빠가 가지고 돌아온 상자를 보고 의식을 잃었다. 그 후 1주일 정도 말도 하지 않고 멍하니 있었다. 그리고 다시 한 번 상자 안을 보더니, 다음 날부터 아침에 일어나면 어디론가 나갔다. 어머니는 매일 아침 오빠가 돌아올 것이라고 믿고 역으로 마중을 나가고 있었다.

집에서 와라비 역까지 20, 30분 정도 걸렸다. 전철이 올 때마다 내리는 사람 가운데 오빠가 없는가 하면서 찾다가 2시간쯤 지나면 지쳐서 돌아왔다. 그런 일이 1년이나 계속되었다.

오빠의 기일을 문선 씨는 알지 못한다. 유골이 담기지 않은 상자를 절에 갖고 가서 공양을 받아왔지만 묘비는 없었다.

일본의 전사자에게는 유족 연금이 지급되고 있지만, 국적 조항의 규정 때문에 외국 국적의 전사자에게는 연금이 지급되지 않는다. 전후 보상을 요구하는 운동은 계속되는 가운데 아직도 미해결 상태로 남아 있다.

4  히로시마 거리가 통째로 사라졌어

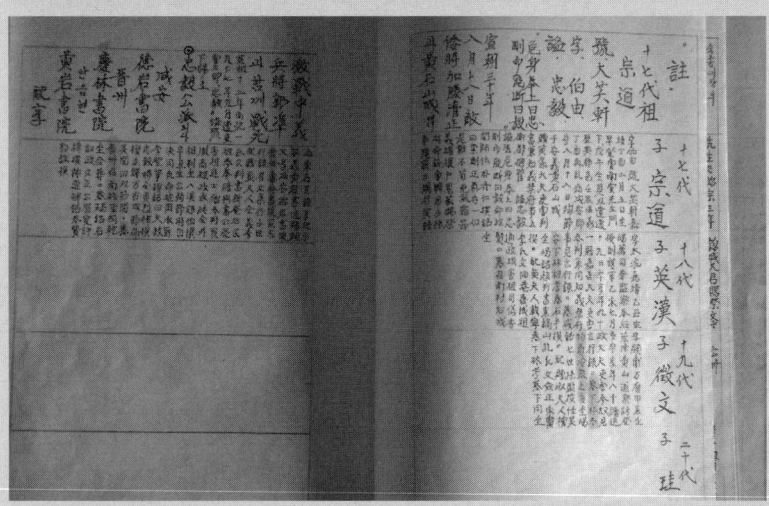

위 히로시마 원폭 투하를 경험한 박남주 씨. 검은색 기름 같은 비가 내렸다.
아래 박남주 씨 가족의 족보. 어린 시절 '박'이라는 이름으로 여학교에 다니기 싫어 일본식 이름으로 바꿔달라고 부모를 졸랐다.

"조센, 조센, 뭐가 다르지. 돛단배처럼 생긴 신발, 좀 다르지."

소학교 저학년 때 치마저고리에 고무신을 신고 학교를 다녔던 박남주 씨(1932년생)는 짓궂은 아이들에게 유난히도 놀림을 많이 받았다. 하지만 남주 씨는 당당하게 "니들은 반장도 부반장도 못 하잖아. 난 부반장이다!"라고 되받아치곤 했다.

부모의 고향은 경상남도 진주이다. 아버지는 1929년에, 어머니는 1930년에 일본에 왔다. 그리고 남주 씨가 태어났다. 부지런한 아버지는 새벽에 짐마차를 끌며 쓰레기를 주웠고, 낮에는 마차로 히로시마시 후쿠시마초(福島町)에 있는 정육점 고기를 날랐다. 나중에는 군부대 고기 배달을 전문으로 했다.

남주 씨가 다닌 후쿠시마 소학교는 야마테가와(山手川)의 하천 부지에 있었다. 현재 오타가와(太田川) 둑이 있는 곳이다. 조선인 학생은 한 반에 5, 6명 정도 있었다.

후쿠시마초에는 조선인 집단 거주지가 여러 곳 있었다. 2학년 때 야마테가와 둑 가까이에 있는 후쿠시마미나미초(福島南町)에 있는 이층집으로 이사했다. 아버지가 밤낮없이 일한 덕분이었다. 근처에는 유복한 일본인들의 집이 많았다.

오타가와 둑을 만들면서 후쿠시마 소학교가 문을 닫자 5학년 때 덴마(天満) 소학교로 전학을 했다. 하천 부지에 있던 집들도 퇴거를 해야 했다. 둑 공사는 전쟁 상황이 악화되면서 중단되었다. 그 근방에 만들어진 방공호는 아이들에게 좋은 놀이터였다.

학교에서는 죽창 훈련과 물을 담은 양동이를 줄지어 나르는 방화 훈련이 반복되었다. 공습 경고도 자주 있었다. 6학년이 되었지만 공부는 거의 할 수 없었다. 남주 씨는 여학교에 진학한 다음 종군 간호사가 되어 제국 일본을 위해 일하자고 굳게 마음먹고 있었다.

"일본 사람이 되게 해달라고, 이름을 바꿔 달라고 부모에게 졸랐어. '박'이라는 이름으로 여학교에 다니기는 싫었거든."

아라이(新井)라는 일본식 이름으로 개명을 했다. 기뻤다.

여학교에 입학한 1945년 봄. 처음에는 서쪽 연병장 한쪽에 밭을 만들어 감자 씨를 심는 일을 했다. 밭농사를 마치자 가옥들을 피신시켜 방화 지대를 만드는 일에 동원되었다. 방화 지대로 지정된 지역의 집을 옮기게 하고 철거하는 일이었다. 기둥에 줄을 매달아 당겨서 집을 무너트렸다. 무너진 집에서 나온 목재나 기와를 정리해 나르고 치우는 일을 도왔다. 이 작업을 하다가 이마를 다쳐 다섯 바늘을 꿰매기도 했다.

히로시마는 육군의 군사 도시로 개발됐지만 공습을 받은 적은 없었다. 해군의 군사 도시였던 구레시(吳市)는 6월과 7월에 여러 차례 미군의 공습이 있었다.

"오타가와 제방에 올라가면 구레에 폭탄이 떨어지는 게 보여. 불덩어리가 싸라기눈처럼 옆으로 들이쳐 내려. 사내아이들 말이, 폭탄은 옆으로 쏟아지니까 반대쪽으로 도망치면 살아날 수 있다 그러더라고."

"엄마, 피 나와"
"너도"

꿰맨 상처가 거의 아물어가던 8월 6일 아침에 공습경보가 울렸다. 작은아버지 집으로 피난해 있던 소학교 3학년생 여동생과 유치원에 다니던 남동생이 돌아온다고 해서 데려오기 위해 집을 나섰다. 매미가 맴맴 하며 울고 있었다.

노면 전차를 타고 얼마 가지 않았는데, 한 승객이 "야, B29가 떠 있네"라고 말했다. 공습경보는 해제되었지만, 희미하게 폭음이 들렸다. 전차가 고이(己斐) 철교 앞에서 도는 순간에 눈이 멀 정도의 빛이 작렬했다. 동시에 불덩어리가 전차 안에 들이닥쳤다. 마치 전차를 삼킬 듯 불이 달려들었다.

"야, 빨리 전차에서 뛰어내려!"

전차는 원래 정류소에 돌아와 있었다. 전차에서 뛰어내렸다. 주변은 어두침침했다. 안개가 낀 것처럼 아무것도 보이지 않았다.

"이상한 게, 그렇게 울어대던 매미 소리가 안 들렸어."

조금 지나자 전차에서 내린 사람들의 얼굴이 보이기 시작했다. 피투성이였다. 주변 집들은 모두 무너져 있었다. 시야를 가렸던 안개는 집들이 무너지면서 나온 분진이었다. "히로시마 가스탱크가 폭발한 거겠지." "돌아가자고, 돌아가." 승객들은 삼삼오오 흩어졌다.

남주 씨는 여동생과 남동생의 손을 잡고 야마테가와 천변을 달려 둑에 올랐다. 낯선 광경이 펼쳐져 있었다.

"히로시마가 완전히 사라져버렸어. 너무나 무서웠어. 마치 공중분해가 된 것처럼 엉망진창이었어. 폭탄이 터지면서 전부 박살이 난 거야, 중심가가. 근데 연기가 올랐지. 집 있는 곳을 봤더니 형체를 알아볼 수가 없었어."

어머니를 찾았다. 어머니는 이웃 사람과 둑에 올라와 있었다. 젖먹이 남동생을 거꾸로 안고 있던 어머니에게 달려갔다. 어머니는 피투성이였다.

"엄마, 피 나와."

"너도."

집이 무너지면서 떨어지는 물건 때문에 어머니는 여기저기 상처가 나 있었다. 특히 이마에 상처가 깊었다. 전차의 유리와 목재 파편 따위를 맞아서 남주 씨도 머리에 상처가 나 있었다. 그때까지 상처가 난 줄도 모르고 있었다. 다행히 여동생과 남동생은 멀쩡했다.

조금 지나자 비가 내렸다. 검은색의 기름 같은 비였다. 빗속에서 사람들의 이야기가 들려왔다. "B29가 특수 폭탄을 떨어뜨린 거야." 고이 철교 가까운 둑과 천변에는 야마테가와를 건너 고이산으로 피난하려는 사람들로 붐비기 시작했다.

"시내에서 오는 사람들은 다들 화상을 입었어. '살려줘' '물 좀 줘'라고 소리쳤어. 긴 소매처럼 피부가 벗겨져서 새빨갛게 속이 드러나고, 머리카락은 다 지진 것처럼 되어 있었어. 천변으로 가서 쓰러지는 거야."

점심 무렵 교외에서 경방단*이 구조하러 왔다. 죽은 사람은 그대로 두었다. 살 것 같은 사람만 치료하기 위해 옮겼다. 건빵 배급이 이루어졌다.

밤이 되어 어둠 속에서 어떤 움직임이 느껴지면 너나없이 달려가 확인을 했다. 근로봉사나 학교와 직장으로 간 가족이 돌아오기를 간절히 기다리고 있었다. 남주 씨도 친구들을 기다렸다. 하지만 학도대에 나간 친구들은 하나도 돌아오지 않았다. 남주 씨 가족은 상처를 입기는 했지만 모두 살았다. 가족 모두가 살아 있다는 것 자체가 미안할 정도였다. 희생자가 없는 가족은 드물었다.

6일 폭탄이 떨어진 중심지에서 반경 1.5킬로 정도의 시내는 모두 화염에 휩싸였다. 남주 씨가 살고 있었던 후쿠시마미나미초는 1.7킬

---

* 제2차 세계대전 발발 직전인 1939년 '경방단령(警防寸令)'에 근거해 조직된 단체. 경찰과 소방의 보조 조직으로 공습이 있거나 재해가 나면 시민들을 구조하는 활동을 했다.

로. 집들이 모조리 무너지기는 했지만 불은 나지 않았다. 하지만 집어삼킬 듯 불길은 번지고 있었다. 진압할 방법은 없었다.

"하늘이 타들어 가는 것같이 불타고 있었어요. 3일 내내."

무너진 집에서 목재를 골라 천변으로 옮겼다. 목재와 시체를 번갈아서 쌓았다. 당시에는 모두 이름표를 달고 있어서 경방단은 이름표를 보고 사망자 이름을 기록했다. 하지만 한꺼번에 태운 유골을 이름에 맞춰 개인별로 수습할 여유는 없었다.

"인간의 생명, 존엄은……. 원폭을 맞은 생명은 벌레같았어."

6일과 7일은 먹는 것도 잊고 있었다.

"인간이라는 게 대단한 면이 있어. 3일째는 배가 고파서 기다리질 못해. 뭐든 먹었어."

후쿠시마초에는 군용 고기를 저장하는 공장이 있었다. 주변에 있던 사람들이 "아직 고기는 먹을 수 있어"라며 고장 난 큰 냉장고에서 고기를 꺼내 왔다. 그것을 본 남주 씨도 소학교 5학년이던 여동생과 함께 공장에 갔다. 얼음은 녹아 있었고, 위쪽에는 구더기가 들끓고 있었다. 1미터 아래에 있던, 아직 해동이 덜 된 고기를 가지고 돌아왔다. 특별한 맛이었다.

야마테가와와 합류하는 후쿠시마가와는 여름이 되면 언제나 남자아이들이 수영을 하는 곳이었다. 원폭이 터졌을 때 물속에 있던 아이들은 상반신만 화상을 입었지만, 강변에서 일광욕을 하던 아이들은 즉사했다. 피신할 곳이 없는 동포 아이들이 많았다.

"화상을 입은 채 살아 있는 아이의 몸에는 구더기가 들끓었어. 아이들은 뒷전이었어. 어른들만 신경을 썼지. 어린애들은 죽을 거라는 판단이었던 거지. 그런 아이들은 죽기를 바랐어."

남주 씨는 죽은 사람의 신발을 주워 밭으로 갔다. 감자와 오이를 캐서 돌로 으깬 뒤에 화상을 입은 소년들의 상처 부위에 발랐다. 그리고 손으로 구더기를 한 마리 한 마리 잡았다. 여동생도 소년들의 구더기를 잡았다. 어른들이 "어차피 죽을 건데"라며 내팽개쳐진 소년들은 물웅덩이에서 물을 마시며 연명했다. 나중에 구더기가 자기 살을 쭉쭉 빨아먹는 걸 느꼈다는 이야기를 들었다.

피폭과 동시에 맞은
아버지의 '해방'

8월 15일 아버지는 "해방, 해방" 하면서 기뻐했다. 해방. 그때는 이 말의 의미도 몰랐다. 하지만 남주 씨도 정말 기뻤다.

"아, 이제 B29가 오지 않겠구나. B29가 날아오지 않으리란 생각 때문이었어."

남주 씨 가족은 이웃 사람들과 함께 제방의 방공호에서 생활했다.

군에 고기를 납품하는 아버지의 일은 없어졌다. 마차를 끌 말은 원폭으로 죽었다. 근면하고 성실했던 아버지는 8월 6일을 경계로 사람이 바뀐 듯했다. 게을러졌고, 종일 몸이 나른하다고 말했다. 아버지는 1.5킬로 지점에서 피폭을 당했다. 다음 날인 7일에는 폭심지에서

500미터 거리에 있던 일본은행 옥상에 모래를 채우는 일을 하고 있던 외삼촌을 찾느라 하루 종일 돌아다니다가 잔류 방사능을 쐬었다. 아버지의 변화를 이해할 수 있게 된 것은 8월 6일 투하된 폭탄이 핵폭탄이었으며 이것이 인체에 미치는 영향이 무엇인지 알게 되면서부터였다. 그리고 한참 뒤 간암이라는 증상이 현저하게 나타나면서부터다.

피폭 후 남주 씨는 단 하루도 학교에 가지 않았다. 소학교 5학년과 3학년이던 여동생도 학교에 갈 수가 없었다. 진주한 미군이 버린 담배꽁초를 주웠다. 꽁초를 풀어 다시 종이로 만 다음 고이 암시장에 내다 팔았다. 농가에서 감자를 사서 쪄 팔기도 했다. 물물교환한 비누를 판 기억도 있다. 엿도 팔았다.

"어렸지만 열심히 했어요. 최악이 되면 죽고 싶다는 생각이 안 들어요. 어떻게든 살려는 생각이 들지. 사람도 죽기를 원치 않아요. 원폭으로 죽은 사람은 너무 비참했으니까."

피폭의 영향은 계속해서 나타났다.

"나, 곪아서 머리가 썩었나 싶었어. 머리카락이 나 있는 게 의아할 정도로 거의 대머리였어. 10개월 정도 낫지 않았어."

교회에서 다이아진을 세 알 받았다. 진주한 미군이 교회에 제공한 약이었다. 약 1알을 먹고 일주일이 되자 고름은 없어졌다.

"귀축미영(鬼畜米英)*이라고 하면서 미군이랑 얼굴이 마주치면 강

---

* 미국과 영국을 귀신이나 짐승처럼 여기도록 만든 표어.

간당한다는 얘기도 들었어. 하지만 미국이야말로 굉장했어."

열세 살 남주 씨는 그렇게 생각했다.

피폭 직후 아무런 증상도 없었던 사람이 가을이 되자 원인도 모르게 잇달아 죽어갔다. 돌연 잇몸에서 피가 나오거나, 코피를 쏟거나, 머리카락이 빠지는 증상이 나타났다.

남주 씨는 설사가 끊이지 않았다. 의식불명에 빠지기도 했다. 가족은 포기했다. 하지만 와카야마의 친척들이 문병을 오면서 가지고 온 말린 양귀비 잎을 달여 마시자 설사는 멈췄다. 양귀비가 한동안 후쿠시마초 이곳저곳에서 아름다운 꽃을 피웠다. 그 후 양귀비를 따러 갔다가 두세 그루를 뽑고 더 이상 심지 않았다.

남주 씨는 1949월 12월에 결혼했다. 1951년 1월 출산했다. 쌍둥이였는데, 조산이었다. 둘 다 호흡이 정상적이지 않았다. 그때 남주 씨 나이 열여덟. 보랏빛 아기들을 제대로 바라볼 수 없었다. 아기들은 간신히 일주일 동안만 숨이 붙어 있었다. 산파는 영양실조라고 했지만, 모유는 충분히 나왔다.

어느날 ABCC(원폭피해조사위원회) 사람들이 지프차를 타고 후쿠시마초의 판자촌에 왔다. ABCC는 1946년에 미국의 과학아카데미가 히지야마(比治山) 정상에 설치한 피폭자 조사 연구 기관이었다. 의사인 듯한 흰 가운을 입은 여성이 하얀 천으로 싼 상자를 들고 왔다. 가난했던 남주 씨 눈에는 하얀 가운도, 상자를 싼 하얀 천도 눈부시게 아름다웠다. 이 여성은 아이의 시체를 받고 싶다고 했다.

"일단 조사를 한 다음 댁에서 장례식 치르는 것이 힘드시면 저희들이 정중하게 장례식을 치러 드리겠습니다."

"왜 먼저 관을 가지고 오는 거야." 남편은 모욕을 당했다고 화를 냈다. 아이를 건네지 않았다. ABCC에는 산파가 알린 듯했다.

이후 수년 동안 이웃의 아이들이 잇달아 죽었다. 조산도 많았다. 일본인도 조선인도 ABCC에 아이들의 시신을 건넨 사람이 많았다. 조선인은 장례식 비용이 큰 부담이었다. 그리고 일본에 묘지가 없는 사람도 많았다.

고향하고는 왕래가 끊겨 있었다. 남편의 친척은 남주 씨 이상으로 신앙이 깊은 크리스천이었다. 신부의 배려로 장례식을 치렀다. 쌍둥이의 유골은 교회 묘지에 매장되었다.

임신하는 것이 무서웠다. 하지만 다음 해에 큰딸이 무사히 태어났다.

쌀 암거래, 막걸리 제조, 불난 곳에서 철재 수집, 돼지 사육 등 대다수 재일 여성들이 경험한 일을 남주 씨도 해야 했다.

가장 오래 한 일이 양돈업이었다. 보통면허를 취득해 2톤 차를 몰았다. "어, 여자가 트럭 운전을 다 하네" 하는 소리를 들을 정도로 여자가 운전하는 일은 드문 시절이었다. 남편과 함께 500마리의 돼지를 사육했다.

유방암으로 수술을 두 차례 했다. 입 안에 몽우리가 생겨 혈관종이라는 진단을 받은 적도 있었다. 2년 전 사마귀 같은 것이 생기고 피가 나서 세포 검사를 받았다. 악성 흑색종이라는 진단을 받고 수술을 받았다.

"언제 무슨 일이 일어날지 늘 불안해요. 불안한 마음이 가득해요."

원폭 후유증이
어떤 건지는 몰라

김남출 씨(1929년생 경상남도 출신)는 합천군 출신이다. 재한 피폭자가 가장 많은 지역이다. 육남매 중 막내로 오빠 1명과 언니 4명이 있었다. 오빠는 일본에서 일하고 있었다. 아버지가 병상에 누우면서 전답이 황폐해지자 오빠가 돌아왔다. 아버지는 머지않아 돌아가셨다. 오빠는 농업으로 생활이 안 되니 일본으로 돌아가겠다고 했다. 나이 드신 어머니와 남출 씨, 그리고 남편이 일본에서 일하고 있던 세 살 위의 언니가 오빠를 따라 함께 일본으로 가게 되었다. 남출 씨가 열둘이나 열세 살 무렵이었다. 어머니와 언니는 일본 말을 하지 못했다. 남출 씨는 일본 말을 할 수는 없었지만 상대가 무슨 말을 하는지는 대략 알 수 있었다.

남출 씨가 태어나고 자란 쌍책면 상신리는 읍내에서 멀리 떨어진 산골로 80가구 정도가 모여 살았다. 마을에서 자동차를 본 적이 없었다. 학교도 없었다.

"면장이 훌륭했어요. 자기 밭에 판잣집을 짓고 간이 학교를 운영했어요. 우리도 2년 정도 배울 수 있었지요."

운동회가 열리면 다른 마을 사람들이 산을 넘어 구경 왔다. 지기 싫어하는 남출 씨는 가장 어렸으나 달리기는 언제나 일등이었다.

"학생이 20명 정도 있었던가. 아이가 셋 있는 사람도 1학년. 여섯 살 먹은 아이도 1학년. 오빠도, 언니도, 나도 1학년."

일본인 남자 교사가 일주일에 한 번 읍내에서 왔다.

"일본어를 확실하게 가르치려고 했으니까. 지금도 기억해요. 朕惟フニ我カ皇祖皇宗國ヲ肇ムルコト宏遠ニ德ヲ樹ツルコト深厚ナリ我カ臣民克ク忠ニ克ク孝ニ……(짐이 생각건대 황실 조상이 나라를 열어 널리 덕을 세움이 깊도다. 우리 신민이 지극한 충과 효로써……) 뜻은 몰라. 그냥 다들 외웠어요."

이어서 "億兆心ヲーニシテ世々厥ノ美ヲ濟セルハ此レ我カ國體ノ精華ニシテ敎育ノ淵源亦實ニ此ニ存ス…….(모두의 마음을 하나로 하여 영원토록 그 아름다움을 다하게 하는 것이 우리 국체의 정화인 바, 교육의 연원 역시 여기에 있도다…….)"라고 계속되는 교육 칙어이다. 남출 씨는 어릴 때 전문을 외웠다. 아침 조회를 할 때는 황국신민의 서사를 학급 전원이 반드시 암송해야 했다.

우리는 대일본 제국의 신민입니다.
우리는 마음을 합하여 천황 폐하에게 충의를 다합니다.
우리는 괴로움을 참고 견디며 단련하여 훌륭하고 강한 국민이 되겠습니다.

"황국신민의 서사라고는 하지만, 뜻은 하나도 몰랐어. 아무것도 모르는 아이들에게 외우게 했지. 아침에 조회에서 모두들 어디에선가 했을 거예요. 시골에서도 했을 정도니까."

등교하면 매일 전원이 표를 받았다. 학교에서는 조선어 사용을 금지했다. 조선어를 말한 학생에게는 자기가 지니고 있던 표를 건네주었다. 집에 가는 시간이 되면 언제나 남출 씨의 손에는 표가 남아 있지 않았다.

"마지막에 '아무개가 가장 많았다'고 말해요. 그러니까 말을 안 하게 되는 거야. 일본어로 말하라고 해도 모르지, 다들 긴장이 되니까 아예 서로 이야기를 안 해요. 그래도 선생님에게 불만을 얘기할 수는 없었어."

오빠는 다이너마이트를 다루는 발파 기사였다. 하쓰카이치(廿日市)의 지고젠(地御前)에서 살았다. 몇 년 후 어머니가 미혼 여성은 정신대로 끌려간다는 소문을 듣고 왔다. 실제로 유키(湯来) 온천에서 구레에 있는 정신대에 나간 사람이 있었다. 나중에 그 사람이 히로시마에 작업하러 나왔다가 피폭을 당했다는 것을 알게 되었다. 어머니는 정신대 소문을 두려워해서 아직 한국 나이로 열여섯, 열일곱 살밖에 되지 않은 남출 씨를 갑자기 히로시마에 살고 있는 사람과 결혼시켰다.

시아버지는 일을 하지는 않았지만 박식했다. 동포의 요청을 받으면 관혼상제의 의식 등 고향의 풍습을 알려주곤 했다. 남편의 형제는 4명. 시부모와 남출 씨 부부 등 8명 가족의 생활을 시어머니와 남편이 책임졌다.

당시에는 공습경보 발령 등 유사시에 가지고 나가는 물통에 물이 차 있는지 여부를 지역 자치회장이 찾아와 조사를 하곤 했다. 8월 6일 아침 남출 씨는 물통에 줄어든 물을 채우기 위해 밥을 먹은 후 양동이를 가지고 공동 수도로 갔다.

"물을 뜨러 갔는데 거기에서 확 떨어진 거예요. 내 머리 위로 소이 탄이 떨어진 거라 생각했어요. 난 죽은 줄만 알았지. 깜깜했죠. 그때는 원폭인지 몰랐으니까."

공동 수도에는 지붕이 있었다. 남출 씨는 무너진 지붕 밑에 깔렸던 것이다.

"조금 있으니까 '엄마!'라고 부르는 소리, 우는 소리, 이름을 부르는 소리가 온통 뒤섞여 들렸어요. '아, 살아 있구나' 했지. 눈을 뜨니까 엄청나게 밝아서. 처음에는 아무것도 안 보였어."

살던 집도, 이웃집도 모두 남아나지 않았다. 전봇대만 서 있었다. 남출 씨는 움직일 수 있었다. 시아버지도 간신히 걸을 수 있었다. 시어머니는 어디로 가셨는지 보이지 않았다. 어디로 몸을 피했는지 짐작할 수 없었다. 확장 공사가 중단된 야마테가와의 강가에 일구어놓은 밭으로 갔다. 비가 내려도, 한여름의 태양이 내리쪼여도 밭 가장자리에 있는 조릿대 곁에서 몸을 움츠리고 있는 것 말고는 다른 방법이 없었다.

당시 남편은 미쓰비시(三菱)에 징용되어 있었다. 이미 입대가 결정되어 외국으로 떠나는 배에 타야 하는 일정이었다. 그런데 승선을 하지 못해 잠시 집에 머무르는 동안 미쓰비시에서 일하면서 다음 배를 기다리고 있었다.

"당신 얼굴이 왜 이래?"

밭에 온 남편은 구사일생으로 살아난 남출 씨의 얼굴을 보자마자 이렇게 말했다. 새까맣다고 했다. 그렇게 말하는 남편의 얼굴도 시커

한글로 옮겨 쓴 결혼 축가를 펼쳐 보이고 있는 김남출 씨.

멨다. 남편은 미쓰비시로 가는 도중에 피폭을 당해 허리를 다쳤다.

"히로시마, 전부 당한 거 아니야? 내가 뛰어올 때 전부 다 무너지고, 죽고, 이제, 이제, 다 없어졌어."

남편은 하천 근처의 밭까지 오기는 했지만 더 이상 걸을 수가 없었다.

"화상을 입고 앉아 있기만 했어. 아무것도 없어. 엉덩이도 풀을 뜯어 닦았지. 구데기가 나왔어. 화상 입은 곳에서. 옆에 있는 나무를 잘라서 잡아내기도 했어. 군인들 불러도 안 와. '너무 힘들다'고 말을 해야 하는데. 와도 약이 없었어. 빨간 소독약을 받은 사람은 좋았지. 튀김 기름을 바르면 끝이야. 움직이지도 못하는 사람들이 여기저기서 뒹굴고 있었어."

많은 사람들이 고이에 있는 산 쪽으로 피난했다.

"우리는 피난 갈 수가 없었어. 어디 있는지 행방도 모르는 사람이 3명도, 4명도 되었거든. 집은 불타고 없지. 여기밖에 올 데가 없다고 생각해서 무작정 기다렸어."

다음 날인 7일, 한 사람이 배급으로 주먹밥 1개를 받았다. 물어물어 배급소로 가서 "이 주먹밥은 어디서 왔어요" 하고 중얼거리자 자치회장 부인이 "당신 그런 소리 하는 거 보니 아직 좀 여유가 있나보네"라며 웃었다. 주먹밥은 시모노세키에서 왔다고 했다. 아직 밭으로 돌아오지 않았던 가족의 몫까지 배급을 받아왔다.

둑에서 아이들의 이름을 부르는 시어머니의 모습을 찾은 것은 1주일 후였다. 시어머니는 화상을 입었다. 열다섯 살 딸과 열두 살 아들을 데리고 고이로 향하는 도중에 버스를 잡아타고 오노(大野)에 가서 6일 밤은 소학교에서 잤다고 했다. 그날 밤 '물, 물'이라고 소리쳤지만, 물은 마시지도 못한 채 둘 다 숨을 거두었다. 시어머니도 등에 화상을 입고 의식이 몽롱한 상태로 잤다고 했다.

찌그러진 양동이를 가지고 가족이 마실 물을 길러 갔을 때, 밭 가장자리에서 움직이지도 못하고 앉아 있는 사람에게 물을 가져다주자 무척이나 맛있게 마셨다. 먹을 것도 주고 싶었지만 가족들을 생각하면 줄 수는 없었다. 다음에 다시 물을 길러 갔을 때는 이미 그 사람은 죽어 있었다. 군인들이 강가에 크게 파논 구덩이에 죽은 사람을 차곡차곡 옮겨놓았다. 근처에 큰 녹나무가 있었다. 피폭 전 시아버지는 자주 돗자리와 긴 담뱃대를 가지고 가서 바람을 쏘이곤 했다. 이웃집 할아버지들도 나무그늘에서 술잔을 주고받곤 했다. 몇 백 년 동안 살아온 녹나무는 여름이 지나도 사라지지 않고 그 자리를 지키고 있었다.

남출 씨와 같은 나이였던 작은 시동생은 끝까지 밭에 나타나지 않았다. 시아버지는 6명의 자식 가운데 3명을 잃었다.

남편은 집터에 기둥을 세우고 돌을 쌓은 다음 어디선가 구해온 텐트를 쳤다.

암시장이 서기 시작하자 남편은 재빨리 한 매대의 권리를 샀다. 의류든 식료품이든 팔러 온 사람들에게는 무엇이든 샀다. 그 물건을 사러 온 사람들에게 금액을 더해 팔았다. 그러면서 오사카 쓰루하시에서 명태나 떡, 창자 따위를 사 와서 팔았다. 히로시마 최초의 한국 식료품점이었다. 가게를 계속했으면 좋았겠지만, 엄청난 영화광이던 남편은 주위의 반대를 무릅쓰고 영화관을 시작했다. 이미 히로시마에는 영화관이 62관 있었다. 번화가에서 벗어난 작은 영화관이라 수지는 맞지 않았다. 적자가 늘면서 영화관은 은행에 압류당했다. 이후 싼 숙박업, 아파트 임대, 파친코 등 부부가 함께 여러 사업을 했다. 마지막엔 파친코를 자식에게 맡기고 집에서 쉬고 있을 때 친구의 권유로 가까이에 새로 생긴 대학에서 십여 년간 청소 일을 했다.

ABCC 검사는 몇 번 응했다. 멋진 차가 와서 실어다주었고 검사를 마치면 보내주었다. 혈액 검사, 심전도 같은 검사를 몇 가지 받기는 했지만, 결과는 하나도 알려주지 않았다. 남편은 ABCC에 가지 않았다. 남편은 만년까지 다리와 허리 통증에 시달렸다. 온천에 가는 것이 유일한 치료였다.

남출 씨는 10년 전 심근경색으로 수술을 받았다.

"그냥 좀 외로워. 못 참을 때가 있어. 이상해져."

참을 수 없을 만큼 외로운 이유는 건강 상태의 불안에 있었다.

"몸 상태가 쭉 안 좋았지만, 원폭 후유증이 어떤 건지는 몰라."

남출 씨는 심심풀이로 파스를 떼어내고 필요 없어진 종이를 작게 잘라 접는 작업으로 소일하고 있었다. 놀라운 손재주로 백조나 구스다마* 등을 수도 없이 정교하게 만들고 있었다.

의사도 모른다니
말이 돼?

하해수 씨(1924년생 경상남도 출신)는 아홉 살 때 어머니와 다섯 살 위 오빠, 생후 3주 된 남동생과 함께 일본에 왔다. 일본에 오기 몇 년 전 아버지는 진주에서 옷감 등을 취급하는 상점의 보증을 섰는데, 가게가 도산하면서 집과 대지, 논밭을 날려버렸다. 일본으로 온 것은 돈을 벌기 위해서였다. 할아버지는 그 때문에 몸져누웠고, 1년 뒤 세상을 떠났다. 할머니도 그 뒤를 따랐다. 어머니는 시아버지 삼년상을 치른 다음 일본에 왔다.

---

* 조화(造花) 등을 공처럼 엮고 장식실을 늘어뜨린 것. 개점 축하나 진수식(進水式) 따위에 장식으로 쓰인다.

일가는 덴마초(天満町)에 살았고, 해수 씨는 덴마 소학교에 들어갔다. 처음 학교에 다니기 시작할 무렵 가까이에 있는 후쿠시마초 아이들이 던진 돌멩이에 맞았다. 조선인 아이가 살해되는 사건도 있었다. 이런 일이 무서웠던 해수 씨는 학교를 2, 3일밖에 다니지 않았다. 그 후 히로세키타초(廣瀨北町)로 이사했다. 열네 살에 과자 공장에서 일을 시작했고, 열여덟 나이에 결혼을 했다.

피폭 당시에는 폭심지에서 1.5킬로미터 떨어진 데라초(寺町)에 살고 있었다.

그날 아침 시어머니는 1년 전 4월에 태어난 장남을 데리고 옆집으로 놀러가 계셨다.

"그러고 나서 공습을 당한 거야. 갈 수가 없었어. 바로 옆집이라도 몸빼를 입고 제대로 하고 가야지. 밖에 나갈 수 없었어."

공습경보는 해제되었지만, B29는 그래도 상공에 있었다. 해수 씨는 기저귀를 널면서 괴이하게 생각했다.

"쾅쾅, 대포를 쏴대듯. 아직 B29가 날아다녔어. 나비처럼 날고 있었어요. 저렇게 날아다니는데, (공습경보는) 왜 해제됐는지 몰라."

이웃에 놀러 가셨던 시어머니가 장남을 업고 돌아오셨다.

"애가 너무 울어서 빨리 집에 돌아오려고 했는데, 공습(경보) 때문에 못 왔지. 해제되자마자 바로 온 거야."

시어머니에게 아이를 받고 나서 먼저 아궁이에 불을 지피고 물을 끓일지, 젖을 물리고 잠을 재운 다음 여덟 식구의 빨래를 할지 고민했다. 당시에는 비누를 따뜻한 물로 녹이지 않으면 때가 빠지지 않았다.

먼저 젖을 물리려고 부엌에 앉는 순간 충격을 받아 의식을 잃었다.

시아버지와 남편은 방화대로 지정된 히로세(廣瀨) 소학교 옆 3층 집 건물을 허물러 근로봉사를 나갔다가 피폭당했다. 동네는 완전히 변해 있었다. 도로도 분명하지 않았다. 집 근처까지 오자 아이 울음소리가 들렸다. 집이 무너지면서 깔려 있던 해수 씨와 장남을 남편과 시아버지가 구해주었다. 해수 씨의 의식이 돌아온 것은 하천 부근으로 옮겨진 다음이었다. 무언가 시커먼 것이 떨고 있었다.

"사람처럼 보이는데 사람인지 아닌지 모르겠어. 부들부들, 부들부들 떨면서 뭔가를 매달고 다녀. 눈알이 튀어 나가거나 뼈가 보이기도 했지."

까만 몸에 매달려 있던 것은 피부였다.

"(공습경보 때는) 각반 차고, 철모 쓰고, 단추가 7개 있는 지카타비를 신고 있었는데, 해제가 되었잖아. 덥지, 전부 벗고 훈도시만 입고 있었을 때 떨어진 거야. 너덜너덜하게 탔어. (피부가) 축 처져 있는 거야. 그래도 죽지 않고 강변까지 나왔어. 머리도 전부 타버렸고."

비가 내렸다.

"너무너무 추워서 말도 안 나와. 엄청나게 추워. 비가 내리는 건지, 싸라기눈이 내리는 건지, 떨어지는 그걸 머리에 맞으니까 아파서, 아파서 견딜 수 없었어. 싸라기눈이 내린다고 그리 생각했지."

추위는 고열 탓이었을까. 남편이 불탄 집에서 이불을 빼내 왔다. 불에 탄 겉면을 걷어내고 안에 있는 면을 들고 왔다.

"위를 보니, 불이 활활. 큰 무늬(잿더미) 같은, 그런 게 날아다녀. 하늘엔 온통 불덩어리 같은 게 날아다녔어. 더 이상 갈 곳이 없었어. 강둑 아래밖에는."

요코카와바시(橫川橋)나 덴마바시(天滿橋)가 불에 타 내려앉았다. 산으로 피난가려는 사람들이 강을 건너지 못해 발만 동동 구르고 있었다. 불길은 가까운 곳까지 다가왔다. 근로봉사에 나갔던 중학생이 달려와 하나둘 강에 뛰어들기 시작했다. 군인이 "강에 뛰어들지 마"하고 소리쳤다.

"뛰어들지 말라고 했지. 불이 붙은 사람들은 어차피 듣지도 않아. 하지만 수영을 못 하니까 뛰어들면 다 떠내려갔어. 전부 떠내려갔어. 나무도, 소도, 동물도 다 떠내려갔어. 사람도 떠내려갔어. 새빨간 물이, 진흙탕 같은 물이 흘렀어."

남편은 "물 좀 줘"라고 신음하는 사람에게 깨진 병을 주워 파열된 수도관에서 물을 길어와 손에 따라 입에 넣어주었다. 헌병이 "물 주지 마. 죽는단 말이야"라며 화를 냈다. "어차피 죽는 거라면 물이라도 마시고 죽게 해야지"라고 남편이 대답했다.

밀물 때가 되면서 강물이 내려가기 시작할 무렵 하쓰카이치에 살고 있는 부모가 찾으러 왔다. 사망자가 많았기 때문에 몸이 성한 사람은 구조 작업에 동참하라는 지시를 받았지만, 8명 가족 모두가 상처를 입었다. 6일 저녁은 하쓰카이치에 있는 부모 집에 머물렀다. 공습경보가 나올 때마다 산에 있는 방공호로 달려가야 했다. 8명의 부상자가 머물기는 어렵다고 생각했다. 다음 날 가베(可部)에 있는 남편의 작은집으로 갔다. 가보니 작은아버지도 화상을 입었고, 한 방에

6명이 있었다. 해수 씨와 장남만 집 안으로 들어가고, 나머지 6명은 집 앞에 있는 논에 쌓아둔 짚을 그 자리에 깔고 거적을 덮고 밤을 지새웠다.

그날 밤 장남이 죽었다. 이튿날 밤 남편의 여동생이 죽었다. 이런 상황을 차마 지나칠 수 없었던 논 주인은 헛간에 있던 도구를 빼고 머물 곳을 마련해주었다. 그 헛간에서 시어머니와 시아버지도 돌아가셨다.

"죽을 때는 모두 피를 토해. 코에서 피가 나오고. 여자는 아래서."

시어머니는 선물 받은 하얀 신발을 신고 있었다. "이것 좀 벗겨서 강물에 빨아줄래"라고 해수 씨에게 부탁했다. 엄청난 피가 얼룩져 있었다. 한쪽 손에 화상을 입은 해수 씨는 신발을 빨 수 없었다.

"강물이 흐르는 곳에 돌로 눌러놓고 발로 밟아."

시어머니는 그렇게 하면 될 거라 생각했다. 아무리 밟아도 얼룩진 핏물이 완전히 씻겨 나가지 않았다. 짤 수도 없어서 털기만 한 다음 소나무 가지에 널어 말렸다. 3시간 후 시어머니가 재촉해서 붉은빛이 남아 있는 신발을 한 손으로 신겨드렸다. "됐어. 잠 좀 잘게." 곧 만족해하며 눕더니 바로 돌아가셨다.

헛간에는 남편과 해수 씨, 그리고 남편의 남동생 둘이 남았다. 다음에 갈 사람은 해수 씨일까, 아니면 코에서 피가 쏟아지고 몸에 콩알만 한 까만 발진이 생긴 소학교 4학년생 시동생일까를 고민했다. 남편도 몸져누웠다. 다른 시동생 한 사람만이 움직일 수 있었다. 그때 부인의 남동생을 찾으러 온 오빠가 작은아버지의 이야기를 듣고 해수 씨가 있는 헛간으로 왔다. 시동생과 오빠의 대화가 귀에 들려왔다.

"형수는 죽은 거나 마찬가지예요. 저 혼자서는 불에 태울 수도 없어요. 형님도 누워 있고, 어떻게 해야 할지 모르겠어요."

"할 수 있는 게 아무것도 없어. 죽으면 저기 산에 던져버리시오. 죽을 때까지 내가 기다리고 있을 수도 없고, 그렇다고 옅게나마 숨 쉬고 있는 사람을 화장할 수도 없지 않소."

가까운 산 여기저기에서 하얀 연기가 피어오르고 있었다. 마을 사람들이 죽은 사람을 직접 태우는 연기였다.

"죽으면 화장하는 일이 큰일이야. 가족이 직접 화장을 해야 하니까. 화장을 해주는 사람이 아무도 없어. 아무도 쳐다보지도 않아."

사망자 한 사람당 기름 한 캔과 땔나무 세 묶음이 배급되었다.

"생선 굽듯이 뒤집어가면서 태워야 해. 실패하면 그냥 그대로 둬. 두 번은 안 태워."

그렇게 태우다 만 시신 4구가 헛간에 있었다.

오빠는 돌아가는 버스에서 민간요법에 정통한 명의가 있다는 이야기를 들었다. 밤중이었지만 산속 깊은 곳에 있는 명의의 집을 찾아가서 약을 지어 헛간으로 돌아왔다. 그 약을 먹고 나서 하루 반 만에 해수 씨는 의식을 회복했다.

시동생 둘은 작은아버지와 함께 조선으로 돌아갔지만, 두 사람 다 1946년에 사망했다. 남편은 부모, 아들, 여동생, 남동생 둘을 원폭으로 잃었다.

해수 씨의 어머니와 오빠와 여동생도 1946년 조선으로 돌아갔다.

피폭자 2세에게도 원폭 수첩이 있어야 한다고 호소하는 하해수 씨.

아버지는 이미 귀국해 있었다.

남편은 수도 공사를 하는 점포에 취직을 했다. 하지만 몸 상태가 좋지 않아 조퇴가 잦았다.

태어날 당시에 문제가 없던 차남은 세 살 때까지 서서 걷지를 못했다. 유행병이 돌면 가장 먼저 걸렸다. 때론 두 차례 같은 병에 걸리는 일도 있었다. 백일해에 걸렸을 때에 눈에서 고름이 심하게 나와서 한쪽 시력을 잃었다.

당시 재일 조선인은 국민건강보험에 가입할 수 없었다. 경제적인 여유가 거의 없는 상황이었기 때문에 남편과 둘째 아들은 필요한 치료를 제때 받지 못했다.

남편은 이제 거의 일을 못하는 상태가 되었다. 전기료도 오랫동안 밀릴 정도로 가난한 삶이었다. 아이들은 중학교에 다니면서부터 아르바이트를 시작했다. 해수 씨도 제재 공장에서 남자들과 똑같이 목재를 올리거나 내리고 치우는 일을 했다. 몸을 혹사시키는 일이었다.

남편은 병원을 싫어했다. 딸은 해수 씨에게 아버지를 하쓰카이치 병원에 데리고 가야 한다고 주장했다. 신장에 이상이 있었고, 당뇨에 간경변증까지 있었다.

"지금까지 사셨다는 것이 놀랍군요. 잘 참으셨네요."

남편의 상태를 진찰한 의사가 놀라워하며 말했다. 회계원 말로는 원폭 수첩을 사용할 수 없다고 했다.

"여러 병기가 겹쳐서 간경변증이 되었다. 원폭증은 어떤 병세를 근거로 판단해야 하는지 알려달라."

의사가 원폭병원에 이렇게 수차례 문의한 다음 처음으로 피폭자 건강 수첩을 만들어 진료를 끝낼 수 있었다. 하지만 남편은 마흔다섯 살 나이에 세상을 떠났다.

둘째 아들은 취직한 이후에도 완치가 되지 않았다. 직장도 옮겼다.

"몇 번이나 장을 잘라냈어. 여러 군데를 잘라냈어."

개복 수술을 반복했다. 둘째 아들도 마흔일곱에 세상을 떠났다.

셋째 아들은 세 차례 수술을 했다. 세 번째 수술을 하고 나서 의사에게 원인을 물었다.

"의사도 모른다는 거야. 모르는 게 말이 돼? 우리한테 확실하게 원폭병이라고 말을 안 하는 거야."

60년도 더 지나 나타난
원폭 피해

하쓰카이치에 있는 해수 씨의 집까지 자동차로 안내해준 분은 재일 3세이자 원폭 피해자 2세인 박부 씨였다. 부모님은 모두 피폭을 당했다. 남편도 원폭 피해자 2세다. 소학교 시절부터 몸이 약했다. 끊임없이 코피가 나왔지만 쉽게 그치지 않았다. 항상 빈혈 증상이 있었다. 버스를 타고 한 정거장을 이동하는 동안에도 서 있지 못할 만큼 상태가 나빴다. 첫 임신 때는 이틀에 한 번 철분제를 보충해야 했다. 남편의 권유로 연식 정구를 시작했다. 출산을 거듭하면서 건강해졌다. 어렸을 때 허약 체질이었다는 것이 부모의 피폭과 어떤 인과관계인지는 모른다. 하지만 피폭 2세도 피폭자 건강 수첩이 필요하다고 주장하는 하해수 씨의 얘기를 듣고 자신도 진단을 받아야 할 필요가 있다고 느꼈다.

부 씨의 딸이 중학생 때 조선 학교에 다니는 여학생의 가방을 일본인이 칼로 찢은 사건이 있었다. 부 씨는 이 일을 계기로 결성된 '히로시마 코리언 보호자회' 활동의 일환으로 일어 배우기 교실이 개설되면서 해수 씨와 만났다.

'한국의 원폭 피해자를 구원하는 시민 모임, 히로시마 지부'에서 활동하는 도요나가 게이자부로(豊永惠三郞) 씨는 어머니가 건물의 소개 작업에 동원되어 세 살배기 남동생을 데리고 집을 나갔는데, 원폭이 터진 다음 날인 7일에 두 사람을 찾으러 시내를 돌아다니다가 피폭을 당했다.

이치바 준코(市場淳子)가 쓴《히로시마를 가지고 간 사람들(ヒロシマを持ちかえった人々)》(凱風社, 2000)에 나오는 통계에 의하면 조선인 피폭자 수는 5만 명이다. 그 가운데 사망자(폭사자)는 3만 명이며 생존자는 2만 명이다. 생존자 가운데 1만 5000명이 귀국했고, 일본에는 5000명이 체류하고 있는 상태이다. 이는 추정일 뿐이며 정확한 통계 수치는 없다.

도요나가 씨는 일본인보다 조선인이 방사능 영향을 강하게 받았다고 지적하고 있다. 당시 히로시마로 강제 연행된 조선인은 5944명으로, 나가사키에 비하면 적었다. 히로시마에는 전쟁 전부터 일본으로 건너와 가족들이 함께 피폭당한 경우가 많았다. 폭심지는 영화관과 윤락가가 있던 환락가도 있었고, 고급 주택지도 있었기 때문에 조선인은 거의 살지 않았다. 그래서 조선인은 원폭으로 인한 직접 사망자는 적었다. 도요나가 씨의 고향인 오나가초(尾長町)와 후쿠시마초에는 조선인이 많았다. 원폭 폭풍이나 열 화살로 큰 피해를 입고 산으로 피난하기는 했어도 몸을 의지할 친척들이 없으니, 대부분은 며칠 지나서 원래 살던 곳으로 돌아갈 수밖에 없었다. 오나가초나 후쿠시마초는 폭심지로부터 2킬로미터 이내인 잔류 방사능 오염 지역이다. 6일에는 피폭을 당했고, 피난했다가 원래 거주지로 돌아와서 다시 잔류 방사능에 쏘인 경우가 많았다. 피폭자 건강 수첩을 받을 수 있는 입시피폭(入市被爆)* 기준은 '20일 이내, 20킬로미터 이내 지역 주재'이다.

많은 피폭자가 조선으로 돌아갔다. 도요나가 씨가 지원한 재외 피폭자 재판 건은 상당수 승소했다.

"나에게 암이 발병된 건 60년이 더 지난 다음이었어요. 국가에서 내가 걸린 암이 원폭증이라고 인정했어요. 암, 심근경색, 갑상선 병 같은 건 방사선을 쏘이면 걸리기 쉬운 병이에요. 예순 즈음에 암에 걸린 사람이 히로시마와 나가사키에 아주 많아요."

특히 유아기에 피폭당한 사람은 발병 확률이 높다고 한다. 후쿠시마 원전 사고로 아이들이 저선량(底線量) 방사선에 계속 노출되고 있다. 도요나가 씨는 이 영향이 미래에 어떻게 나타날지 우려했다. 60년 후에 어떤 영향이 일어날 것인가는 우리들이 알 수 없다. 피폭자 건강 수첩 획득과 같은 피폭자 운동이 원전 사고 피해자에게 참고가 될 것이라고 도요나가 씨는 말했다.

* 원폭 투하 후에 구조 활동 또는 가족을 찾기 위해 피폭지로 들어가는 것을 말한다.

5  겪을 대로 겪었지,
고생은 나의 힘

위 김분란 씨는 결혼식 때 남편의 얼굴을 처음 보았다.
아래 온갖 고생을 다 겪은 김분란 씨는 '그래도 잘 견뎠지'라며 웃는다.

"뽀얀 피부에 얼굴이 고운 노인도 많은데, 나는 여기저기 기미도 있고, 픽픽 아프기만 하고. 왜 이렇게 더러운 몸이 되었는지. 이런 몸으로 죽기는 싫어. 좀 더 짱짱해야지……."

병을 달고 산다고 했다. 50대에 뇌경색을 앓았다. 그나마 60대는 회복해서 그럭저럭 살기는 했지만, 일흔을 지나 여든을 앞두면서 몸이 안 좋아졌다고 했다.

"그래, 남편은 힘든 사람이었어. 이제 와서 말해봐야 소용도 없지만. 정말 많이 원망했어."

오랜 시간 함께했던 남편 한 씨의 영정이 걸려 있는 방에서 김분란 씨(1927년생 경상남도 출신)는 말했다.

"어디부터 잘못됐는지 몰라. 벼랑 끝 인생이 시작됐어."

형제는 9남매. 분란 씨가 태어나기도 전에 오빠 둘은 조선에서 죽었다. 아버지는 날품팔이로 논일을 하다가 논두렁에서 일사병에 걸려 돌아가셨다. 그래서 분란 씨 이름은 '분하다'라는 뜻과 발음이 비슷하게 지어졌다.

어머니는 할아버지가 계시던 히로시마현 고누군(申奴郡) 시나미무라(階見村)로 분란 씨와 젖먹이 남동생을 함께 데리고 왔다. 세 살 때였다. 오빠들은 먼저 일본에 와 있었다. 당시 시나미무라에는 조선인 일곱 가구가 후쿠야마(福山) 영림서(營林署)*에서 숯 굽는 일을 하고 있었다. 오두막집을 짓고 광산의 잡초를 베고, 작은 나무를 잘라 숯을 구웠다. 한 구역을 끝내면 다른 구역으로 옮겨서 다시 오두막집을 짓고 숯을 구웠다.

"아주 깊은 시골이었어. 일곱 가구만 판잣집을 만들어 생활했으니까. 추웠어. 눈보라가 그냥 몰아쳐 들어올 정도로 커다란 틈이 있는 집이었어. 화장실은 밖에 있었는데, 짚으로 간단하게 둘러쳐 있을 뿐이야. 그걸로 견뎌내야 했지."

일본에 와서 '하나코(花子)'라는 이름을 얻었다. 이런저런 도움을 주던 이웃 여교사가 조선 이름은 불편할 수 있다며 지어준 이름이었다. 당시 일본에 사는 조선인 여자아이들에게 많이 붙여지던 이름이었다.

"진짜 유행했어. 아무나 하나코야. 틀림없이 그냥 하나코로 하면 된다고 했어."

---

* 국유림을 관리, 경영하는 지방 사무소. 산림청의 기능을 한다.

교실의
'오줌싸개 할멈'

분란 씨는 일고여덟 살 위인 둘째 오빠와 함께 소학교에 입학했다. 보자기에 교과서를 싸서 둘러맸다. 돌아올 때 신을 짚신 한 켤레를 보자기에 같이 묶고 꼭두새벽에 오빠와 둘이 집을 나섰다. 분란 씨 가족이 살던 오두막집은 마을에서 멀리 떨어져 있었기 때문에 학교도 멀었다. 짚신을 학교까지 신고 가면 더 이상 신을 수 없을 정도가 되었다. 그래서 돌아올 때 신을 짚신 한 켤레가 더 필요했다. 농가에서 얻은 짚으로 밤마다 짚신을 만들어야 했다.

학교 가는 길이 너무 멀어서 가다가 지치곤 했다. 오빠는 재촉했다. 때로는 맞기도 했다. 오빠도 학교 가는 게 싫어질 때면 밭에서 콩을 서리해서는 모닥불을 피워 함께 구워 먹기도 했다.

오빠는 읽고 쓰기는 할 수 있게 되었다며 2학년 때 학교를 그만두고 숯 굽는 일을 도왔다.

혼자 학교에 다니게 되면서 남자아이들의 괴롭힘이 심해졌다. 함께 다닐 때는 나이 많은 오빠 덕분에 질이 나쁜 아이들이 함부로 건드리지 못했다. 그런 울타리가 없어진 것이다.

어느 날 남자아이들 몇 명이 분란 씨를 둘러싸고 '죠센'이라고 놀렸다. 말대꾸를 하면 할수록 더 짓궂게 달려든다. 도망갈 곳이 없어 주저앉아버리면 짓궂은 녀석들은 목 언저리에 돌을 쑤셔 넣었다. 들어가지 않을 정도로 잔뜩 돌을 넣고 나서야 돌아서곤 했다. 일어서려

해도 돌이 무거워서 일어설 수 없을 때도 있었다. 앉은 채로 몸뻬 옷의 끈을 풀면 돌이 와르르 쏟아졌다.

"괴롭히고, 괴롭혀. 뽕을 뽑을 만큼 괴롭혔어. 1명이 와서 쿡쿡 찌르면 2명, 3명이 달라붙어. 재미있어 하면서 하는 거야. 밀고 차고. 모두 돌아가면서 발로 차기도 했지."

아버지가 영림서의 일을 하는 덕분에 가을이면 누릴 수 있는 특권이 하나 있었다.

"영림서의 산이니까 버섯이 나오는 곳은 줄을 쭉 쳐서 (사람들이 출입하는 걸) 막아."

산에서 버섯 싹을 찾아 나뭇잎을 씌워놓고 나서 하루가 지난 다음 가보면 쑥 커져 있었다. 버섯은 고리를 그리듯이 나온다. 어떤 방향으로 얼마나 큰 고리를 그리는지 살펴보는 게 재미였다. 송이버섯을 캐러갈 때는 소금을 가지고 갔다. 조금 땅을 파서 마른 잎을 넣고 송이버섯에 막대를 꽂아 구우면 즙이 떨어졌다. 맛있었다. 만가닥버섯은 송이버섯 이상으로 맛있었다. 하얗고 작은 머리가 조금 나와 있을 뿐 큰 밑동은 땅속에 숨어 있었다.

쓰러진 밤나무가 있으면 쪼개어 나무 안을 살펴본다. 대개 밤나무를 먹고 자란 크고 하얀 벌레가 있었다. 살짝 데치면 향이 나는 맛있는 벌레였다.

"산에서 자라니 그런 것밖엔 놀 게 없어요."

분란 씨가 3학년 때 숯 작업을 하는 산이 바뀌어 이사하면서 학교가 가까워졌다. 남동생이 태어났다. 부모님은 남동생을 분란 씨에게 맡기고 산으로 일하러 가셨다. 집에서 남동생을 돌보는 것보다 공부를 하고 싶은 마음이 더 커서 동생을 업고 학교에 다녔다. 기저귀 덮개는 없었던 듯하다. 조회 시간에 동생의 오줌이 엉덩이 아래까지 스며드는 일도 있었다. 갈아입힐 기저귀를 가져갔는지 안 가져갔는지 모르겠고, 젖은 기저귀를 어떻게 처리했는지도 기억에 없다.

이 때문에 분란 씨는 별명이 생겼다. 오줌싸개 할멈이다.

학교는 3학년만 다니고 그만두어야 했다. 학비를 낼 수 없었다. 담임이 집으로 찾아와 학교에 다니게 해달라고 부모님을 설득했다. 아버지는 단호하게 말했다.

"조선 여자는 공부 안 해도 시집갈 수 있어!"

분란 씨는 근처 농가에서 보모 일을 하곤 했다. 아이를 업고 잡초를 베기도 하고, 아이가 잘 때는 갖가지 잡일을 처리했다. 그래도 보모로 가는 날은 즐거웠다. 집에서는 감자, 콩, 보리 정도밖에는 먹을 게 없어 항상 배가 고팠는데, 보모 일을 할 때면 점심도 저녁도 배불리 먹을 수 있었기 때문이다. 농가에서는 새벽에도, 해진 뒤에도 달빛과 별빛을 벗 삼아 농사일을 했다. 집주인은 어두워진 다음에도 논밭에서 일을 했지만 분란 씨를 위한 식사는 6시경에 준비되었다. 집에 갈 때는 쌀, 보리, 콩 따위를 받았다.

중일전쟁에서 태평양전쟁으로 전쟁이 확대되면서 남자들은 군에 동원되었다. 전사자가 생기면서 농가에서는 남자 일손이 부족했다. 남자 일손이 필요한 농가에서 분란 씨를 자주 불러 일을 부탁했다. 농가의 일이 없을 때는 숯을 구웠다.

마을에는 물방앗간이 두 군데 있었다. 분란 씨 집은 두 곳 모두 가까웠다. 농가 사람들은 밤에 물방앗간 절구에 현미를 넣어놓고 아침이 되면 다 찧어진 쌀을 거두어 갔다. 가끔 쌀이 없어지기도 했다. 그런 일이 생기면 숯으로 바꾼 보리, 감자, 콩밖에 먹지 못하던 분란 씨네 집이 의심을 받았다. 조선인과 오키나와 여성 부부가 마을에 있었다. 이 여성이 쌀을 훔치다가 농가 사람에게 들켰고, 이를 계기로 분란 씨 가족에 대한 의심은 사라졌다. 오키나와 여성은 남편과 헤어지고 마을에서 나갔다.

열대여섯 살 때는 약 만드는 방법을 가르쳐줄 테니 병원 약국에서 일할 생각이 없느냐는 제안을 받았다. 의료 관계자들까지 전쟁터로 많이 나갔으니 병원에서도 일손이 부족했다. 분란 씨는 병원에서 일하고 싶었다. 하지만 완고한 아버지는 딸이 밖에서 일하는 것을 허락하지 않았다.

어느 날, 외아들을 전쟁터로 보낸 어느 농가에서 분란 씨를 며느리 삼겠다고 했다. 아들이 전쟁터에서 돌아오면 결혼시켜주겠다고 하면서.

농가에는 쌀 등의 공출이 엄격하게 부과되면서 일손이 절실했다. 아버지는 "조선인은 일본인에게 시집 못 보낸다"면서 면박을 주고 그 사람을 돌려보냈다.

아버지는 일본의 패전과 동시에 영림서의 일을 잃었다.

"전쟁 당시에는 기차든 뭐든 목탄을 썼잖아요. 그래서 밤낮없이 구웠는데, 전쟁이 끝나니까 쓸데가 없어졌어요."

남편은 도박에 찌들고,
혼자서 출산을

아버지는 농가에서 쌀을 사서 오사카로 나가 팔았다. 얼마 되지 않아 요코하마 쓰루미에 살던 둘째 오빠가 그곳 바로 옆집을 빌려서 가족을 불렀다.

어머니는 소주 제조를 시작했다. 아버지는 소주를 만들고 난 지게미로 돼지를 길렀다. 야채 지스러기를 주워 모아 지게미와 섞어서 사료로 이용했다.

"나는 판매원인 셈이었어요. 히로시마에서 숯 구울 때랑 비교하면 편했죠. 삼시 세끼 밥도 먹고. 암시장에 소주를 운반하는 일이 힘들다는 생각도 못 하고 일했지요."

소주는 신바시(新橋)나 요코스카(橫須賀)에 있는 술집들에 도매로 넘겼다. 한 말을 통에 넣고 보자기에 싼 다음 전철을 타고 날랐다. 단속에 대비해 차 안에서는 좀 떨어진 곳에 두고 눈으로 지켰다. 도둑을 맞은 적은 없었다. 하지만 서 있던 자리 밑에 두고 가다가 한 번 걸린 적이 있었다. 소주는 경찰이 몰수했다.

스물세 살 때 어머니와 오빠를 통해 혼담이 오갔다. 어머니가 소주 만들 쌀을 사던 이와테(岩手)를 오가던 운송업자가 그 상대였다. 오빠와 함께 도박을 하는 친구였다.

아버지는 강력하게 반대했다. 혼담 상대의 나이가 서른일곱이었기 때문이다. 그 나이가 되도록 무엇을 했는지 알 수 없다며 걱정했다.

중매인이 아는 사람이었다. 어머니와 오빠가 먼저 중매인에게 설득을 당했다. 아버지도 결국 허락했다. 나중에 안 사실인데, 결혼하게 해주면 오빠의 도박 빚을 모두 없애주겠다는 약속을 했다고 한다.

아버지의 우려는 결혼 후 현실이 되었다. 남편은 계속해서 분란 씨를 힘들게 했다.

분란 씨는 결혼한 이듬해 이와테현 와가군(和賀郡) 구로사와지리(黒沢尻)[지금의 기타카미(北上)시]로 이사했다. 임신 8개월 때였다. 집은 물론 냄비도 솥도 없었다. 마구간을 빌려 판자를 깔고 살면서 첫 딸을 출산했다. 출산할 때 남편은 없었다. 옆집 사람이 산파를 불러주었다.

"기저귀도 없고, 갈아입을 옷도 없었어. 아무것도 없었지. 있는 천으로 대충 감아놓았어. 어떻게 어떻게 해서 살아남은 아이야. 그래서 건강해."

산파 비용은 아이를 낳은 뒤 옆집에서 일해 갚았다. 남편은 일 같은 일을 하지 않았다.

"도박이 그 사람 본업이었어."

도박에서 땄을 때만 생활비를 받을 수 있었다. 분란 씨는 농가에 일손이 필요할 때면 버들고리와 방석을 빌려와서 그 안에 갓난아기를 재운 다음 두렁길에 놓아두고 일했다. 일을 끝내면 그 대가로 쌀을 받았다.

남편은 조선에 아내를 남겨두고 일본에 와 있었다. 이와테에도 다른 여자가 2명 있었다. 나중에 사귄 여자와는 아들도 있었다.

어느 날 본 적도 없는 할머니가 일곱 살 즈음 되어 보이는 남자애를 데리고 남편을 찾아왔다.

남편은 "뭐야, 마사오 아냐?"라며 말을 건넸다. 남편을 쏙 빼닮은 아이였다.

연년생인 둘째 딸을 낳을 때도 남편은 도박을 하느라 집에 없었다. 분란 씨는 이번에도 혼자 출산을 해야 했다.

"첫째는 시간이 꽤 걸렸는데, 둘째는 진통도 못 느꼈어. 첫째를 눕혀 겨드랑이에 반듯이 안은 채로 '어머나, 어머나' 하는 순간에 나왔다니까."

핏덩이를 목욕시킬 물도 여유가 없었다.

"있는 천으로 피를 닦고, 아무거나 덮어 재운 다음 바로 일어났으니까. 아무튼 내가 먹을 것을 만들어야 했으니까. 아궁이도 없었어. 풍롯불로 어찌어찌해서 밥을 지었는데, 설익었더라고. 후산(後産)은 순조로웠어. '어머나, 애기, 낳았는데'라고 생각했을 때 쑥 나왔으니까. (탯줄은) 실타래에 까만 실이 있었어. 그걸 양쪽으로 묶고, 가운데를 잘랐지. 그런 얘기를 들었던 기억이 있어서. 그래도 잘 견뎠지, 뭐. 쉽게 죽지 않는 게 인간이야."

동포가 쌀과 미역을 가지고 왔다. 조선에서는 산후 조리로 미역국을 먹는 습관이 있다.

"역시 도와주는 신이 있어. 남편 친구의 부인이 정말 괜찮은 사람이었어. '이걸로 어떻게 해 드셔보세요'라면서. 근데, 땔감이 없었지. 남의 집 울타리를 뜯어 와서 불을 피웠다니까."

도박장에 있던 남편의 귀에도 출산 소식이 들렸던 모양이다. 상황을 살피러 온 남편이 말했다.

"뭐야, 또 여자애야?"

남편은 분란 씨의 반지를 받아 쥐고 쌀로 바꿔 오겠다면서 나갔다. 하지만 사흘이 지나도 돌아오지 않았다.

다른 여자 집에 있을 것 같은 예감이 들었다. 구로사와지리 역에서 버스로 달리면 40분쯤 걸리는 거리에 시계방이 하나 있었다. 이 시계방이 여자의 본가라는 사실을 알고 있었기 때문에 거기에 가면 뭔가 알 수 있다고 생각했다. 한 살 반 된 아이는 업고, 막 태어난 아이는 안고 집을 나섰다.

"출산한 후 3일 동안 먹을 게 없어서 남편을 찾아 나선 거야. 배가 너무 고파서. 누더기 같은 신발을 신고 갔는데, 후산으로 태반은 점점 흘러나오지, 신발은 축축해졌어."

시계방에 물었다.

"아, 자기 마누라랑 저 안에서 술 마셔요"라는 대답이 돌아왔다. "문을 열어보니 거하게 취해 둘이 해롱거리는 거야. 분해서 어떻게 할 수가 없으니까 부모님이 계셨지만 멱살을 잡고 왔어. 쌀도 없지. 아무것도 먹을 게 없잖아. 오죽하면 땔감 살 돈도 없어서 남의 집 울타리를 몰래 뜯거나 주워 와서 땔감으로 쓰는 형편인데 말이야. 와, 남자는 정말 너무하는 종족이라고 생각했어."

궁지에 빠진
남편의 거짓말

아침에 간신히 두부를 사 먹었다. 낮에 공복을 느끼지 못하게 배에 끈을 확 조이고 동포 집으로 갔다. 그 집 남편도 제대로 된 직업이 없었다. 부인이 가끔 객지 벌이를 하는 형편이었다. 아이가 많아 점심은 항상 감자였다. 고구마 계절은 고구마, 감자 계절은 감자. 이 집에 가면 아이들과 함께 감자를 먹게 해주곤 해서 점심시간에 작정하고 갔던 것이다. 쓰레기통을 뒤지고 싶을 정도로 언제나 배가 고팠다. 실제로 요릿집 쓰레기통을 뒤져서 여종업원이 신다 버린 짚신을 찾아 신기도 했다.

정육점에서 일하게 되었다. 잘 곳도 주어졌다. 일하는 시간에는 아이를 응접실에서 놀게 했다. 점심과 저녁도 먹을 수 있었다. 정육점 옆집 자리가 나자, 임대 절차를 밟았다. 그러는 동안 야채 가게 일도 도우면서 두 군데 가게를 도울 수 있었다. 정육점에서 얻은 족발을 매일같이 쪄서 먹었다. 간신히 굶주림은 벗어날 수 있었지만, 월세 체납은 계속되었다.

"야반도주를 했어. 집세를 낼 수가 없어서. 신발 가게 아주머니에게 2000엔을 빌려서. 아이 둘을 업고, 안을 여유도 없었어. 기차를 타고 센다이(仙台)까지 갔지."

남편은 센다이에서 도박을 계속하고 있었다. 시미즈(清水)라는 도박장 두목 부인이 남편과 떨어져 지내면 안 된다고 타일렀다. 그날 밤은 마구간에서 잤다. 말 사료를 만드는 아궁이와 냄비도 있었다.

다음 날 남편이 마구간을 나가자, 분란 씨는 아이들을 데리고 남편 뒤를 쫓아 버스에 뛰어올랐다. 남편이 눈알을 부라리기는 했지만 버스 안이라 화를 내지도 못했다.

도박장에 도착한 남편은 "지금 도쿄에 가서 돈 벌어서 부쳐줄게. 마구간을 제대로 해달라고 말해놓을 테니까 거기에서 당분간 머물고 있어"라고 말했다. 싫다고 했다. "이번에는 어디를 가든 당신 엉덩이에 붙어 떨어지지 않을 거예요"라며.

남편이 시미즈 씨에게서 돈을 얼마쯤 받는 모습을 엿본 터였다. 그 돈으로 이바라키(茨城)까지 갈 수 있었다. 역 이름은 기억이 나지 않았다. 기차에서 내리자 남편은 민단 사무소를 찾아갔다.

"아무 말도 안 하고 옆에서 듣고 있었어. 온통 거짓말만 늘어놓는 거야."

남편은 "처자를 본가에 맡기기 위해 가와사키에 가려 했는데, 기차 운임이 모자라 여기에 내렸다"며 둘러대고 있었다. 민단 직원은 다음 날 결혼식을 올리는 집이 있으니 거기서 하루 묵을 수 있도록 부탁하겠다고 말했다.

"잘도 재워줬어요. 그렇게 다음 날 결혼식을 올리는 딸 집에서 하루를 묵었어. 이튿날은 나가야 되잖아요. 그러니까 또 말도 안 되는 이야기를 하더라고요."

결국 그 집에서 가와사키까지 갈 수 있는 여비를 얻어냈다.

"신세를 지든 말든 어쩔 수 없지요, 뭐. 어떻게 할 수가 없으니까."

어머니는 그 무렵 가와사키에서 선술집 '잇파이야(一杯屋)'를 하고 있었다. 남편은 "중매인 밑에서 고철 가게를 도우면서 돈이 마련되면 함께 살겠다"면서 분란 씨와 아이들을 맡겨두고 나갔다. 어머니는 갑자기 찾아온 딸과 손녀가 반갑지 않았다.

겨울이었다. 이불이 충분히 있었는데도 오줌 때문에 더러워진다며 요와 이불을 한 장밖에 주지 않았다. 두 아이와 셋이서 함께 자면 분란 씨의 등은 이불 밖으로 반은 나와 있어야 했다.

남동생은 매일 밤 포장마차를 끌고 가와사키 역 앞으로 나갔다. 밤늦게까지 소바를 팔았다. 남동생은 "(엄마에게는) 비밀로 해. 소바를 줄게"라며 분란 씨를 불러냈다. 남동생은 손님에게 나가는 소바의 양을 조금씩 줄여서 분란 씨가 먹을 수 있는 소바를 만들었다. 어느 날 밤 피곤하고 졸리니 집에 가고 싶다고 했다. 남동생도 마지못해 포장마차를 접고 집으로 돌아왔다. 집 근처까지 오자 두 아이의 울음소리가 크게 들려왔다.

"할머니가 담배에 불을 당긴 긴 담뱃대로 애들 머리를 툭툭 때리니까 울었던 거야. 그걸 보니까 소바 포장마차를 따라가기가 싫어지더라구."

이런저런 일들이 있었다. 그런 와중에 남편이 고철 가게에서 일하고 번 돈을 가지고 왔다. 처음 있는 일이었다.

남편은 "함바집에 가서 일할까"라고 물었다. 아이들과 함께 가면 먹는 건 걱정이 없을 거라는 생각이 들었다. 분란 씨가 대답했다. "밥을 먹을 수 있다면 좋아요."

가와사키에 있는 함바에 들어갔다. 남편은 일용직으로 일했고, 분란 씨는 밥 짓는 일을 도왔다. 아이들은 대야에 누더기를 깔고 앉혀 두었다.

"둘이 싸우지도 않고 잘 놀았어요. 큰 아궁이가 있어서 불을 때면 따뜻해지잖아. 그 앞에 아이들을 앉혀놓고 설거지를 하거나 해. 그렇게 시작되었지. 함바에서 함바로. 몇 군데를 돌아다녔어."

날마다 새벽 2시에 일어나 70인분의 밥을 짓다

남편이 고무로구미(小室組)의 함바를 맡게 되어 도쿄 고토구 스나초(砂町)로 가게 되었다. 고무로구미는 가지마(鹿島)건설의 하청 일을 하고 있었다. 두 딸은 에다가와(枝川) 보육원에 다니기 시작했다.

"함바를 운영하는 건 정말 힘들어. 야채 가게에 가서 양배추 떨어진 잎이나 무의 지스러기를 주워 모아서 기름에 볶아 먹이기도 했어. 여러 가지 해서 겨우 이어나갔지."

고무로구미에서 가불을 약간 받았다. 하지만 월말에 대금이 지불되기 전까지 모든 경비는 자비로 부담해야 했다. 쌀집, 정육점, 생선 가게, 야채 가게 등에는 사정을 해서 외상을 달 수 있었다. 하루하루 간신히 숨을 넘겼다.

분란 씨는 70인분의 밥을 지어야 했다.

매일 새벽 2시에 일어났다. 한 말 두 되(21.65리터)의 솥이 2개 있었다. 도시락과 아침식사를 위해 밥을 두 차례씩 지었다. 한 가마에는 된장국을 끓였다. 쌀은 큰 대야에 소쿠리를 넣고 담근 뒤 세 번 물을 갈아 씻었다. 먼저 도시락을 담았다. 반찬은 생선과 간단한 조림, 다시마, 매실 장아찌 정도였다. 손이 가는 조림을 만들 수는 없었다. 인부들은 5시경에 일어나 아침을 먹고 각자 보자기에 도시락을 싸서 7시경에 현장으로 나갔다.

밥그릇과 된장국 그릇, 장아찌를 담았던 접시를 모두 씻어 소쿠리에 엎어놓으면 겨우 한숨을 돌릴 수 있었다. 달걀에 물을 뺀 두부를 섞어 아이들에게 "달걀밥이야"라며 주었다. 당시에는 두부가 달걀보다 쌌다. 정작 자신은 솥에 눌어붙은 누룽지에 간장을 두르고 금속 주걱으로 긁어서 주먹밥을 만들어놓고 빨래를 하면서 먹었다. 식사는 거의 서서 했다.

톱과 큰 도끼를 못 쓰면 함바에서는 밥을 지을 수 없다. 건설 현장에서 나온 목재를 잘라 옮겨다 놓고 긴 것은 톱으로 자른 후 갈랐다. 가느다란 땔나무를 쌓아올린 다음 신문지에 불을 지폈다. 나무에 불이 붙으면 굵은 땔나무를 쌓아 지폈다.

물을 긷는 일도 중노동이었다. 처음에는 수도가 없었다. 이웃한 함바까지 한 말짜리 통 2개를 물지게에 짊어지고 물을 길러 다녔다. 담을 빙 돌면 5분 걸리는 거리였다. 목욕물을 대는 일이 무척이나 힘들었다. 철제 목욕통으로 일고여덟 번은 옮겨야 했다. 옆에 있는 함바집 주인과 상의를 해서 담에 구멍을 뚫고 호스를 연결했다. 수도꼭지를 열면 물이 나오도록 해 물을 옮기는 거리를 반으로 줄였다. 매우 편해졌다.

　장을 봐야 할 물건의 양이 보통 많은 게 아니었다. 쌀은 쌀집에서 배달해주었다. 생선은 오토바이 면허를 따서 쓰키지(築地)까지 가서 고등어나 꽁치 등을 두 상자 정도 사왔다. 가끔 앞 광장에서 모닥불을 켜놓고 잉걸불에 굽기도 했지만, 대부분 생선 조림을 만들었다. 시장을 보고 나면 쉴 틈도 없이 저녁 준비를 해야 했다.

　현장 식당에 수도를 끌어들였다. 센다이에서 신세를 졌던 집에서 세 사람이 와서 일을 돕자 밥하는 일이 한결 편해졌다. 두 딸을 보육원에 보내는 일은 열일곱 살 된 그 집 딸이 맡았다.

　함바 운영이 어느 정도 안정되자 남편은 술을 마시거나 도박을 하거나 물건을 사기도 하면서 자기 좋을 대로 살았다. 하지만 분란 씨에게는 식당 운영에 필요한 최소한의 경비 이외에는 주지 않았다. 어쩔 수 없이 외상으로 식료품 사는 가게에 청구 금액을 실제 금액보다 올려달라고 부탁했다. 그 차액으로 아이들 옷가지 등을 샀다. 정월을 맞을 때마다 딸에게 기모노를 맞춰주었다. 남편은 이 비용이 어디에서 나왔는지는 개의치 않았다.

　어느 연말. 내일모레면 정월이었다. 남편은 60여 명에게 지급해야 할 급여를 가지고 도박장에 갔다. 하지 말라고 간섭을 하면 주먹이 날아왔다.

　걱정이 되어 시바우라(芝浦)에 있는 도박장에 따라갔다. 대문이 으리으리했다.

"문이 하나 있고, 두 번째 문이 있고, 세 번째 문을 지나가니까 문이 닫히는 거야. 승용차도 들어가고. 대우는 좋아. '어서 오십시오'라면서 인사도 하고 대단했어. 들어가니 문신한 사람이 쭉 앉아 있어. 무서웠지. 하지만 남편이 전원의 급여를 들고 갔으니 무서워도 할 수 없었어. 잃지 말고 따기를 바라기는 했지만 예상대로 홀랑 날렸지. 돌아가는 길에 밥이라도 사 먹으라고 얼마를 주더라고. 커피 값 정도야. 정중히는 데려다주었지. 자, 그때부터 큰일이 난 거야."

가지마건설의 하청회사 대표인 고무로 씨 집으로 달려갔다. 사정을 이야기했다. "뭐, (남편이) 열심히 해주니까 봐주겠다"라고 했다. 고무로 씨가 60여 명의 급여 전액을 빌려주었다. 다음 날, 급여는 전원에게 지불되었다.

"월급날이 되면 있잖아. 난 공사 현장에 자주 갔어. 잘 안 보이는 데 숨어서 기다리는 거야. 어디 가지고 가면 골치 아프니까 끌고 집으로 데리고 왔지."

놓치는 경우도 있었다. 어느 날 신바시의 한 음식점에서 전화가 왔다. 남편이 가면 연락해달라고 부탁을 해두었던 음식점이었다. 분란 씨는 택시를 잡아타고 신바시에 가서 남편을 데리고 돌아왔다.

밤중에 카바레에서 놀다 몹시 취해서 반나체의 여성을 데리고 온 적도 있었다. 택시를 태워 돌려보내려고 했다. 하지만 남편이 "늦었으니까, 괜찮아. 자고 가도 괜찮아"라면서 재워줬다. 2인용 침대가 아이들용과 부부용 2개밖에 없는 방에서 여자가 함께 잤다. 다음날도 분란 씨는 어김없이 새벽 2시에 침실에서 나와 도시락과 아침을 만들어야 했다.

"정말 솔직히 말해, 젊을 때부터 밤이 제일 무서워. 더럽게 놀잖아. 같이 자고 숨 쉬는 것조차 더러워. 매일 등 돌리고 누웠지만 이런 성격이니까 몸을 맡기지 않을 수도 없었어. 그래서 자주 '죽은 인간이야?' '무뚝뚝하다'라는 말을 들었지. 그럴 수밖에 없잖아. 마음에서 우러나서 맡길 수가 없는걸."

그 시기 두세 번 유산을 했다. 무거운 것만 짊어지거나 오토바이를 타고 시장을 돌아다니느라 아이가 자랄 수가 없었을 것이라고, 분란 씨는 생각했다. 자궁후굴로 작은 병원에 입원을 하자 남편은 제멋대로 원장에게 난관결찰 수술을 부탁했다. 나중에 복원수술을 하기는 했지만 유산을 되풀이한데다 좋지 않은 상태가 계속되었다. 결국 마흔 살 전후에 자궁근종에 걸려 적출을 하고 말았다.

고토구 시오하마(塩浜)로 이사했다. 남편은 설계기사를 1명 고용해 단독주택을 짓는 건축 회사를 시작했다. 조선인이 압도적으로 많은 지역이었다. 항상 어느 한 집에서 도박판이 벌어졌다. 남편도 빠지지 않았다. 부부싸움은 그칠 날이 없었다.

"바로 손이 올라가니 힘들었지. 치거나 차거나. 나는 맞을 이유가 없는데도 본인 혼자 놀고 와서 (도박에서 지거나 하면) 불쾌하다면서 무턱대고 분풀이를 하는 거야."

당시 소학교에 다니던 큰딸 한애순 씨가 시오하마에서 살던 시절 분란 씨의 이야기를 보충해주었다.

"아버지는 자기 마음대로 술을 마시고, 도박을 하고, 물건을 사대면서 스트레스를 풀었을 텐데도 어머니에 대한 폭력은 굉장했어요. 그것만은 어린 마음에도 무척이나 힘이 들었어요. 어머니가 씩씩하신 것은 그런 걸 참고 견디셨기 때문인지도 몰라요."

이웃에서도 매일 밤 싸움이 있었다. 때론 죽음까지 이르는 사건이 일어나기도 했다. 부부싸움도 밖에서 했다. 길거리에서 부인을 때리거나 발로 차거나 하는 일들이 일상다반사였다. 애순 씨는 부부싸움이 시작되면 잠을 잘 수 없었다. 여동생은 다른 사람들의 싸움을 구경하러 갔지만, 자기 부모의 싸움이 시작되면 이불을 뒤집어쓰고 자버렸다. 애순 씨는 싸움이 시작되면 추운 날에도 복도에서 숨죽이며 기다렸다. 아버지가 어머니에게 폭력을 휘두르면 안으로 들어가 막으려고 했다. 칼을 냉장고에 감추기도 했다. 아버지가 칼을 휘두른 적은 없지만 위험으로부터 어머니를 지키기 위해서였다.

싸움은 항상 아버지의 폭력으로 시작되었다. 대부분은 술을 마셨기 때문에 밥상을 뒤엎어버리곤 했다. 그러면 여동생이 치웠다. 폭력이 심해지면 어머니는 밖으로 도망쳤다. 아버지의 분노는 쉽게 진정되지 않았다. 어머니가 돌아오면 더 심해졌다. 아버지가 열쇠를 잠가버린 적도 있었다. 애순 씨는 아버지가 잠자기를 기다렸다가 조용히 잠금을 풀어놓았다.

건축 회사는 오래 지속되지 못했다. 아버지는 어음의 연대보증을 잘못 섰다가 집 두 채를 날렸다. 고생하며 모은 재산을 허무하게 다 날리고 다시 함바 생활로 돌아가야 했다. 공단주택 건설 현장이었다.

중고 삼륜차로
폐품을 모으며

함바를 다시 시작하고 얼마쯤 지나서 공단 주택 건설사의 현장감독이 건재를 부정 유출하다 발각되었다. 아버지는 현장감독에게 받은 물건을 쌓아놓고 있었다. 경찰이 오자 감독을 두둔하면서 자신이 했다고 말했다. 이 때문에 아버지는 10일 정도 구류를 살아야 했다. 이 사건은 작게나마 신문에도 실렸다. 이 때문에 애순 씨는 매일 학교에서 놀림을 당했다.

이 사건 이후 B시에 이사한 다음 부모님은 닭꼬치구이 장사를 시작했다. 중학생이었던 애순 씨는 매일 학교에서 돌아오면 아버지와 함께 닭고기를 꼬치에 끼우는 일을 도왔다. 하지만 닭꼬치구이집도 오래가지는 않았다.

분란 씨는 중고 삼륜차를 사서 폐품 회수하는 일을 시작했다. 스나초에 있던 시절 현장 식당 앞 넓은 공터에 삼륜차가 놓여 있었다. 운전은 그때 그 삼륜차를 몰고 다니면서 익혔다. 폐품 회수업은 면허가 없으면 영업할 수 없다는 것을 몰랐다. 어느 날 캔과 병 따위를 수집하다가 경찰에게 호출되었다. "일본어를 할 줄 알면서 그걸 몰랐다고?"라며 다그침을 당하기도 했다. 그날 담당자가 면허 신청을 하자 며칠 후 허가증이 나왔다. 집에 저울을 두고 속 편하게 고물상을 할 수 있었다. 매일 아침 단지에 있는 집적소로 가서 요일별로 내놓는 신문, 종이상자, 넝마, 병, 캔 등을 싣고 와서 분별 작업을 해놓으면 도매상이 사러 왔다.

남편은 B시에 이사 온 뒤에 알게 된 A시의 동포와 청소업을 시작했다. 분뇨 수거차인 이른바 배큠카를 한 대 구입해서 A시를 돌았다. 점차 일을 상대방에게 맡겨놓았다. 차의 대출금을 내야 하는데 입금이 없었다. 수지가 안 맞아 공동경영에서는 손을 뗐다.

그리고 1963년 A시로 들어와 새로운 청소 회사를 창업했다. 분란 씨가 서른여섯일 때였다. 남편과 둘이 배큠카를 몰고 다니며 변소의 오물을 퍼냈다. 요즘은 버튼 하나로 호스가 내려가고 감아 올려지기도 하지만, 당시에는 굵은 고무호스를 내리고 감아올리는 일을 사람이 해야 했다. 고무호스가 워낙 무거웠기에 호스를 내리고 감는 일은 중노동이었다.

4년 후인 1967년, 회사명을 바꾸어 새로운 회사를 세웠다. 실질적인 경영 업무는 남편이 했지만, 명의로는 분란 씨가 사장이었다. 고도 경제성장 시기부터 거품 경제 시기에 이르면서 신흥 주택이 늘어났지만 하수도 공사는 이를 따라가지 못했기 때문에 회사는 순조롭게 발전했다.

생활이 안정되자 남편은 자주 한국의 새어머니를 만나러 갔다. 남편이 세 살 때 어머니가 돌아가셨다. 아버지는 재혼을 해서 남동생 3명과 여동생이 태어났다. 남편이 10대 때 아버지가 돌아가셨다. 20대가 된 남편은 새어머니와 이복형제들을 남기고 일본으로 왔다. 아버지가 돌아가시면 장남이 가족을 돌보는 것이 한국의 오랜 관습이었다. 오랜 관습대로 남편은 이복형제들에게 논밭과 집을 사주었다. 이복형제들은 소작농에서 벗어나 유복하게 생활할 수 있게 되었다. 관공서에도 에어컨이나 선풍기, 텔레비전 등을 기증했다. 새어머니가 돌아가셨을 때는 장례를 치르는 마을 사람 40여 명에게 흰 상복과 대나무 지팡이를 제공해서 성대한 장례식을 치르고 수고한 분들에게 대접도 후하게 했다. 남편은 새어머니가 본인을 소중히 길러주셨기 때문에 이복형제를 도와주는 것은 당연하다고 입버릇처럼 말하곤 했다. 그 말에는 고향에 대한 재일 1세들의 공통된 사고가 깊게 담겨 있다고 애순 씨는 느끼고 있다.

분란 씨가 뇌경색으로 쓰러졌다. 50대였다. 다행히 최악의 상태가 아니어서 병원에서 재활 훈련을 했다. 하지만 남편은 한국에서 치료를 받는 편이 좋다고 우겼다. 억지로 퇴원을 시켜서 반신불수인 분란 씨를 한국으로 데리고 갔다. 분란 씨는 걷지도 못했던 몸을 치료해 준 것에 대해 남편에게 감사해하고 있다.

남편은 1987년 한국 여행 중에 사망했다. 분란 씨도 함께였다. "좋을 때 돌아가신 건 아니야. 좋아하는 거 다 하고, 맛있는 거 먹고 싶은 만큼 실컷 먹고, 안 해 본 거 없이 전부 해봤어. 돌아가시고 나서 저금통장이 하나 있기에 내가 열어봤어. 농협 통장에 100엔 들어 있더라고, 100엔."

현재 청소회사 대표는 애순 씨이다. 애순 씨는 고등학교를 졸업한 뒤에 민족계 은행에서 일했다. 1년을 일했지만 아버지가 그만두게 했다. 그 뒤 부모가 설립한 청소 회사에서 사무를 봤다. 회사 설립한 지 얼마 되지 않아서부터 계속 일해왔다. 변소에서 오물을 퍼내는 일

아버지와 어머니가 설립해서 키운 회사의 경영을 안정화시킨 한애순 씨.

이 아닌 청소 회사로 만들고 싶다며 아버지와 싸우기도 했다. '티셔츠와 쭈글쭈글한 바지가 아닌 제복을 입고 일하자, 회사 이미지 개선을 꾀하자, 가족 경영이지만 제대로 된 회사 조직으로 만들자' 같은 문제에 대해서.

아버지가 돌아가시고 나서 애순 씨는 한동안 회사를 떠났다. 아버지가 돌아가시기 전부터 회사와 관계가 다시 멀어졌던 어머니는 믿을 수 있는 지인에게 경영을 맡기고 여동생 부부에게도 일을 부탁했다. 그런데 여동생 남편이 병이 나고 지인과의 관계도 좋지 않아지면서 3년 후 애순 씨를 다시 불러들였다. 애순 씨는 대표 자격이 아니면 돌아가지 않겠다고 했다. 여동생과 일을 하면 힘들어지니까 그만두게 해달라는 조건을 달았다. 그 후 여동생 남편이 병사하자 여동생은 노래방을 시작했다. 분란 씨가 여든 살이 되었을 때 애순 씨는 어머니에게 사장직의 은퇴를 진언했다.

현재 회사의 업무는 시와 위탁계약인 쓰레기 수집 비율이 높아졌다. 변소의 오물을 푸는 일보다 수익률은 낮지만 안정된 사업이다. 애순 씨가 이런 이야기를 했다.

"우리 집은 사업을 하면서 어딘가 비뚤어진 가족관계가 된 듯해요. 경제적으로는 풍요로워졌지만 적적해요."

여동생과 멀어졌다. 어머니와는 마찰이 계속되고 있다. 어머니는 자신이 만든 회사를 빼앗겼다고 느끼고 있다.

"몸을 망가트리면서 일해온 사람이니까 마음을 모르는 바가 아니에요. 형태가 남아 있는 것은 여기(회사)밖에 없으니까 여기가 어머니의 상징이죠. 자신이 해왔다는 자신감과 긍지가 있는데, 배제되었다는 현실이 용서가 안 되는 거겠지요."

분란 씨는 애순 씨가 업무를 확대해 경영을 안정시킨 실적을 정확하게 평가하고 있다. 하지만 배큠카를 운전해 단지와 집집을 돌며 직접 무거운 고무호스로 변소의 오물을 퍼나르는 작업을 통해 회사의 기반을 구축했다는 사실은 분란 씨에게 자부를 넘어 애착이 되어 있다. 몸을 움직이는 게 일이라고 생각하고 온몸을 던져 일을 해왔다는 것을 스스로에게 칭찬해주고 싶다. 하지만 지금은 몸이 마음대로 움직이지 않는다. 누구나 맞이하는 노년이 분란 씨를 초조하게 만드는 걸까. 바로 곁에 애순 씨와 애순 씨의 아들 가족이 살고 있다. 손자와 손자며느리, 증손자를 예뻐해주고, 일주일에 몇 번은 택시를 타고 딸이 경영하는 스낵바에 가서 맥주를 마시거나 저녁을 먹고 오곤 한다. 분란 씨는 그런 날들을 보내고 있다.

6

밀항선을 탔다가
인생길이 틀어졌다

위 두 딸에게 오버코트를 사준 기념으로 양여선 씨는 사진관에 가서 가족사진을 찍었다. 도쿄 미카와시마에서.
아래 제주도에 돌아갔다가 다시 일본으로 건너간 양여선 씨.

"남편은 성실했고, 나도 남들에게 지지 않을 만큼 열심히 일을 했지요. 둘이 힘을 합쳤으니까 꽉꽉 살 수 있었지, 집을. (남편은) 훌륭한 기술자였고, 나도 잘나가는 시다바리상이었어요. 시다바리를 정말 수준급으로 잘해서 서로 끌어가려고 난리를 치던 무렵 결혼을 했다니까요."

양여선 씨(1922년생 제주도 출신)의 남편은 신사복 재봉 기술자였다. 재단 보조, 이른바 '시다바리상(下張りさん)'은 재봉틀 작업을 할 때 깔끔하고 효율적으로 마무리되도록 바늘땀을 접거나 심지를 붙여 형태를 정리하는 사람을 일컫는다.

여선 씨도, 남편도 모두 학교에는 다니지 않았다. 어릴 때부터 일하면서 어깨 너머로 기술을 익혔다.

결혼 당시는 셋집 2층에 재봉틀 한 대를 두고 둘이서 일했다. 다음 해인 1943년 3월에 첫딸을 낳았다. 1, 2년 뒤 오사카 모리노미야 역 근처에 집을 샀다. 집 앞 공터에 방공호를 파서 방을 만들고 가재도구를 옮겨놓았다. 1945년 2월 둘째 딸이 태어났다.

술렁술렁 안절부절, 재봉틀을 싣고 제주도로

오사카는 1945년 3월 13, 14일 대공습이 있은 뒤에 6월부터는 공습이 파상적으로 지속됐다.

"팡팡팡팡, 폭탄이 떨어졌어요. 오사카성에 군수공장이 있었는데, 그걸 부수려고 정말 계속 마구 폭탄을 떨어뜨리는 거예요."

509대의 폭격기가 6월 1일 모리노미야 역 주변에 소이탄을 투하했지만, 여선 씨의 집은 소실(燒失)을 면할 수 있었다. 포츠담선언의 수락을 결정한 8월 14일 오사카성 내에 있던 오사카 육군 조병창은 괴멸 상태였다.

그리고 8월 15일 일본의 패전으로 조선은 식민지 지배에서 해방되었다. 하지만 여선 씨는 '해방'을 실감하지 못했다.

"일본 사람들은 '아아, 전쟁이 끝나서 다행이다'라는 심정이었지만 조선 사람들은 정말 좌불안석이었어요. 술렁술렁, 술렁술렁. 안절부절을 못 했어요."

여선 씨 일가는 오빠 가족과 고향인 제주도로 돌아가기로 했다.

"당시에는 완전히 하늘이 뒤집어지는 일이었어요. 아, 일본이 졌다. 조선인은 일본에 있으면 죽는다는 소문이 돌면서 서둘러서 돌아가려고 난리가 났어요."

남편은 여선 씨 오빠와 편지를 주고받으며 고향으로 돌아갈 채비를 했다.

젖먹이를 포함해 여선 씨와 오빠의 가족 8명은 사공이 있는 배를 한 척 빌려 오사카 항구의 잔교를 떠났다.

배에는 재봉틀 두 대, 다리미, 천, 이불 들을 실었다. 모리노미야 집에 있는 옷장이나 찻장은 그대로 두고 나왔다. 짐을 먼저 보내고 다른 배로 따라갈 예정이었으나 짐을 실은 배가 행방불명이 되었다는 소식이 들려왔다.

"그나마 돌아갈 여력이 있는 사람들은 움직였지만, 뱃삯도 없는 사람이 많았어요."

나중에 여선 씨는 모리노미야에서 움직이지 말아야 했다고 후회했다.

제주도에 도착한 오빠 가족은 본가에 몸을 의탁했다. 여선 씨 일가는 남편 본가 가까운 곳에 집을 얻었다. 일본에서 가져온 재봉틀 두 대와 숯으로 달구는 다리미는 큰 도움이 되질 못했다.

"거기서 일을 하려고 재봉틀을 가지고 간 거였는데, 그렇게 멋지게 옷을 차려입은 사람이 없었어요."

마을 사람들이 직접 짜서 가지고 온 무명천 따위로 전쟁 시기에 입던 국민복 같은 옷을 만들어주고 받는 대가는 돈 대신 보리나 조 몇 되 정도였다. 제주도에는 쌀 수확이 거의 없었다. 부모님의 밭일을 도와주기도 했지만, 생활을 꾸려가기는 힘들었다. 가지고 있던 돈이 순식간에 바닥났다. 남편은 일자리를 찾아 부산과 서울로 갔지만, 돈만 다 쓰고 2주 만에 돌아와야 했다.

"근근이 1년을 보냈지만, 더 이상 견딜 수 없으니까 (남편은) 다시 일본으로 돌아가야 하나를 고민했나봐. 몰래 밀항선이 있는 곳에 가서 혼자서 타고 가겠다고 약속을 한 거야. 그걸 퍼뜩 알아차렸어. 큰일이 난 거지. 애들 둘을 나한테 남기고 말이지. 난 여기서 해녀질도, 밭일도 할 수 없었어. 일곱 살 때 일본으로 건너갔으니, 손으로 하는 일밖엔 안 해서 살 수가 없었단 말이야."

제주도는 '해녀질이나 밭일을 하지 않으면 살 수 없는 곳'이었다. 섬사람들은 반농반어로 살아가고 있었다.

"난 정말 그렇게 되면, 정말 목매고 죽는 일만 남은 거였어. 시어머니가 갑자기 돌아온 며느리를 이해해줄 리도 만무하고."

여선 씨는 일본에서 가지고 온 일곱 벌 분량의 옷감과 결혼 선물로 받은 귀중품을 들고 장으로 갔다. 장이 서는 날 사람들에게 몇 번이나 길을 물어 시내로 나갔다. 가지고 간 옷감과 귀중품은 하나도 남지 않고 장에서 팔렸다.

"처자식 세 사람을 놔두고 당신 혼자 가면 어쩌자고. 이 돈으로 나도 갈 테야."

여선 씨가 이렇게 얘기하면서 돈을 내놓자 남편은 깜짝 놀랐다. 손재주 좋은 남편이었지만 일본에서 함께 일해줄 여선 씨가 필요했다. 함께 갈 두 딸의 나막신을 만들었다.

여선 씨의 어머니는 큰오빠와 이바라키에서 살고 있었는데, 큰오빠가 술과 도박에 빠져 어머니를 힘들게 했다. 전쟁 중에 작은오빠가 어머니를 제주도에 모셨다. 전쟁이 끝난 후 여선 씨 일가와 같이 온 작은오빠 가족과 함께 살았지만 몸이 좋지 않아 시름시름 앓다가 돌아가셨다.

"아프신 어머니를 놔두고 가면 좌불안석이었을 거야. 어머니 임종을 지켰으니 마음이 좀 놓였어. 어머니는 고국에서 임종을 맞으셨어. 나한테는 잘된 일이지."

내 몸으로 낳은
아이들을 데리고

작은오빠는 가족을 제주도에 남기고 여선 씨보다 먼저 다시 일본으로 갔다.

일본으로 다시 가겠다고 작정했을 무렵 첫째는 다섯 살, 둘째는 세 살이었다. 시어머니는 "이렇게 어린애 둘을 데리고 어쩌려고 그러냐. 애들은 놔두고 부부 둘만 가는 게 좋겠다"라고 하시며 말렸다.

"내가 낳은 아이가 같이 있다 같이 죽으면 그건 어쩔 수 없지만, 아이들만 남겨 둘 수는 없었어. 시어머니는 못내 아쉬워하셨지만 포기할 수는 없었어. 그래서 같이 왔지. 그건 정말 '도 아니면 모'야. 사느냐 죽느냐였어."

계약한 배가 어느 날 밤 갑자기 앞바다에 정박했다.

"한밤중에, 정말 야반도주였어."

여선 씨와 남편이 먼저 배에 탔다. 시동생이 아이 둘을 보트에 태워 앞바다에 정박해 있는 배까지 데려다주었다.

"큰 배였어. 방도 있고. 가는 사람을 모았나봐. 일본으로 가는 날은 무서웠어. 아이들이 소리를 지를지도 몰랐고. 일본에 도착할 때까지 가슴이 벌렁벌렁거렸죠."

배는 한밤중에 와카야마(和歌山)에 도착했다. 배에서 내리자마자 함께 타고 온 남자들은 모두 산으로 도망갔다. 여선 씨도 산에 오르기는 했지만, 자꾸 발이 미끄러졌다. 아이들을 데리고는 도저히 도망갈 수 없다는 마음에 포기하고 해변가로 내려갔다. 밤중에 소란스러우니까 무슨 일이 난 줄 알고 해변 가까운 집에 살던 노부부가 밖으로 나왔다. 남편은 일본어가 유창하지 못했다. 여선 씨는 순간적으로 노부부에게 시코쿠(四国)에서 오사카로 가는 배를 탔는데, 엔진이 고장이 나서 도중에 내렸으니 난처하게 되었다고 설명했다. 노부부에게 배낭에서 쌀을 꺼내 보이며 아이들이 배가 고프니 주먹밥을 만들어줄 수 없겠냐고 부탁했다. 당시 쌀이 귀했기 때문에 노부부는 반갑게 부탁을 들어주었다. 그렇게 해서 맞은 아침, 노부부는 강변에 있는 와카야마 역으로 가는 길을 가르쳐주었다.

"역만 보인다면 일본이야 익숙한 곳이니까, 그렇게 돌아왔어요. 그때는 밀항하다 잡히면 바로 송환되었어. 그것이 두려웠지. 이렇게 해서 목숨을 부지했지요."

모리노미야에 있는 집으로 갔다. 이웃에 있던 일본 사람이 거기서 살고 있었다. 전후 혼란기에는 임대 계약이나 매매 계약을 하지 않고 빈집에 마음대로 사는 일이 비일비재했다.

"나가라고 말을 못 하잖아요. 그런 말하면 큰일 나게요. 이게 우리 집이라고 말해봤자 소용이 없어요. 밖에서 바라보기만 하고 들어갈 수가 없었어요."

어릴 때 오사카 방직공장에서 일하던 언니는 전쟁 후에도 고향으로 돌아가지 않고 남아 있었다. 여선 씨 가족은 급한 대로 언니 집으로 갔다. 여선 씨는 미곡 통장*을 언니에서 맡겨놓고 일본을 떠났었다. 언니는 이 통장으로 실제 가족 수보다 더 많은 쌀을 배급받고 있었다. 여선 씨 가족은 이 통장 덕분에 일본으로 돌아오자마자 쌀 배급을 받을 수 있었다.

여선 씨 일가는 먼저 일본으로 돌아와 아사쿠사에서 노점상을 하던 작은오빠를 믿고 도쿄로 갔다. 오빠는 노점상이 늘어진 가미나리몬(雷門) 옆에서 착실하게 헌 옷을 팔면서 적게나마 목돈을 저금해두고 있었다.

제주도에 남아 있던 새언니로부터 빨리 돌아오라는 전갈을 받았다. 어머니의 묘도 만들어야 한다고 했다. 이 연락을 받은 오빠는 노점을 접고 처자식이 있는 곳으로 돌아갔다.

---

* 1942년 4월부터 식량 관리 제도에 따른 쌀 배급을 위해 발행한 통장. 1981년 6월 11일 식량 관리법이 개정되면서 폐지되었다.

여선 씨 일가는 미카와시마에 다다미 석 장 넓이의 방을 빌려 네 식구가 이불 한 채로 생활했다. 여선 씨는 이시노마키(石卷)까지 쌀을 사러 갔다. 쌀 두 말을 사서 들고 오지 않으면 이익이 나지 않았다. 조끼 안쪽에 별도의 주머니를 달아 쌀을 최대한 넣은 다음 겉옷을 입고 양손에 나머지 쌀을 들었다. 한번은 센다이 역에서 단속에 걸린 적이 있었다. 경관이 심문을 했다.

"나쁜 짓 한 거 알지?"

"알고 있습니다. 알고 있지만, 남편은 병으로 누워 있고 아이들도 있어서 먹고 살려고 할 수 없이 했습니다."

플랫폼에는 쌀이 산처럼 쌓여 있었다. 어차피 뺏길 것이라 생각하고 플랫폼 한편에 쌀을 뿌려버리는 사람도 있었다.

낮에는 아이들을 돌보고 우에노(上野)에서 야간열차를 타고 다음 날 아침 이시노마키에 도착해 하루 종일 농가를 돌며 쌀을 산 다음 다시 야간열차를 타고 돌아왔다.

당시 여선 씨는 임신 중이었다.

"배가 불러왔지만 쉴 수가 없었어. 매일 갔다 왔다 하고 몸이 냉해서 애를 낳았는데, 붉은 기가 없었어. 산파한테 진찰받은 것도 아니었고. 남자애를 낳았는데 말이지."

남편은 아들이 태어났다고 무척 기뻐했다.

설날 사촌이 자기 집으로 놀러오라고 했다. 형편없는 생활을 하고 있는지라 가기 싫어서 안 가겠다고 했더니 사촌이 데리러 왔다. 그때 아들 기저귀를 풀고 있는데, 아이 배가 빵빵하게 부풀어 있었다.

"이 아이, 안 되겠어. 의사한테 데리고 가봐."

사촌이 말했지만 돈이 없었다. 정초 3일이 지나고서야 병원에 데리고 갔다. 손쓸 단계가 지났다는 이야기가 돌아왔다. 혹시 페니실린을 맞으면 살 수 있었을지 모르지만, 당시에는 고가였다. 도저히 그 돈을 낼 여유가 없었다. 의사는 대신 찜질을 하라고 했다.

"집에 돌아와 남편이랑 둘이서 애를 가운데에 눕혀놓고 찜질을 했어. 숨소리를 들으면서 살았는지 죽었는지 확인해가면서 찜질을 했는데, 밤이 되서 죽고 말았어."

남편은 정신이 돌아 미친 듯이 집을 나가 돌아오지 않았다.

셋째 딸이 태어난 다음 여선 씨 가족은 다시 오사카로 이주했다. 꼬박꼬박 저축해 땅 50평을 사서 신사 기성복 공장을 짓고 운영했다. 일중 국교 회복 후 섬유 산업이 불황에 빠지자 고액 예금자인 지인의 보증으로 은행에서 융자를 받아 빌딩을 짓고 야키니쿠 식당을 시작했다. 그리고 3년 후 남편이 뇌졸중으로 쓰러져 허무하게 세상을 떠났다. 남편 나이 쉰네 살, 막내아들은 초등학교 4학년 때였다. 여선 씨는 건물을 팔았다. 다시 재봉틀 한 대를 집에 두고 기성복 부분 봉재를 시작했다. 나중에는 재봉 가게의 '시다바리상'으로 돌아왔다.

지금은 옆 아파트에 아들 부부가 살고 있다. 일주일에 몇 번은 동포들이 모이는 데일리 서비스 '사랑방'에 나간다. "부자로 여유 있게 살 운명이 아닌가봐. 그래도 빚은 없으니까 괜찮지"라고 말하는 여선 씨는 유유자적한 여생을 보내고 있다.

도항 증명서와
전후 법적 위치

조선인의 일본 도항은 한일합병 이래 일관되게 제한되었다. 1910년대 집단적인 노동자 모집은 허가제였다. 1919년 삼일운동이 일어난 직후 조선총독부는 '여행 증명서' 제도를 만들었다. 조선에서 나가려면 경찰의 증명서가, 조선으로 들어가려면 재외 제국 공관의 증명서가 필요했다. 이 제도는 1922년에 폐지되었다가 간토대지진 후에 일시적으로 부활했다.

그 후 1927년부터 '도항 증명서' 제도가, 1929년부터는 '귀선(帰鮮) 증명서'(일본으로 가는 재도항 증명서) 제도가 1945년까지 계속되었다. 일본 사람에게 이 제도는 적용되지 않았다. "'제국영토' 내에서 이동하는 경우에도, 조선인의 이동만이 관리, 규제되어" "다수의 '밀항자'가 검거되어 송환되었다."(水野直樹,〈朝鮮人の海外移住と日本帝国〉,《岩波講座 世界史19 移動と移民》, 岩波書店, 1999.)

1945년 8월 15일 조선이 일본의 식민지 지배로부터 해방되자 일본에 있던 대다수 조선인은 귀환을 원했다.

센자키(仙崎), 시모노세키, 하카타(博多) 항구는 귀환을 서두르는 조선인이 쇄도해서 대혼란을 이루었다. 조선에서 일본으로 귀국하는 사람들을 태운 선박이 돌아가는 길에 조선인을 태웠다. 1946년 4월에서 12월까지 GHQ와 일본 정부는 계획 수송을 진행하기도 했다.

하지만 자비로 2, 3톤의 통통배를 빌려 위험을 무릅쓰고 귀환을 한 사람들도 상당한 수에 이를 것으로 추정된다.

1945년 5월 시점에 재일 조선인은 약 210만 명. 이 가운데 140만 명 정도가 1946년 말까지 귀환했다. 많은 조선인이 고향이 있는 한반도 남쪽으로 돌아갔다. 갖고 갈 수 있는 돈은 1000엔, 짐은 250파운드로 제한되었다.

미군정 하에 있는 조선 남부의 정세는 혼돈스러웠고 급속한 인플레가 진행되고 있었다. 귀환자가 생활 기반을 마련하기는 극히 어려웠다. 여선 씨 가족처럼 귀국했다가 다시 일본에 돌아간 사람들도 적지 않았다.

1947년 5월 2일 '외국인등록령'이 공포되었다. 한일병합 후 일본 국적을 강요당하던 재일 조선인을 이제는 일방적으로 "당분간 이를 외국인으로 간주한다"라고 규정했다. 패전 후 일본이 민주주의로 내딛기 시작한 신헌법 발포 전날의 일이었다. 같은 해 12월 말 재일 외국인 등록자 총수는 63만 9368명, 이 가운데 조선인은 59만 8507명이었다.

일본 정부는 1951년 10월 출입국관리령을 공포하고, 샌프란시스코 강화조약이 발효된 1952년 4월 28일에는 '외국인등록법'을 제정, 공포했다. 이 때문에 재일 한국·조선인은 명실공히 일본 국적에서 배제되었다. 이와 함께 외국인 등록증 상시 휴대 의무, 등록과 변경시 지문 날인을 강요받았다.

같은 날 공포된 통칭 '법률 126호'에서는 "평화조약 발효일에 일본 국적을 이탈한 자로" 1945년 9월 2일 이전부터 해당 날짜까지 계속 일본에 재류하고 있는 자 및 그 사이에 출생한 아이는 법률로 "재류 자격 및 재류 기간이 결정될 때까지 재류 자격 없이 본국에 재류할 수 있다"(2조 6항)라고 했다.

1965년 6월 22일, 한일 기본 관계 조약과 함께 '한일 법적 지위 협정'이 조인되었다. 이 협정은 1945년 8월 15일 이전부터 계속 일본에 거주하고 있는 한국 국적 보유자 및 협정 발효 후 5년 이내에 일본에서 출생한 직계비속에 대해 영주 허가(협정 영주)를 부여한다는 것이 주된 내용이다.

1991년 11월 1일 시행된 '일본과의 평화조약에 근거해 일본 국적을 이탈한 자 등의 출입국 관리에 관한 특례법'에서는 '과거 일본 국적을 보유했던 외국인'을 특별 영주자로 규정해 일반 영주자와 구별했다. 협정 영주자의 손자 이후에도 출생 후 60일 이내에 신청하면 특별 영주자로 간주해 한국적(籍)뿐만 아니라 조선적(朝鮮籍)*, 대만적(籍)도 신청을 통해 특별 영주자로 인정받게 되었다.

각 제도에 대한 상세한 설명은 생략했지만, 전후 긴 세월 동안 재일 한국·조선인의 법적 지위는 불이익 상태에 놓여 있었다.

---

* 일본이 1945년 전쟁에서 패망한 이후 재일 조선인에 대해 대한민국이나 일본의 국적을 취득하지 않은 사람들에게 외국인 등록제도의 편의상 만들어 부여한 적(籍). 일본 법률상 무국적으로 간주되어 일본에서 한국을 포함한 외국으로 들어오고 나갈 때 여행 증명서를 일본 정부로부터 발급받아야 한다.

학교 다니고 싶어서
일본으로

김영순 씨(가명. 1941년생 전라남도 출신)는 여섯 살에 할아버지가 돌아가시고, 여덟 살에 아버지가 돌아가셨다. 할아버지와 아버지는 죽세공품(竹細工品)을 만드는 장인이었다. 장남이 어려서 세상을 떠났기 때문에 차남인 아버지가 가업을 물려받았다.

아버지는 손으로 만져도 가시에 찔리지 않도록 대나무를 매끄럽게 깎아서 엮는 방식에 따라 용도, 형태, 크기를 달리한 여러 가지 광주리를 만들었다. 영순 씨가 어릴 때는 일상생활이나 농사일에 대나무를 재료로 만든 여러 가지 도구가 쓰였다. 이를테면 다른 크기로 여러 개를 포개서 덮개를 덮은 광주리는 요긴한 생활용품이었다. 일본에서는 고비나 고사리를 소금에 절여서 보관하지만, 한국에서는 온갖 산나물을 말려서 보관한다. 무청이나 배추 시래기 등도 깨끗하게 씻어 말려서 보관해두었다가 된장을 풀어 시래깃국을 만들어 먹는다. 말린 채소 등을 담는 덮개 달린 광주리는 모든 집 선반에서 반드시 볼 수 있는 것이다. 어깨에 메는 광주리도 있었고, 키, 바구니, 소쿠리도 있었다. 70, 80가구가 사는 마을이었는데, 집집마다 할아버지나 아버지가 짠 광주리가 있었다. 행상인이나 노점상의 일괄 주문을 받기도 했다.

아버지가 돌아가신 건 10월. 그해 3월 말에 남동생이 태어나자 어머니는 아이 넷을 혼자 키워야 했다. 그리고 눈동자의 백탁 때문에 사람 그림자 정도를 어렴풋하게 감지하는 시어머니를 모셨다.

바로 세공할 수 있도록 토방에 쌓아둔 대나무를 팔아 겨우 먹고 살았지만 금방 동이 났다. 논은 없었고 밭에서 나는 야채나 잡곡을 겨우 수확하는 정도였다. 어머니는 바느질을 하거나 베를 짜서 팔거나 농가 일손을 도우며 얼마 되지 않는 품삯과 쌀을 얻어 생활을 이어 갔다.

아버지가 살아계실 적에는 밭에서 목화나 삼을 길러 작게나마 양잠을 하기도 했다. 그때까지 눈이 보였던 할머니는 실을 뽑고, 어머니는 집에서 쓸 천을 짰다. 목화와 삼으로는 평상복을 만들어 입고, 실을 뽑는 데도 짜는 데도 손이 많이 가는 명주로는 나들이옷을 만들어 입었다. 정월에 입는 색동저고리는 한 벌 만든 뒤에 몇 번씩이나 뜯고 꿰매어 고쳐 입었다.

아버지가 돌아가신 이후로는 밭에서 나온 목화는 실을 뽑지 않고 그대로 팔았고, 누에도 고치 상태로 팔았다.

영순 씨는 막내 남동생을 업고 학교에 다녔다. 교실 뒤에는 아기를 재울 수 있게 짚으로 만든 바구니 3개가 놓여 있었다. 아버지도 짜서 보낸 적이 있었다. 아이를 돌보며 등교하는 학생이 여러 명 있었기 때문이다.

어머니가 집에서 바느질을 하거나 베를 틀 때면 영순 씨는 학교에 동생을 데리고 오지 않았다. 그런 날은 위험하지 않도록 방을 치우고 할머니가 동생을 돌봤다. 집안일로 학교에 가지 못하는 날은 친구에게서 그날 수업 내용을 전해 들었다. 점점 집안일에 쫓기면서 학교에 다닐 수 없게 되었다.

 일본에 살고 있던 작은아버지에게서 영순 씨와 바로 밑 남동생을 맡겠다는 연락이 왔다. 학교도 보내주겠다고 했다. 열세 살 때였다. 작은아버지는 아버지가 돌아가신 뒤에도 시어머니를 어머니 홀로 도맡아 돌보고 있는 것을 마음에 걸려 했다. 어머니가 돌봐야 하는 여섯 식구의 빈곤한 생활을 보다 못해 두 아이를 거두면 입이라도 줄일 수 있다는 생각에서였다.

 하지만 어머니는 영순 씨를 보내려 하지 않았다. 영순 씨가 동생들을 돌보고 집안일도 도왔기 때문이다. 작은아버지가 보낸 심부름꾼이 왔을 때 남동생 1명을 데리고 갔다. 작은아버지가 영순 씨도 데리고 오라고 했다면서 일주일 뒤에 심부름꾼이 다시 왔다. 학교에 다니고 싶었던 영순 씨는 어머니 반대를 무릅쓰고 그를 따라 집을 나섰다. 작은아버지가 보내준 가족사진에서 보았던 멋진 옷과 유복해 보이는 분위기가 그리웠기 때문이다. 일본과 한국 사이에 아직 국교가 체결되지 않았던 1955년의 일이었다.

 남동생은 함께 배를 탈 사람들과 부산에서 기다리고 있었다. 늦은 밤 사람들의 눈을 피해 배에 오른 뒤 배 밑으로 들어갔다. 어선이었던 것 같다. 배 밑바닥에는 10명 정도 있었을까? 영순 씨와 남동생 말고는 모두 어른이었다.

 시모노세키에 도착할 때까지 얼마나 시간이 흘렀을까? 기억은 없다. 배 밑에 함께 탔던 대학생이 손목시계를 보곤 3시 몇 분이라고 말했다. 어두워지자 배의 책임자가 나타나서 가까운 여관으로 데리고 갔다. 다음 날 여관으로 작은아버지가 찾아왔다. 우연히 대학생의 부모도 작은아버지 가게와 가까운 곳에 산다고 하기에 함께 열차를 타고 도쿄까지 왔다.

도쿄 역에서 대학생 부모와 헤어지고 택시를 타려는 순간 똑같은 옷을 입은 소년들이 빨간 깃털을 든 채 큰 소리로 외치고 있었다. 뭘 하고 있는 걸까? 영순 씨는 남동생과 함께 호기심 어린 눈으로 소년들을 바라보았다. 도쿄에 도착한 10월 초 보이스카우트에서 빨간 깃털 공동모금을 하고 있었던 것이다. 이때 남동생은 열한 살이었다.

작은아버지는 어느 환승역 가까운 번화가에서 신발 가게를 운영했다. 작은아버지 집에서 날마다 흰 쌀밥을 먹는 것을 보고 놀랐다. 어머니는 항상 보리쌀 가운데 딱 한 줌만 쌀을 넣어 밥을 지었다. 검은 보리밥 가운데에 또렷이 둥근 흰 쌀밥이 지어졌다. 어머니는 그 흰 쌀밥을 맨 먼저 할머니 밥공기에 담았고, 다음에 검은 보리밥을 섞어 아이들에게 나누어주셨다. 눈이 보이지 않는 할머니는 가족 모두가 보리밥만 먹고 있는 것을 눈치 채지 못했다.

영순 씨가 일본에 오기 얼마 전에 어머니는 아버지가 돌아가신 뒤에도 시어머니를 소중히 모신다며 마을에서 표창을 받았다. 어머니가 할머니를 극진히 모시고 있었다는 것을, 작은아버지는 알고 있었으면서도 이 이야기를 듣고 새삼 흐뭇해했다.

남동생은 소학교 6학년 때 일본에 와서 다음 해 4월부터 조선 학교 중급부에 다니기 시작했다. 영순 씨는 학교에 다니기 전에 일본어를 배우는 것이 재미있다며 조선어와 일본어를 할 줄 아는 종업원에게 그림책을 보면서 일본 글씨를 배웠다. 1년 후 히라가나와 가타카나를 익혀 사전을 찾아가며 신문도 읽을 수 있게 되었다. 말하는 것은 어려웠지만 상대방 말은 대충 이해할 수 있었다. 하지만 학교에 다니지는 않았다. 영순 씨를 학교에 보내는 일로 작은아버지와 작은어머니 사이에 싸움이 끊이지 않았다. 작은어머니는 작은아버지가 많은 돈을 들여 영순 씨와 남동생을 일본까지 데리고 온 것에 대해 불만을 토로했다. 두 사람을 돌보는 것을 작은어머니는 달가워하지 않았다. 작은어머니 자신이 학교에 다니지 않았기 때문에 학교에는 안 다녀도 된다는 믿음이 강했다.

민단에 들어간 작은아버지는 남자는 반드시 배워야 한다고 생각했다. 그래서 일본에 온 지 반년이 지나 중학교에 입학할 나이가 되었을 때 주저 없이 남동생을 조선 학교에 입학시켰다. 하지만 영순 씨를 조선 학교에 보내는 것은 주저했다. 영순 씨 자신도 한국에서 와서 바로 조선 학교에 적응할 수 있을지 불안했다. 작은아버지와 작은어머니가 자기를 학교에 보내는 문제로 계속 다툼이 일어나는 걸 보면서 부담스러운 마음이 들었다. 결국 영순 씨는 학교에 다니지 못했다.

작은아버지는 이웃 신사복점의 권유를 받고 빈 점포를 사서 신사복점을 공동으로 경영했다. 얼마 지나지 않아 이웃 사람이 손을 떼면서 작은아버지 혼자 가게를 운영했다. 영순 씨는 가게 2층에서 종업원들과 함께 숙식을 했다. 남동생은 작은아버지 가족과 신발 가게에서 밥을 먹고 밤에만 신사복 가게 2층에 와서 잤다. 신사복 가게 방이 더 넓었기 때문이다.

작은아버지의 장남은 남동생과 같은 나이였다. 둘은 자주 싸웠다. 한국 시골에서 빈곤한 생활을 하던 남동생은 갑자기 부모를 떠나 말도, 생활 습관도 다른 일본 변화가에 적응을 하지 못했다. 망나니처럼 제멋대로 놀러 다녔다. 작은아버지는 어떻게든 남동생을 바른 생활로 이끌려고 노력했다. 작은어머니는 난폭해진 남동생에게 아이들이 영향을 받을까봐 걱정했다. 그런 우려가 종종 남동생을 향했다. 돈이 분실되면 남동생을 의심하기도 했다.

"누나, 나 돌아갈래. 이런 곳에서 살고 싶지 않아."

남동생은 몇 번이나 영순 씨에게 하소연하곤 했다. 영순 씨를 학교에 보내지 못해 어머니에게 면목을 세우지 못했던 작은아버지는 시골로 돌아가도 별 볼일 없다며 상대도 하지 않았다.

고등학교 3학년이 되자 남동생은 북한(조선민주주의인민공화국)에 가겠다고 선언했다. 작은아버지는 강력하게 반대했다. 만약 귀국을 한다면 어머니가 계시는 한국으로 돌아가는 편이 좋겠고 말했다. 영순 씨는 그때 작은어머니가 한 말을 잊지 못한다.

"남쪽으로 갔다가 다시 돌아오면 곤란하지."

이때도 작은어머니는 작은아버지와 싸웠다. 애물단지를 치우듯 작은어머니가 직접 총련 사무소로 달려가 수속을 밟았다.

남동생은 귀국선에 올랐다. 북한에서 대학을 진학해 졸업했고, 이후에는 평양의 전기공장에서 공장장이 되었다.

죽으면 갈 테니
지금은 괜찮아

열아홉에 영순 씨는 지역 경찰서에 가서 재류 자격이 없다고 신고를 했다. 경찰은 관할이 아니라며 출입국관리사무소로 가라고 했다. 20일간 구금이 결정되어, 그대로 따랐다. 이후 재류 자격이 주어졌다. 처음 재류 자격은 6개월에 한 번, 나중에는 1년마다 갱신하도록 되어 있었다.

당시 영순 씨에게 혼담이 들어왔다. 가게 손님으로 근처에서 야키니쿠야 두 곳을 운영하던 한 어머니가 눈여겨본 것이다. 영순 씨는 마음이 내키지 않았다. 야키니쿠 식당 아들은 한국 국적이었다. 돈도 있는 집인데다 일본에서 태어나고 자란 남성과 결혼을 한다면 영순 씨의 영주 허가도 얻기 쉬울 것이라며 작은아버지는 혼담을 환영했다.

"영주권 때문에 결혼을 한 것이나 마찬가지죠."

결혼 생활은 8년 만에 파경을 맞았다.

결혼 무렵에는 가게 일을 도왔다. 하지만 종업원이 많아지고 두 아들의 나이 차이가 얼마 나지 않아 손이 많이 갔기 때문에 집에서 아이들만 키웠다.

시어머니가 돌아가신 1년 후 매달 가게에서 받던 생활비가 끊겼다. 당시 남편은 집에 들어오지 않았다. 야키니쿠야에 가보니 두 곳 다 팔려 있는 상태였다. 가게 판 돈을 형제 둘이 나누었다. 남편은 여자가 있는 한국으로, 형은 미국으로 떠났다는 얘기를 나중에 들었다.

남편은 대학 졸업 후 영화사에서 카메라맨으로 일했다. 2년 후 어머니의 부탁으로 야키니쿠야 경영에 합류한 다음 돈 자랑을 하며 놀러 다녔다. 그런 아들을 보며 어머니는 좋아하는 일을 하게 놔두는 편이 좋았겠다며 후회했다. 영순 씨는 남편이 집에 들어오지 않아도 한동안 생활비를 받았기 때문에 신경 쓰지 않았다. 남편은 아이들 양육 같은 건 전혀 개의치 않고 영순 씨 곁을 떠났다.

나중에 남편은 한국에서 결혼식을 올린 다음 새 부인과 함께 일본에 왔다. 일본에 와서 처음으로 처자식이 있다는 것을 안 새 부인은 남편에게 이혼을 채근했다. 영순 씨는 빌린 땅에 차린 야키니쿠야 종업원 기숙사로 쓰던 작은 집에서 살았다. 이혼 조건으로 집을 자기 명의로 해달라고 했다. 지금 이 집이 있었기 때문에 파트타임 일이라도 해서 두 아들을 키울 수 있었다고 영순 씨는 말했다.

처음에는 호텔에서 침대 정리하는 일을 했다. 동료 소개로 '계약 직원'을 모집하던 국립병원 약국에 다닐 수 있었다. '계약 직원'의 보수는 시급이었다. 흔히 말하는 파트타임이었다. 약국 과장이 채용을 결정했지만, 인사과는 외국 국적이라는 이유로 채용을 거절했다. 그 얘기를 들은 약국 과장은 파트타임 채용은 국적과 관계없다고 인사과에 항의했다. 영순 씨는 채용되었다.

영순 씨는 약국에서 30년간 일했다. '계약 직원'으로 고용된 일본인 동료는 정직원이 결원되면 우선적으로 정직원으로 충원되었다. 상사는 여러 차례 영순 씨를 정직원으로 채용하기 위한 서류를 제출했다. 병원에서 제출 서류가 통과되기도 했지만 최종 단계인 후생성의 외국 국적 배제 판단은 바뀌지 않았다. 계약 직원이었다가 정직원이 되어 퇴직한 사람은 목돈의 퇴직금을 받았다. 30년간 같은 일을 한 영순 씨에게는 지급되지 않았다.

일손이 부족하니 와달라는 상사의 전화가 왔을 때는 거절했다. 퇴직 당시 받았던 비애는 지워지지 않았다.

30년 만에 처음 고향으로 돌아갔을 때 영순 씨는 어머니를 알아보지 못했다. 젊었을 때 어머니의 기억밖에는 없었기 때문이다. 어머니의 모습을 보고 충격을 받았다. 늙은 어머니의 모습은 상상을 초월했다. 영순 씨와 남동생이 일본으로 간 후 어머니가 울며 지냈다는 얘기를 전해 들었다. 영순 씨는 어머니의 반대를 무릅쓰고 일본에 간 것에 대해 사과했다. 어머니는 "내가 키울 수 없어서 일본으로 보낸 게 고생의 시작이었구나"라며 한탄했다.

남동생 아들은 아홉 살에 정부 관계자가 탄 차에 치여 죽었다. 사고의 책임을 지고 남동생은 가족과 떨어져 겨울에 섭씨 영하 40도까지 내려가는 함경북도 변경으로 추방당해 생활하다가 간이 나빠졌다. 5년 후 가족 품으로 돌아가서도 오랫동안 간장 병을 앓다가 예순세 살을 일기로 사망했다. 북한으로 간 남동생과는 한 번도 만나지 못했다. 아흔여섯의 나이지만 아직 정정한 어머니에게는 남동생이 북한에 갔다는 것도, 죽었다는 것도 말할 수 없었다. 어머니는 "그 녀석을 만나기 전에는 눈을 못 감는다"라고 말했다.

8월 15일 해방의 날에 흰옷의 여성들이 나비처럼 춤을 춘다는 노래가 있다. 영순 씨는 이 노래를 들을 때마다 열세 살 여름까지 봐왔던 광복절의 추억이 떠오른다. 많은 사람들이 마을회관의 넓은 마당에 모이고, 흰 치마저고리를 입은 여성들이 즉흥으로 노래를 부르면서 춤을 추었다. '왜놈들'로부터 해방되어 기쁘다는 내용의 노래였다.

3월 11일 동일본 대지진 직후 한국에 있는 어머니와 남매들이 걱정하면서 전화를 해와 한국으로 돌아오라고 했다. "죽으면 갈 테니 지금은 괜찮아"라고 했다. 아들들에게는 죽으면 뼈는 한국에 묻어달라고 부탁해놓았다.

아들은 둘 다 일본 사람과 결혼했다. 아들도 '놀러오라'고 하고 손주도 보고 싶지만, 일본인 며느리가 불편해 좀처럼 발길이 가지 않는다.

"내가 죽으면 한국과는 연이 끊어지지 않을까 생각해요."

영순 씨의 먹먹함이 전해지는 듯하다.

7
아저씨,
빨간 종이로 된
약 주세요

위 박수련 씨는 열두 살 아들과 열 살 딸, 둘을 남긴 채로 스루가 요양소에 들어가야 했다.
아래 다마젠쇼엔의 자택에서 박수련 씨.

박수련 씨(1925년생 경상남도 출신)가 국립 스루가(駿河) 요양소를 향해 떠나는 날, 류머티즘으로 다리가 불편한 어머니가 수련 씨와 동행했다. 스루가 요양소는 산 중턱에 있었다. 고개를 넘자 밥하는 연기가 하얗게 올라가는 게 보였다.

현(県) 담당자가 두 사람에게 "저기가 요양소예요" 하며 알려주었다. 어머니는 걸음을 멈췄다. 담당자도 멈춰서 잠시 바라보았다. 다시 길을 올랐다.

수련 씨는 눈치 채지 못했지만, 어머니는 나중에 흰 연기가 환자들을 태우는 것이라 생각하니 발이 떨어지지 않았다고 했다. 그때 수련 씨는 어머니까지 챙길 여유가 없었다. 머릿속에는 온통 집에 남기고 온 열두 살 아들과 열 살배기 딸 생각밖에 없었다.

어머니의 웃는 얼굴을
본 적이 없다

수련 씨는 자신이 몇 살 때 일본에 왔는지 정확하게 알지 못한다.

"어머니는 세 살 때라고도 하고, 3개월 때라고도 해."

아버지는 광산에서 일을 했다. 먼 친척의 편지를 받고 도항비 등 모든 비용은 일해서 갚는다는 조건으로 일본에 왔다. 어머니는 수련 씨를 데리고 아버지를 찾아 후쿠치야마(福知山) 산속 마을까지 왔다. 초가지붕에 풀이 돋아나 꽃이 피어 있었다. 우물은 없었다. 철이 들 무렵에는 형제들과 함께 멀리 떨어진 농가로 가서 물을 길어 왔다. 길어 온 귀한 물은 마시거나 음식을 하는 데 쓰였다. 걸레 같은 빨래는 큰 대야에 빗물을 받아서 빨았다. 목욕물을 데우기 위해 불을 때지는 않았다. 형제 다섯이 대야의 미지근한 물로 몸을 씻는 게 고작이었다.

아버지는 이 산 저 산으로 전전하며 일을 했기 때문에 집에 거의 안 계셨다. 가불받은, 얼마 안 되는 생활비를 들고 오시긴 했지만, 부부싸움이 잦았다.

"나는 정말 듣기가 싫었어. 보기도 싫어서 밖으로 나왔지."

어머니의 웃는 얼굴을 본 적이 없다.

"항상 힘든 얼굴이었어. 이를 빠득빠득 갈면서."

농가 일손을 돕고 얻은 음식으로 아이들을 챙기던 어머니가 류머티즘으로 드러누웠다. 토방에서 세 번째 구석에 있는 방에 누워 계셨

공장의 동료들과
치마저고리를 입고 찍은 기념사진.
앞줄 왼쪽이 박수련 씨이다.

지만 마룻귀틀로 아이들이 올라와 뛰기만 해도 몸에 울려 아팠다. 자식들 중에서 가장 나이가 많은 수련 씨는 열 살. 쌀 씻는 법도 몰랐다. 아이들은 밭에 있는 감자를 캐서 생으로 먹었다. 밭 주인이 찾아와 호통을 치면 어머니는 그 면전에서 몽둥이로 아이들의 엉덩이를 때렸다. 멍이 들고 물집이 생겼다.

"어머니도 참기 힘드니까 아이들한테 화풀이를 한 거지요. 이렇게 힘들 줄 알았으면 조선에 있을걸, 하면서 말이에요."

힘들다는 생각이 수련 씨에게는 없었다. 단지 배가 고팠을 뿐이고, 학교에는 가고 싶었다. 여동생과 남동생은 소학교를 졸업했지만, 수련 씨는 막내 여동생을 돌봐야 했기 때문에 학교에 다닐 수 없었다.

보살필 사람이 없는 아이들을 불쌍히 여긴 교사가 졸업생이 남긴 학용품을 주기도 했고, 집주인은 딸이 입던 옷이나 책, 쓰다 남은 연필 따위를 주었다. 이것도 서로 갖겠다고 남매가 서로 싸웠다. 짚신을 만드는 할아버지는 빨간 천으로 된 끈이 달린 비싼 짚신을 정월에 신으라며 선물로 주기도 했다.

열네 살 교토의 헤이안진구(平安神宮) 가까이에 있던 연사 공장 기숙사에 들어가 일하기 시작했다. 수련 씨 말고도 모두 조선에서 온 아이들이었다. 고용인은 일본인이었지만 공장장은 먼 친척뻘이었다. 휴일이 되어도 산속 마을에 있는 집이 멀어서 돌아가지 않았다. "우리 집에 놀러와. 배부르게 먹여줄게."이 말에 이끌려 공장장의 집으로 갔다. 가까운 곳에 본관이 같은 '박' 씨 성 사람들이 모여 살고 있었다. 수련 씨는 이곳에서 먼 친척들이 도움을 주던 남성과 결혼했다.

현미를 찧다가
친구가 부른 노래

상대 남성은 스물아홉, 수련 씨는 열일곱이었다. 전쟁 시기에 나고야시 미즈호(瑞穂)구 요비쓰기(呼続)에서 아들과 딸을 낳았다. 나중에는 같은 미즈호구 다이기초(大喜町)로 이사했다. 동포들이 집중해 있던 지역으로, 닭장이 있던 터에 세운 집이었다. 외양으로는 기와집으로 보였는데, 며칠 비가 내리면 마룻바닥을 아무리 닦아도 땅에 배어 있는 닭똥 냄새가 코를 질렀다. 일정한 직업이 없던 남편은 도박에 빠졌다. 아이들에게 먹일 것도 없었다.

"정말 아이들에게는 질 수밖에 없어요."

남편은 지카타비를 신고 토목 일을 했다. 현관 앞 골목길에 가면 우물이 있었다. 우물가 여자들에게 지카타비 신은 모습을 보여주고 싶지 않았다. 남편은 고구마 도시락을 갖고선 창문으로 나가 현장으로 갔다.

남편은 육체노동을 싫어했다. 잠만 자면서 이것저것 머리를 굴렸다. 흙을 반죽해 부뚜막을 만들고 나서 교묘한 말로 고철상을 꼬드겨 공짜로 큰 솥을 얻어 왔다. 그 솥으로 찐 고구마 즙을 바짝 조려서 솥 테두리에 두른 후 부드러울 때 막대를 꽂아 식히면 고구마엿이 만들어졌다. 누룩, 청주, 막걸리를 만드는 방법도 근처 어머니들에게 배웠다. 일본 사람이 병을 들고 와서 4홉, 5홉씩 사갔다.

수련 씨는 이웃 사람과 쌀을 사러 다녔다. 오카자키 쪽으로 가서 여러 농가를 돌았지만 파는 곳이 없었다. 사정사정해서 빠듯한 금액으로 현미를 샀다. 역무원을 경찰로 착각했다.

"아무리 젊었지만 제대로 먹지 않은 몸이었지. 죽어라 달렸어. 발바닥에 불이 날 정도로."

어느 날 일을 마치고 돌아가는 직공들이 우르르 몰려와 기차를 탔다. 만원인 차 안에서 암거래 쌀을 등에 지고 있었는데, 째려보는 사람도 있었고, 성가신 듯 일부러 미는 사람도 있었다. 몸이 앞으로 쏠리려는 것을 필사적으로 버티고 있었다. 주르르 하며 발로 전해져 오는 것이 있었다. 내려 보니 몸뻬에 피가 번져 있었다. 복통을 참지 못해 나루미(鳴海) 역에 내려서 의자에 웅크려 앉았다. 의식이 오락가락하는 가운데서도 돌연 임신하고 있었다는 데 생각이 미쳤다. 정신을 차렸을 때 현미 두 되는 이미 없었다.

가까운 곳에 부모와 자식 9명이 단칸방에 살고 있는 일본인이 있었다. 장남이 술꾼이었는데, 항상 열일곱 살 여동생이 막걸리를 사러 왔다. 술값 외상이 밀리자 그 여동생이 남편 일을 돕는 것으로 돈을 갚기로 했다. 어느 날 시장에서 돌아왔는데, 그 애가 집에 있었다. 아이들이 "낮부터 계속 있었어. 아버지랑 사이가 좋은가봐"라고 일렀다. 남편은 그녀를 집으로 끌어들였다.

창호지 한 장을 벽으로 옆방에서 새어나오는 소리와 신음 소리로 잠들지 못하는 밤이 계속되었다. 수련 씨는 극도의 신경과민 상태가 되었다. 유산 후 몸이 회복되지 않은 상태에서 시장을 돌아다니며 일을 보았다. 영양 섭취도 충분하지 못했다.

"이야, 종이 한 장 사이. 정말 머리가, 정신이, 깨질 듯했어."

남편은 수련 씨가 눈물을 흘리면 흘린다고, 부루퉁하고 있으면 부루퉁하다고 때렸다. 곤드레만드레 취했으면서도 주전자 물을 들이켜 취기를 깨우면서 술을 마셨다. 그리고 수련 씨를 때렸다.

"때리고, 때리고, 때리고. 그리고 머리채를 잡고 끌고 다녀. 그렇게 되면 자포자기 상태가 되어버려. 펑펑 코피가 난 것을 눈이 다쳤다고 생각해서 철철 흐르는 것을 닦았는데도 멈추지 않았어. 아이들이 무서워서 이웃집에 가서 도움을 요청해도 아무도 안 와. 말리면 더 심해지니까 못 본 척해야 한다나, 그러면서. 그래도 매일 밤 계속하니까 참을 수가 없어. 아무도 없는 곳으로 가, 왜 매일 밤 매일 밤 우리 집에서 하냐고, 안 들리는 곳에서 하라고, 밖으로 나가라고, 이렇게 죽을 각오를 하고 소리를 지르면, 날 밖으로 내쫓아."

수련 씨만이 아니라 두 아이도 내쫓았다. 아이들만이라도 집으로 들여보내고 싶었지만, 대문에 못을 박고, 뒷문은 열쇠로 잠갔다. 두 사람의 행위 소리가 새어 나왔다. 어쩔 수 없이 아이들을 데리고 신사로 가서 높은 툇마루 밑에서 밤을 새우기도 했다.

그녀가 산달이 되어 진통이 시작되던 날에 비가 부슬부슬 내렸다. 산파가 더운 물을 기다리고 있었다. 습기가 찬 땔감에 불을 붙이려고 대나무 통을 가지고 아무리 불어도 쉽게 불씨가 살아나지 않았다. 매운 연기 때문에 눈물이 줄줄 났다. 눈물을 흘리는 모습을 본 남편이 돌연 "재수 없게 아이가 태어나는 날 부뚜막 앞에서 눈물을 찔찔 흘려!" 하고 큰소리로 화를 내면서 구둣발로 밟았다. 아궁이에 불을 지피는 철 테두리에 머리가 닿으면서 머리카락이 지글지글 타 들어갔다. 이때 다친 부위에는 지금도 머리카락이 나지 않는다. 그래도 집을 나갈 수 없었다. 직업도 없고, 갈 곳도 없었다. 걱정만 하실 것 같아서 어머니에게는 말도 할 수 없었다.

"참고 참았지. 도망칠 곳은 시장밖에 없었어."

현미를 찧는 곳에는 이웃 사람들이 모여 있곤 했다. 물을 조금씩 끼얹으면서 거기서 현미를 찧었다. 물을 뿌리면 부풀어 오른 겨가 쉽게 떨어졌다. 수련 씨가 울면서 현미를 찧고 있는데, 한 친구가 노래를 불렀다. "그대에게 물은 필요 없네, 눈물로 충분히 쌀이 불어"라며.

빨간 종이로 된
약 주세요

남편의 불륜으로 집에는 아이 둘이 더 생겼다. 배다른 갓난아기 하나는 업고 다른 하나는 손을 잡고 걷고 있으면 아들도 손을 잡고 싶어 남은 손을 만지작거렸다. 수련 씨는 아들의 손을 뿌리쳤다. 총명한 딸은 조금 떨어져 걸었다.

"성가셨어. 뿌리치면 또 잡아. 그러면 닳아서 앞이 뾰족하게 된 날카로운 나막신으로 조르르 따라오는 장남을 차버려요. 얘(남편 애인의 아이)를 괴롭히면 남편에게 고자질을 하거든요. 잘 돌보지 않으면 우리들이 여기 있을 수 없었어요."

나른했다. 등에 업은 아이가 이상하게 무겁게 느껴졌다. 유산했을 때부터 몸이 좋지 않았다.

어느 날 남편이 술을 마시고 돌아왔다. 저녁 식사 시간에 남편이 고등어 한 마리의 배를 가르고 가시를 발라낸 고기를 애인이 낳은 아이의 접시에만 얹어주었다. 여자들은 생선 대가리를 나누어 받았다. 꼬리 부분을 받은 까까머리 장남이 가시를 바른 몸통 쪽으로 손을 내밀자 숟가락으로 장남의 금속 젓가락을 툭 쳤다. 남편은 무슨 일이 있을 때마다 장남을 때렸다. "똑같이 해주면 어때." 이 말을 하자마자 화로 위에서 지글지글 소리를 내며 끓고 있던 물주전자를 내동댕이쳤다. 이때 잡힌 물집이 터져 나중에 피부가 늘어졌다. 하지만 그다지 통증은 느끼지 못했다.

한번은 장을 보고 돌아왔는데, 양말에 흠뻑 피가 묻어 있었다. 신발 뒤쪽에 못 같은 것이 찔려 있었는데도 모르고 걸었던 것이다. 상처는 쉽게 낫지 않았다. 손의 감각이 둔해졌다. 여러 차례 화상도 입었다. 힘도 쥐어지지 않았다.

차츰 팔을 움직일 수 없을 정도로 통증이 심해졌다. 특히 저녁이면 바늘에 찔린 것처럼 아팠다. 병원에 갔더니 의사가 주사를 놓아주었다. 통증은 없어졌고 기분도 좋아졌다. 1년 정도 병원을 다녔다. 의사는 통증의 원인을 파악한 듯 주사를 계속 맞으면 중독이 될 수 있으니 약국에서 진통제를 사서 먹으라고 지시했다.

진통제는 빨간 종이에 싼 반짝반짝 빛나는 가루약이었다. 딸은 유치원에 다닐 무렵부터 약국에서 "아저씨, 통증을 없애주는 빨간 종이로 된 약 주세요" 하면서 진통제를 사 오는 심부름을 했다. 약값은 어머니가 마련해주셨다. 딸은 소학생이 되자 약값 받는 날을 정확히 기록해두었다. 그리고 기차를 갈아타며 어머니가 살던 도코나메(常滑)까지 다녀왔다. 어머니는 돈을 잃어버리지 않도록 딸의 배에 든든하게 감아주었다.

"딸은 어릴 때부터 이해력이 좋아 남편의 눈치를 잘 살폈어요. 기분이 좋지 않구나 생각되면 바로 아버지의 비위를 맞추었어요. 엄마가 당하지 않도록."

수련 씨는 조선 총련 여성부에서 일하던 와중에 딸과 같은 학교를 다니는 아이 엄마와 친해졌다. 그 사람 남편이 한센병 환자였다.

"얼굴에 좁쌀 같은 게 났는데, 춥다고 내 이불 안으로 들어왔어. 정말 싫었어. 스루가 요양소에 가네다(金田; 가명)라고 하는 할머니가 이 병으로 가 있었는데, 거기로 가게 되면 좋겠는데 말야."

수련 씨는 친구의 이야기를 듣다가 언뜻 '혹시 나도?'라는 생각이 들었다.

그 할머니의 딸이 근처에 살고 있었다. 남편의 폭력을 이웃에서 모르는 사람이 없었다. 손아래인 그녀는 언제나 수련 씨를 위로해주었다. 굳게 마음을 먹고 그녀에게 하소연했다.

"진통제가 없으면 지낼 수가 없어. 다른 것보다 진통제가 생명이야. 창호지 한 장 사이로 넘나드는 소리 때문에 밤에 잠을 잘 수가 없어. 이제는 아파서 잘 수가 없어. 죽고 싶어도 애들을 남겨놓고 죽을 수도 없고. 암튼 편안하게 자고 싶어. 잘 수 있는 곳이 있다면 가고 싶어"라고.

그녀는 "다른 사람에게는 절대로 비밀"이라며 스루가 요양소의 주소를 가르쳐주었다. 수련 씨는 서툰 글씨로 편지를 썼다. 유산 후 몸이 계속 좋지 않고, 통증이 심하고, 남편의 폭력에 시달리고 있고, 특별한 가정 상황에 처해 있다는 것을 설명했다. 답변이 왔다. 수련 씨는 진료를 받은 다음 입소를 결심했다.

"아들은 열두 살, 딸은 열 살. 이 나이면 힘들 때 할머니가 계신 곳으로 갈 수도 있고, 사람들에게 도와달라고 말할 수도 있겠다는 생각이 들었고, 무엇보다 내가 참기 힘들어 견딜 수가 없었어."

아들과 딸에게 이야기해줄 내용을 며칠 동안 노트에 생각나는 대로 적었다. 할머니 집으로 가는 길, 계절마다 입는 옷을 보관한 곳, 음식은 절대로 먼저 손을 대지 말고 먹으라는 얘기를 듣고 나서 먹을 것, 말을 잘 들어서 사랑받을 것 등등.

나중에 이 노트가 가뜩이나 주위에 민감한 딸을 얼마나 심리적으로 압박했는지 알았다.

당시에 수련 씨는 한센병이 어떤 병인지도 몰랐다. 자신의 병보다 아이들만 집에 두고 나가는 것이 더 불안했다. 배불리 먹을 수나 있을지, 추울 때 고타쓰(炬燵)를 쓸 수 있을지, 옷을 해 입히긴 할지, 그리고 아들과 딸이 아버지와 그 애인과 두 아들과 함께 한 지붕 아래서 하루하루 어떤 날들을 보낼까 등 불안은 끊이지 않았다.

드디어 집을 나서는 날 아들은 형편없는 집의 기둥을 안고 눈물을 뚝뚝 흘리면서 한없이 빙글빙글 돌고 있었다. 딸은 벽장에 숨어 나오지도 않았다.

그렇게 정직했던 남편이
거짓말을

국립 스루가 요양소는 원래 군인의 치료 시설로서 설립되었는데, 일본이 바로 패전하면서 일반 환자도 받았다.

입소한 첫날 수련 씨는 손에 붕대를 감은 환자가 면회소로 날라다 준 음식에 손을 댈 수 없었다.

"슬프기도 했고, 저렇게 될 것이라는 걱정도 들었고, 기분도 좋지 않아서. 한 달 정도 밥을 먹지 않았어요."

대신 매점에서 음식을 사 먹었다. 한 달에 한두 번 요양소 공회당에서 열리는 영화 상영회에도 권유를 받아서 가기는 했지만 영화를 보지는 않았다.

"여러 가지 생각이 나서 울기만 했어요. 거기 공기도 싫었어. 나도 같은 환자인데. 아, 싫다 싫어. 이런 데 오지 않았으면 좋았을 텐데, 이러면서."

요양소에서 중증 환자를 처음 만나고 나서야 자신이 심한 병에 걸렸음을 비로소 알았다. 수련 씨는 감각 마비나 아픔은 있었지만 경증이라서 외견상으로는 그 증상이 드러나지 않았다. 높은 언덕에 공원이 있었다. 날이 저물면 그곳으로 가서 별이 뜬 하늘을 보며 딸과 아들의 얼굴을 떠올리다 울었다. 담당 의사는 수련 씨를 '울보 어머니'라 불렀다.

몇 년이 지나 딸도 스루가 요양소에 들어와 다다미 4장 반 크기의 가족 기숙사에서 생활했다. 딸도 경증이었는데 한쪽 손 감각이 둔했다. 집안일을 많이 하니까 학교에 가도 피곤이 겹쳐서 졸았다. 어느 날 소고기 힘줄을 삶으라고 해서 생고기를 무리하게 자르다가 손가락을 다쳤지만 치료도 못 받고 부엌일을 계속했다. 지금도 그 손가락의 손톱은 얇다. 수련 씨를 면회하러 올 때마다 딸을 진료해주던 원장이 어머니 곁에 있는 편이 낫지 않겠냐며 입소를 권했다. 학교를 졸업하면 사회로 복귀해서 독립하면 된다며.

딸은 요양소의 중학교를 졸업하고 나서 수련 씨의 여동생 집에서 일하다가 다시 입소했다. 요양소에서 성인식을 맞았다. 수련 씨는 입원한 지 얼마 안 되어 방송부에서 활약했다. 딸은 인쇄부에 들어갔다. 전국 한센병 요양소 입소자 협의회(전료협)는 정책적으로 각 원에서 한 사람을 도쿄 다마젠쇼엔(多磨全生園)에 파견해 일본어 타자를 배우게 했다. 스루가 요양소에서는 딸이 뽑혀서 젠쇼엔 여자 기숙사로 옮겨 갔다. 남자 기숙사에는 아버지 사감, 여자 기숙사에는 어머니 사감이 아이들을 돌봐주었다. 이후 수련 씨의 가톨릭 대모가 된 와타나베 세이지로(渡辺清次郎) 씨와 타츠코(たつ子) 씨 부부가 그 역할을 담당했다.

딸은 남편을 닮아 예쁘게 생겨서 남성 환자들의 눈길을 끌었다. 차를 마시고 싶다며 방으로 오기도 했고 선물을 하는 남성도 있었다. 이럴 때마다 딸은 도망쳤고, 때때로 한국인회 K회장의 부부 숙소로 달려갔다. K회장은 수련 씨가 젠쇼엔에 오면 부모의 눈길이 미칠 수 있다며 이동할 것을 권했다. 사실 K회장은 수련 씨에게 오카야마(岡山)의 오쿠코묘엔(邑久光明園)에 있는 H를 소개해주고 싶어했다. 수련 씨는 맞선 보는 것을 모르고 지부장 모임을 하고 돌아가는 길에 스루가 요양소에 들른 H 등에게 차를 대접했다.

수련 씨는 1965년 젠쇼엔으로 옮긴 다음 H씨와 재혼했다. 마흔 살이었다.

수련 씨가 처음 요양소에 들어왔을 때 어머니는 "사람들이 지독히 싫어하는 병이니까 절대 남자와 사귀어서는 안 된다. 아이를 배면 혀를 깨물고 죽어라"라고 할 정도였다.

"이 병은 그런 거라고 전해져 온 모양이에요. 당신은 세상에 살아서는 안 되는 사람이니까 남자가 구애를 해도 몸을 맡기면 안 된다고. 하지만 남녀 운운할 것 없이 먼저 마음이 쓸쓸했어요. 힘든 일만 겪은 반평생이었으니까."

어머니는 쉰다섯의 나이로 타계했다. 요양소까지 데려다준 날을 마지막으로 어머니와 만나지 못했다.

젠쇼엔으로 옮기고 나서는 간병인 방으로 들어갔다. 중증자 방 사이에 있는 방으로 옆에 있는 두 방을 담당했다. 의족을 하거나 눈이 보이지 않는 사람, 손가락이 움직이지 않아 손에 젓가락을 매거나 스푼을 고무줄로 고정한 사람 등을 돌봤다. 이불을 개거나 펴는 일, 세탁, 안약을 하루에 세 번 넣는 일 등 다양한 일을 했다. 중노동이었다. 건강한 사람은 사회에 복귀했기 때문에 요양소에는 자력으로 일상적인 일을 하지 못하는 사람이 많았다.

간병 기간을 끝내고 남편과 수련 씨는 부부 숙소로 옮겼다. 남편은 조용하고 마음 씀씀이가 자상한 사람이었다.

외부에서 제공된 차로 입소자가 건축이나 도로공사 같은 현장에 나가 일을 하던 시기가 있었다. 손이 불편한 사람도, 여성도 가야 했다. 남편은 무거운 짐을 들지 못하는 사람을 대신해 짐을 나르거나 여성이 할 수 없는 육체노동을 해주었다. 어떤 사람은 남편에게 "감독이 없을 때는 적당히 해"라는 말을 건넸다. 남편은 "돈 받는 만큼 일을 해야지"라고 대답했다. 그 말이 원내에서 유명해졌다.

당시의 부부 숙소는 못을 박으면 옆방을 뚫고 나갈 만큼 얇은 벽 한 장을 사이에 두고 복도를 따라 이어져 있었다. 밤에 화장실에 갈 때는 도둑 걸음을 해야 했고, 방에서 재채기를 할 때도 신경을 써야 했다. 다다미 10장 크기의 방에 8명이 정원인 여자 방에 남편이 찾아오는 가요이콘(通い婚)* 시절도 있었기 때문에 독립된 부부의 방이 있다는 것만으로도 좋았다. 건설 현장에서 판자나 못을 가지고 와 작은 창고나 세탁기를 두는 곳에 지붕을 만드는 사람도 있었다. 밥을 먹을 때 수련 씨가 남편에게 "○○씨가 못을 가지고 와서 만들던데"라고 말하면, "나한테 똑같이 도둑질을 하라는 소리야" 하면서 크게 화내며 밥상을 뒤집는 일도 있었다.

이렇게 정직했던 남편이 수련 씨에게 거짓말을 했다.

남편이 시어머니가 혼자 살고 계시는 안동에 간 것은 40년 만이었다. 어머니는 기쁜 나머지 연탄불을 세게 해서 온돌방을 데웠다. 일주일 동안 연탄에 익숙하지 않았던 남편은 일산화탄소 중독에 걸려 돌아왔다. 어머니는 40년 만에 집에 돌아온 외동아들의 코트와 양복을 밤잠도 주무시지 않고 안타까워하며 쓰다듬었다. 이 정도로 사랑하는 아들이 금방 돌아가버린 충격은 강했다. 매일 저녁 버스 정류장

---

* 결혼 후에도 부부가 동거를 못 하고 남편 또는 아내가 배우자 있는 데로 왕래하는 혼인 형태를 말한다.

에 앉아 아들이 돌아오기를 기다렸다. 마을은 '최' 씨 집성촌이었기 때문에 대부분 친척이었다. 친척이 데리고 들어가려 해도 꿈쩍하지 않았다. 친척들은 난감했다. 아들이 돌아와 결혼하지 않으면 이 할머니가 오래 살지 못할 것 같다며 상대를 찾기 시작했다. 그런 와중에 남편은 일한 돈을 모아 1년에 한 번씩 고향을 방문했다.

"맛있는 것도 먹지 않고, 검은 셔츠를 흰 실로 꿰매기도 했어. 구멍 난 지카타비도 철사로 꿰매 신었어. 그렇게 돈을 모아선 한국으로 가져갔어."

요양소에서는 휴지 같은 일용품을 배급하는 대신 부금을 지급했다. 업자가 팔다 남은 물품을 싸게 팔러 원내에 왔다. 조금은 멋을 부릴 수 있는 즐거움이 생겼다. 남편은 부금을 수련 씨에게 주었지만 일한 돈은 전부 자신이 모았다.

"부인은 100엔짜리 티셔츠를 매일 갈아입으며 멋을 내는데 남편은 항상 같은 셔츠만 입는다고 웃음거리가 되기 싫어서 남편 것도 사서 입혔어."

남편은 일을 쉬면 수입이 줄어든다며 친척에게 부탁받은 물건 구입이나 여권 등 한국행 준비를 수련 씨에게 부탁했다. 처음에는 업무용 재단 가위 2개라든가 커피, 키위 모종 같은 걸 부탁받았는데, 점점 가져가는 물건이 바뀌었다. 아이들의 신발이나 털장갑 따위가 더해졌다. 남편 말로는, 아버지가 없는 이웃 아이가 어머니가 일하러 나가시는 동안 집에 머물고 있는데, 그 아이에게 줄 선물이라고 했다.

어느 날 그 아이가 남편의 자식이라는 사실을 남편 앞으로 온 편지를 읽고 알게 되었다.

"나는 엄청나게 화를 냈지. 이번 남편은 괜찮을 거라고 믿고 있었는데. 남편 어머니가 불쌍해서 같이 선물을 사고, 대사관에 가고, 딸 부부가 비행장에 데려다주고, 그렇게 열심히 했는데, 아이가 태어나다니. 칼을 들고 와서 나도 죽을 테니 당신도 죽으라고 했는데, 아무 말도 안 해. 입을 다물고 있더라구."

딸은 결혼해서 요양소를 나가 있을 때였다.

남편은 사교댄스, 수련 씨는 한국무용 모임에 소속되어 있었다. 비디오카메라로 서로 춤추는 모습을 촬영해주기도 했다. 남편은 한국에서 어머니를 위해 준비한 전자제품을 찍기도 하고 집에서 밤하늘이 보이던 초가지붕을 함석지붕으로 새로 올리고 유리문으로 바꾼 집도 찍어왔다. 그 영상 안에는 들판에서 막대기를 들고 걸어가는 사내아이 둘의 모습도 찍혀 있었다. 남편의 아이였다. 또 한 번 속았다는 생각이 들었다. 처음에는 10일 정도였던 체류 기간이 2개월 정도로 길어졌다.

"돌아오기 어려웠겠지요. 돌아갈 때가 되면 아이들이 '싫어, 싫어' 하면서 신발을 쥐고는 주지 않았다고 해요."

남편은 둘째 아이의 존재를 숨긴 이유를 "당신이 신경을 쓰면 잠을 자지 못하니까"라고 변명했다. "나와 헤어지든지, 화를 내지 말고 덮든지 해. 나도 그 편이 편해"라고도 했다.

"그때는 나를 잃어버리고 절망적이 되었어."

마셔본 적도 없는 술을 마셨다. 술을 마시면 심신이 무뎌지면서 잠을 잘 수가 있었다.

"요양소 모범생이 이래서는 안 돼요. 당신 지금, 마음을 망가뜨리고 있어요. 술을 마시니까 몸도 망가지고 마음도 망가지고 있어요."

와타나베 사감은 자포자기에 빠진 수련 씨에게 간곡한 어조로 타일렀다. 지금은 고인이 된 와타나베 부부는 수련 씨가 힘들 때마다 든든한 버팀목이 되어주었다.

"와타나베 사감님은 신부 같은 사람이에요. 병이 좀 있었는데도 지나치게 일했어요. 영양실조. 힘든 시기에 소년 기숙사에서 아이들과 함께했어요. 남이 맡겼지만 소중한 아이들. 이 아이들이 먹을 게 없으니까 손발에 상처를 내면서도 직접 감자나 고구마를 길렀어요. 한창 자라는 아이들이라 먹여도 먹여도 언제나 부족했어요. 입는 옷이 찢어지면 꿰매고, 빨아서 입히고, 치료하러 보내고. 친부모들도 여기에 버리고 찾아오지도 않아요. 여기 오면 자기 아이가 한센병 환자라는 걸 들켜버리니까."

그 무렵 정기검진에서 남편의 간장암이 발견되었다. 남편은 입원했다. 암에 직접 약을 투여하는 치료가 진행되었다. 고열 때문에 침대 아래까지 스며들 정도로 많은 땀을 흘렸다. 하루에 두 번 세탁물을 가지고 와야 했다. 자전거로 "꼬리뼈 피부가 벗겨질 정도로" 병원에 다녔다.

둘이서 병원 복도를 걷고 있을 때 남편은 손을 잡으려 했다. 수련 씨는 그 손을 뿌리쳤다. 부끄러워서였다. 지금은 잡았으면 좋았을 것이라는 후회를 하고 있다. 남편은 의사가 수련 씨에게 선고한 3개월 시한부를 채우지 못하고 저세상으로 갔다.

남편에게 배신당했다는 생각은 사라지지 않았다. 하지만 숙모들에게 채근당하던 여성과 결혼을 한 것이라서 남편을 용서할 수 있었다. 상대 여성은 여관에서 종업원으로 일하면서 여관 주인의 아이 둘을 낳았다. 큰딸은 여관에 남겨놓고 작은딸만 데리고 본가로 돌아왔다. 숙모들이 어머니를 돌볼, 남편의 결혼 상대를 찾고 있을 때 일할 곳도 없는 가난한 친정집에 와 있었다.

"아내로서 그 사람도 불쌍해요. 남편은 두 달 집에 와 있을 뿐이지 나머지는 시어머니 모시고, 밭일을 하면서 애들 돌봐야 했으니까. 키도 크고 딱 벌어진 체격인데, 시골 며느리로서 제격이었어요. 나를 '언니, 언니' 하며 공손히 부르던 좋은 사람이었어요."

수련 씨의 딸보다 한두 살 어린 여성이었다.

수련 씨의 손가락은 해를 거듭할수록 살이 떨어져 나가면서 변형되었다. 신경이 마비되어 불이나 뜨거운 것에 닿아도 느낌이 없었다. 대략의 감각으로 덧문을 열고 닫아 손톱이 빠지기도 했다. 아무리 더운 날이라도 양팔과 하반신에서는 땀이 나질 않는다. 그 대신 얼굴이나 상반신에서는 땀이 폭포처럼 쏟아졌다.

겨울에 남편은 설거지를 수련 씨에게 시키지 않았다. 수련 씨는 심근경색을 앓았기 때문에 오래 목욕탕에 들어가 있으면 항상 남편이 데리러 왔다. 밤중에 오한이 와서 말을 붙이면 깊게 잠들어 있다가도 벌떡 일어나 어디가 힘든지 묻고 어루만져주었다. 수련 씨가 한국무용 모임에서 늦게 돌아오더라도, 저녁 식사에 토마토가 하나 나오면 반드시 반으로 잘라 큰 쪽을 남겨놓았다.

"얼마나 착하고 자상한 사람인지. 잘해줘서 고마워요. 저쪽 세상에 가서도 함께 살아요, 라고 기도해. '아, 다른 부인도 있고, 아이도 있으니 안 될까'라고 혼잣말로 얘기하기도 하고."

한센병 비율이 높은
재일 코리언

수련 씨가 요양소에 들어간 것을 시어머니가 알게 된 여동생은 일곱 살배기 아들을 두고 집에서 나와야 했다. 시누이도 여동생이 만드는 음식은 기분이 나쁘다며 먹지 않겠다고 괴롭혔다. 여동생의 남편은 헤어질 생각이 없었지만 가족들의 압력을 받았다.

한센병 병원균의 전염력은 약하기 때문에 유아기 감염 외에 발병 가능성은 거의 없다. 유전되지도 않는다. 치료가 가능한데도 불치병이라는 오인을 받아 본인은 물론 가족도 차별을 받았다.

'환자·회복자' 존엄 확립을 목표로 일본 각지에서 강연을 하고 있는 모리모토 미요지(森元美代治)는 한센병 환자의 차별은 국가의 격리 정책 때문이라고 설명한다.

후지노 유타카(藤野豊)는 〈아시아태평양전쟁과 한센병〉《季刊戰爭責任研究》 제61호, 2008)에서 "강제 격리 정책의 시작과 강화의 과정은 항상 전쟁과 불가분한 관계에 있었다"라고 지적했다. 이 논문에 의하면, 러일전쟁에서 승리한 일본은 '대국' '문명국' 의식이 강했기 때문에 1907년 '나병 예방에 관한 건'을 공포하고, 떠돌아다니는 환자를 '문명국'의 치욕이라며 격리시켰다. 제1차 세계대전 시기에는 "우생 정책으로서 '열등자'의 단종"을 논하며 "한센병 환자는 단종 수술의 인체 실험에 사용되었다." 15년 전쟁*을 시작한 1931년에 개정된 '나병 예방법'에서는 모든 환자를 강제 격리의 대상으로 정했다. 전후 "한국전쟁으로 인한 혼란으로 한국의 많은 한센병 환자가 일본에 밀입국한다는 뜬소문"이 퍼졌다. 절대격리론자인 미쓰다 겐스케(光田健輔)는 국회에서 "'한국 나병'의 공포를 호소하며 한국·조선인에 대한 민족 차별 의식을 일으켜 격리 지속을 정당화"했다. 또한 미야자키 마쓰키(宮崎松記)는 "전쟁터에서 감염한 병사의 발증('군인 나병')이 이제부터 격증한다고 퍼뜨렸다"고 했다. '한국 나병'과 '군인 나병'이라는 낱말로 환자 증가의 공포를 부채질했고, 기본권을 보장하는 새로운 헌법에 따라 개정된 1953년의 '나병 예방법'에서도 강제 격리는 계속되었다.

'나병 예방법'이 폐지된 것은 1996년이다. 90년에 걸친 격리 정책 아래 심각한 인권 침해가 계속되었다. 환자나 회복자는 그런 상황을 국가배상 소송이나 전료협 활동 등 오랜 시간의 운동을 통해 바로잡아왔다.

일본 전국 13곳에 있는 국립 한센병 요양소의 입소자는 2011년

* 중일전쟁.

현재 2276명. 이 가운데 재일 코리언은 102명으로 전체 입소자의 4.48%에 해당한다. 일본 총 인구에서 차지하는 한국·조선 국적의 외국인 등록자 0.43%의 10배에 달하는 비율이다. 한센병의 감염이나 발병에는 영양과 위생 상태가 영향을 준다. 극도의 빈곤은 영양이나 위생 상태 악화의 요인이 된다. 상당수의 재일 코리언은 일본의 식민지 지배라는 가혹한 수탈로 인해 빈곤을 경험했다. 입소자 비율이 높다는 것은 그것을 반영한다.

2007년 일본의 신규 환자는 11명에 불과하다. 다마젠쇼엔의 복지사인 나카무라 다모츠(中村保) 씨는 이런 이야기를 했다. 가까운 분양 주택의 광고에는 젠쇼엔을 가로질러 역으로 가는 길이 도면으로 제시되었다. 젠쇼엔 내부 도로는 공공 도로가 아니기 때문에 업자에게 주의를 주었다. 하지만 그만큼 요양소는 열린 장소가 되었다.

오후 반나절 수련 씨의 이야기를 들은 날, 해질녘 산책길에 집 근처로 온 M씨를 만났다. 수련 씨의 딸이다. 매일 아침저녁으로 슬며시 집을 한 바퀴 돌며 지켜본다고 한다.

"덧문이 닫혀 있으면 걱정을 하니까 아침에 늦게까지 잠을 잘 수 없어요"라며 수련 씨는 웃었다.

8

 여기는 40번지,
좋은 것도 나쁜 것도
출발점은 여기야

위 1978년 당시 40번지의 모습. [사진 제공: NPO 법인, 히가시쿠조(東九条) 마을 만들기 서포트센터]
아래 가모가와 강둑에 지어졌던 이복희 씨의 집. 헐리기 전에 찍은 것이다.

오전 중에 어머니는 "누가 오더라도 얌전히 있어" 하고 나가셨다. 당시 함께 살면서 일하던 윤미혜 씨(가명. 1941년생)는 맞선 얘기가 있어 가모가와(鴨川) 강변에 있는 집에 와 있었다. 어머니가 예상한 대로 중매쟁이가 왔다.

"언니야, 옷은 가지고 왔는가?"라고, 중매쟁이는 미혜 씨의 옷차림을 보며 말했다.

"옷 보고 (맞선) 보거나 집안 보고 하려면, 안 와도 돼요." 미혜 씨가 대답했다.

집집마다 처마를 잇대고 있는 가모가와와 다카세카와(高瀬川)의 강둑 일대는 이른바 '제방'이나 '0번지'로 알려졌지만, 주민들은 40번지라고 불렀다.

집에 돌아온 어머니의 물음에 중매쟁이와 나눈 대화를 전하자 "건방진 말을 했네"라며 꾸중을 들었다.

맞선을 본 이후 상대 남자가 '자주 아프다'든가 '여자랑 놀러 자주 돌아다닌다'라는 소문이 어머니의 귀에 들어갔다. "거기로 시집가면, 너는 죽어"라며 어머니는 걱정했다. 미혜 씨는 자기 눈으로 직접 확인하려고 얼굴도 분명히 기억나지 않는 맞선 상대의 직장으로 찾아갔다. 어머니는 "여자 주제에 무슨 빌어먹을 기세야" 하면서 화를 냈다.

"저는 편부모에 돈도 없어서 가난한 사람은 싫어하지만 아버지가 도박꾼이었기 때문에 도박 안 하는 착실한 사람이라면……."

염색집 실내에서 일하는 살갗이 뽀얀 맞선 상대와 결혼했다.

탯줄도, 추억의 사진도 없다

미혜 씨는 야마구치현 우베(宇部)에서 태어나 철들 무렵에는 오노다(小野田)에서 살았다. 부모님은 오빠가 태어난 1938년 이전에 일본에 왔다. 미혜 씨가 중학교를 졸업할 무렵 아버지가 폐결핵으로 돌아가셨다. 어머니는 막일을 하며 여동생과 남동생을 키웠다. 미혜 씨는 교토로 이사해 제주도 출신 사람 집에 얹혀살며 일본 전통 옷의 외투를 만드는 보조 일을 했다.

"시골은 파친코에서 일하지 않으면 노가다밖에 할 일이 없어요. 점원 같은 일에 한국인을 써주지 않으니까."

그 후 먼 친척집에서 여동생과 함께 봉제 일을 했다. 어머니도 남동생을 데리고 40번지로 이사를 왔다.

결혼 당시에는 40번지와 가까운 곳에 다다미 6장과 4장 반 크기의 방이 2개밖에 없는 집에서 시어른들과 함께 살았다. 큰딸을 출산하고 1년 정도는 참았지만, 집도 좁고 분가도 하고 싶었기에 '제방'에 세워진 다다미 6장과 3장짜리 방이 있는 집을 15만 엔에 샀다. 1965년의 일이다. 그리고 얼마 후에 어머니가 돌아가셨다.

"몸이 삐걱삐걱하셨어. 노가다로 몸을 혹사시켜서. 쉰 살에 돌아가셨으니까."

시아버지는 부모라는 후원자를 잃은 미혜 씨를 손 안에 쥐고 혹사시켰다. 입적은 자식도, 손자도 남자만 한다고 폭언을 퍼부어댔다.

"괴롭힘을 당해도 갈 곳이 없었어. 시댁은 친척이 없어. 그래서 세상 돌아가는 걸 몰라. 아무것도 몰라. 혼자서 여기저기 돌아다니다 보니까."

고향을 떠나 홀로 일본으로 와서 일을 찾아 떠돌아다니던 시아버지는 친형제나 친척들과 만날 기회도 없었다. 자신의 생각만을 완고하고 무식하게 관철시켰다. 남편이 미혜 씨 편을 들어줬기 때문에 그나마 시아버지의 횡포를 견딜 수 있었다. 큰딸이 열일곱, 열여덟 살이 되어서야 가까스로 입적되지 않았던 형님과 함께 호적 수속을 밟았다.

40번지에서 미혜 씨는 아이 셋을 낳았다. 막내딸이 세 살 될 무렵 긴 속옷을 염색하는 공장에서 일을 시작했고, 소학교에 입학하고 나서는 건축 현장 청소를 했다. 남편은 미혜 씨가 일하는 것을 좋아하지 않았다. 오후 4시 반에 집에 돌아온다는 조건으로 양해를 받았다. 점차 조건이 두루뭉술해지면서 먼 거리에 있는 직장에서도 일을 했다.

남편의 반대를 무릅쓰고 운전 면허를 취득했다. 시급이나 일당에 운전 수당이 더해지는 일도 있어 도움이 되었다.

40번지의 집은 수도가 나오지 않았고 화장실도 불편했다. 세탁은 우물물을 펌프로 퍼 올려 세탁기로 빨 수 있을 만큼 빨고 강에서 헹궜다.

"변소도 퐁당 변소야. 가득 차면 밤중에 양동이로 퍼서 가모가와에 떠내려 보냈어."

목욕은 대중목욕탕을 이용했다. 막내가 생리로 대중탕에 갈 수 없는 날이나 운동을 해서 머리가 가려울 때면 세탁기에서 머리를 감았다.

"선 채로 세탁기에 머리를 넣고, 내가 호수로 물을 뿌려줬어. 불쌍했지."

40번지에서 벗어나고 싶어서 집을 사려고 계약금을 모았다. 하지만 저축 금액이 땅값 상승 폭을 따라가지 못했다. 큰딸이 고등학생일 무렵 40번지에 살고 있던 사람이 집을 사지 않겠냐고 권유했다. 목욕탕이 딸린 집이었다. 위에 현관과 싱크대가 있고, 거기에 다다미 6장, 4장 반, 3장짜리 방 3개가 있었고, 아래에 6장 크기의 창고가 있었다. 저금해둔 300만 엔으로 계약을 하고 그 집을 샀다.

남편이 일하던 염색집은 기모노를 입는 관습이 줄어들면서 경영난이 심각해졌다. 회사는 월세가 싼 우즈마사(太秦)로 이전했고 급여도 반이나 줄었다. 남편은 이를 계기로 오랫동안 해오던 염색 일을 그만두었다. 익숙하지 않은 여러 일들을 하면서 전전하던 1993년, 신우암에 걸려 신장 하나를 떼어내야 했다.

다음 해 3월 18일. 미용실에 가려고 샤워를 했는데, 외출한 남편이 약속 시간에 늦게 돌아왔다. "이제 시간 없잖아"라고 남편에게 따지는데, 옆에서 이상한 냄새가 났다. 아래층으로 내려와 목욕탕을 둘러보았지만 다른 이상은 없었다. "어이, 옆집이 위험해!"라는 남편의 목소리에 목욕탕 창을 통해 내다보니 옆집이 불에 타고 있었다. "중요한 것만 갖고 나가!" 남편이 소리쳤다. 돈과 통장과 먹던 약만 챙겨 밖으로 뛰어나왔다. 다른 것들을 가지고 나갈 여유는 전혀 없었다. 바람이 불면서 옆집에서 불이 옮겨붙더니 불기운이 번진 부근이 마치 발화 지점인 것처럼 가장 격렬하게 타올랐다. 미혜 씨의 기억으로는 그날 집 열 채가 불에 탔다. 40번지에서는 전날에도 불이 나서 집 열 채가 화재로 사라졌다. 2, 3일을 소학교 체육관에서 지낸 다음 친구의 빈 집을 빌려 100일 정도 살았다.

"이야, 정말 슬펐어. 아이들에게 너무 미안해서. 탯줄도, 통지표도, 상장도, 사진도 아무것도 남지 않았어. 갓난아기 때의 사진도, 성인식에서 후리소데(振袖)*를 입고 기뻐하던 사진도. 추억이 전부 없어졌어. 그것보다 더 괴로운 일은 없어."

40번지에서는 화재보험을 들 수 없었지만, 억지로 부탁해서 가입해놓은 보험이 있었다. 이 보험금을 계약금으로 해서 아들이 주택 대

---

* 기모노 가운데 가장 화려한 옷으로 성인식, 사은회, 결혼식처럼 예를 갖추는 장소에서 입는 여성의 예복.

출을 받아 40번지에서 가까운 곳에 집을 살 수 있었다.

"집을 사고 나서 큰딸이 시집을 갔어. 다행이라고 해야 하나. 시집보낼 때 강둑에서 내보낸다는 마음이었어. 두 딸이 다 일본 사람한테 시집갔으니까. 귀화해서 말이야."

남편은 1997년 폐암에 걸려 오른쪽 폐를 3분의 2 정도 절제했다.

"남편이 처음 암에 걸렸을 때 많이 울었어. 불이 나서 집이 타버렸을 때는 정말 그렇게 많이 나오나 할 정도로 눈물을 얼마나 흘렸는지 몰라. 남편이 두 번째 암에 걸렸을 때는 눈물도 안 나오더라고."

하지만 이후 남편은 다시 건강을 찾아 일흔다섯이 된 지금까지도 고령자 사업단의 일을 계속하고 있다.

미혜 씨도 새벽 2시에 일어나 빌딩 청소를 다닌다. 오후 6시 반부터 10시 반까지 일하는 계약직인데, 4시간만으로는 절대 끝낼 수 없는 일이다.

"대충 하려고 하면 할 수도 있겠지만 더러운 곳을 찾으며 해야지. 보고도 못 본 척 할 수야 있나."

현재 미혜 씨는 남편과 함께 히가시마츠노기(東松ノ木) 시영 주택에 살고 있다. 40번지 철거지에 세운 단지이다. 월세는 3만 5500엔. 남편의 연금은 생활보호 지급 대상자의 금액보다 연간 6만 엔 많은 정도다. 미혜 씨의 연금은 두 달에 6만 몇 천 엔. 후기 고령자 의료보험료와 요양보험료가 연금에서 빠져나가게 되었을 때 미혜 씨는 관련 부서의 담당자를 찾아가 보험료를 저렴하게 하는 방법을 문의했다.

"'이 연금으로 월세를 내면 힘드시겠네요. 아무리 해도 안 될 때는 부인과 남편의 정기예금을 조사해볼게요'라고 말하는 거야. 내가 '생활보호 대상자 해달라는 거 아니에요'라고 말했지."

일흔다섯까지는 일하겠다고 했다. 그날도 일을 마치고 온 미혜 씨는 시영 주택 집회장에서 이야기를 끝내자, "나, 가서 잘게"라며 자리를 떴다.

40번지 소사

우노 유타카(宇野豊)의 〈교토 히가시쿠조(東九條)의 형성과 마을 조성〉(《在日外国人の住民自治》, 新幹社, 2007)에 의하면, 한국 병합 이전부터 교토에는 많은 조선인 노동자가 일하고 있었다. "1920년 전후부터 '불량주택 지구'로 여겨진 피차별 부락에 조선인이 거주"하기 시작해 해마다 증가했고, 주변 지역에도 집단 거주했다. 특히 니죠(二条)역에서 가까운 미부(壬生) 지구나 수진(崇仁) 지구에 인접해 있는 히가시쿠조에는 많은 조선인 노동자가 들어왔다. 전시 중 강제 소개(疎開)되면서 빈터가 된 교토 역 근처 철도 연변에는 전쟁이 끝나자 전후 판잣집이 급증했다. 히가시쿠조와 접해 있는 남동부가 특히 그랬다. 교토시는 1952년 '수진 지구의 동화 대책 사업으로 제1차 5개년 계획인 불량주택 지구 개량 사업'에 착수했다.

이 사업이 실시되면서 판잣집 주민들은 거주지를 옮겨야 했다. 그 사이의 변화를, 저자는 다음과 같이 기술했다. "단적으로 '어떻게든 먹고살 수 있는 지역'이었던 수진 지구 주변과 소개 지역은 전쟁 직후에 많은 재일 조선인을 포함한 저소득층을 '받아주는 접시'로서 기능하고 있었다. 하지만 클리어런스(clearance)와 개량 사업이 진척되자 그런 '받아주는 접시' 역할을 할 수 없게 되었고, …(중략)… 그 기능이 인접 지역"으로 옮겨 갔다. 수진 지구 주변이나 소개 지역의 저소득층은 히가시쿠조 북부의 4개 마을, 즉 히가시이와모토초(東岩本町), 미나미이와모토초(南岩本町), 기타가와라초(北河原町), 미나미가와라초(南河原町)로 쫓겨났고, 조선인은 가모가와와 다카세카와의 하천 부지 또는 40번지로 쫓겨났다.

40번지에서는 1960년대 후반부터 동네 청년들과 지원 활동가들이 여름 축제와 어린이 모임을 조직했고, 70년대 전반에는 주민자치단체가 결성되었다. 생활에 필요한 최소한의 인프라가 '불법점거'를 이유로 설치되지 않았다. 이 때문에 70년대 중반부터 전화와 수도 설치를 요청하는 행정 교섭을 거듭했다. 이 과정에서 공동 수도가 설치되었지만 행정 대응의 부족으로 주민 대립이 일어나면서 주민자치단체는 붕괴했고 지원 활동가들은 40번지를 떠났다.

1979년에 집 세 채가 자연 붕괴되는 사고가 일어나면서 지원자들은 다시 주민 유지와 피해자 구조에 몰두했다. 1981년 5월, 자치회 재건 주민대회를 열었고, 다음 해에는 집집마다 수도가 들어왔다. 비록 주거 환경은 열악했지만, 주민의 80%를 차지하는 재일 코리언, 특히 1세들에게는 속사정을 잘 아는 동포들이 모여 사는 살기 좋은 지역이었다. 자치회는 전문가를 포함한 지원 활동가의 조언을 받아,

1989년 다카세카와의 흐름을 바꾸어 매립 면적을 늘리고 그 자리에 주택을 건설할 것을 행정기관에 요구했다. 천도(遷都) 1200년을 맞아 역 주변을 재개발하는 과정에서 1991년 주민들의 요청이 받아들여졌다. 마을의 정식 이름이 '히가시마츠노기초(東松ノ木町)'로 명명된 1996년에 히가시마츠노기 주택 제1동이 완성되었고, 1999년에는 제2동이, 그리고 2004년에 제3동이 완성되었다.

함께 싸워 쟁취한 집

"이 집은 정말 애정이 깊게 서린 집이에요. 강둑에 있으니까 불법 건축이잖아요? 그걸 주민자치단체를 만들어 함께 싸웠죠. 승리해 얻은 집이에요. 입주했을 때 남편 조카가 축하하러 왔어요. '작은 어머니, 시영 주택이랑 달라요. 맨션이잖아요. 하나도 창피할 것 없어요'라고 했어요."

최순자 씨(가명. 1934년생)는 남편이 운영하는 폐품 회수업을 돕고 있었다. 자영업이라 시간을 내기가 수월했기 때문에 부회장 같은 임원을 맡아 일했다. 공동주택 건설이 결정된 다음, 자치회는 여러 단지를 견학했다. 히가시마츠노기 단지는 그렇게 견학을 다닌 자치회 여성들의 요청 사항이 반영되었다. 이를 순자 씨가 일일이 챙겼다. 부엌 수납장을 2개로 만든 것, 싱크대 폭을 넓힌 것, 현관과 욕실을 넓힌 것, 각 방에 수납공간을 충분히 만든 것, 장애물 없는 설계 등.

순자 씨는 40번지로 이사 오기 전에 사쿄(左京)구에서 별채를 빌려 살고 있었다. 그런데 구획 정리로 그 집이 이주 대상이 되었다. 관청에 문의해보니, 세입자의 경우는 이주자에게 제공되는 시영 주택이 제공되지 않는다는 답이 돌아왔다.

언니를 찾아가 상의했다. 언니는 다카세카와 강변이기는 하지만 다리 쪽 대로로 바로 나올 수 있는 집을 찾아주었다.

"아이들은 '셋방살이보다 낫지, 뭐' 그러면서 신났지."

사쿄에서는 집주인이 살고 있는 곳 옆쪽을 통해 별채로 들어갔다. 언니가 찾아준 집은 현관에서 바로 출입을 할 수 있어 좋았다. 구입 자금 80만 엔 전액을 언니가 빌려주었다. 그것을 매달 조금씩 상환했다. 다다미 6장 크기의 방 1개, 3장 크기의 방 2개, 그렇게 방 3개가 있었다. 40번지 남단에 있었기 때문에 회수품을 둘 곳도 있어 편리했다. 욕실은 니시진(西陣)에 살던 오빠가 단지에 입주해 필요 없어진 욕조를 활용해서 만들었다. 전기가 들어왔고, 가스는 프로판가스를 사용했다. 전화선은 40번지에서는 예외적으로 다카세카와 맞은편 집에서 끌어 썼다. 다른 집에는 전화가 없었다. 수도도 없었다.

"비가 내려도 걱정. 바람이 불어도 걱정. 불이 나도 걱정. 태풍이 오면 도우카(陶化) 소학교로 대피했어요. 홍수가 나면 소방서 대원들이 순회를 해주죠."

강둑에 기둥을 여러 개 세워서 만든 집이었다. 집 윗부분을 생활공간으로, 아랫부분을 창고로 썼다. 가모가와에 물이 불어나면 창고는 잠겼다. 쌓아놓은 회수품들이 떠내려간 적도 있었다. 아들 자동차가 떠내려가기도 했다. 그나마 차는 도중에 걸려 쓸 수 있었지만.

이런저런 불편한 점이 많았는데도 순자 씨는 "이렇게 살기 좋은 곳이 없어요. 지금은 더욱더 그렇고요"라고 말한다.

"이웃들하고 사이도 좋고. 서로 나눠주고, 도울 수도 있으니까요."

40번지에는 일본인도 소수 살고 있었다.

"좀 편견이 있지요. 같은 40번지에 살면서 왜 그럴까요. 아이들은 다들 사이좋게 지내요. 하지만 부모는 달라요. 결국 여기서 못 살고 다른 곳으로 가버렸어요."

야마시나(山科)에 집을 사서 장남 부부와 함께 살던 때도 있었다. 손자들이 크면서 집이 비좁아져 작업장으로 만들어두었던 40번지 집으로 돌아왔다.

다바타초(田端町)에 집을 빌려 이사한 적도 있다.

"딸이 시집갈 때 주소가 여기로 되어 있으면 불쌍하다는 생각이 들어서." 둘째 아들은 단바(丹波)에 있는 일본인 농가의 딸과 결혼했다. 귀화 수속을 업자에게 부탁하지 않고 직접 했다. 시간이 많이 들었다.

오연성 폐렴으로 입원과 퇴원을 되풀이하던 남편의 임종을 지켜본 것은 5년 전 여름이었다. 49재와 납골을 마치고 8일이 지나던 밤, 화장실에 가려고 일어서려는데 움직일 수가 없었다. 압박골절이라는 진단을 받았다. 지병인 협심증도 앓고 있다. 순자 씨의 약은 병원에 근무하는 위층의 이복희 씨가 가져다준다.

무서워서
혼자 여기서 살겠냐?

이복희 씨(가명. 1934년생)는 처음 40번지에 왔을 때 "정말 놀랐어. 이런 곳에도 사람이 산다니"라고 생각했다. 남편이 골프장 벙커를 만드는 일을 했기에 기숙사에서 생활했다. 한 현장이 끝나면 다음 현장으로 이동했다. 규슈를 전전했다.

딸의 소학교 입학을 앞두고 남편은 수도 공사 일을 시작했다. 셋집을 찾으러 다니면서 처음으로 보증인이 필요하다는 것을 알았다. 적당한 보증인이 없었다. 설령 있다고 해도 재일 코리언은 쉽게 집을 빌릴 수 없다는 현실을 통감했다.

몇 년 후 남편이 간경변증으로 입원했다. 사실은 암이었다. 무슨 얘기를 듣더라도 견딜 수 있다고 자신했다. 하지만 3개월을 넘기지 못할 것이라는 선고를 받고 복희 씨는 풀썩 주저앉고 말았다. 후회 없는 간병을 하고 싶었다. 하지만 하루하루 '오늘은 견뎌줄까'라는 생각을 하니 두려웠다.

여름방학이 끝나가는 무더운 날이었다. 남편이 애들을 만나고 싶다고 했다. 그 무렵 남편의 사촌 누이동생과 함께 살고 있었기 때문에 딸과 아들을 데리고 와달라고 전화로 부탁했다. 3시쯤에 땀을 흠뻑 흘리며 셋이 병실로 들어섰다.

"언제 퇴원해? 여자 목욕탕만 간다고. 아버지랑 남자 목욕탕에 가고 싶어."

아들이 말했다.

"그래? 퇴원하면 같이 가자."

남편은 이렇게 간단히 대답하고는 막 도착한 세 사람에게 "돌아가"라고 말했다. 복희 씨는 "이렇게 더운데도 신나서 온 아이들에게 10분도 안 지났는데, 왜 돌아가라고 하냐"며 남편을 몰아붙였다. 남편은 아무 말도 하지 않고 옆으로 돌아누웠다. 아무 말도 하지 않고. 복희 씨는 그때 남편이 아이들과 '연을 끊는구나' 하고 느꼈다.

그리고 10일 뒤 남편은 숨을 거뒀다. 딸은 "죽으면 안 돼" 울부짖으며 안았다. 아들은 몇 번을 재촉해도 남편의 얼굴을 보지 않았다. 복희 씨가 서른여덟, 딸이 소학교 4학년, 아들이 소학교 1학년 때였다.

"적어도 고등학교까지는 졸업시켜줘."

병원에 있는 동안 거의 매일 밤 이렇게 이야기한 것이 남편의 유언이었다.

낮에는 청소, 밤에는 요리여관*, 주말에는 경마장에서 일했다. 경마장에는 아이들을 자주 데리고 갔다. 가게 주인이 "먹어봐", "마셔봐" 하면서 아이들에게 프랑크푸르트 소시지나 음료를 주었기 때문에 아이들도 경마장에 가는 날을 기대했다. 경마장에서 일을 하고도 요리여관에 가서 또 일했다.

"잘도 버텼어. 그러니까 몇 년에 한 번은 몸살이 나는 거야. 3일은 숨도 못 쉴 정도로. 죽을 것처럼."

* 옛날 민박처럼 그 지역의 전통 음식을 제공하는 여관.

갱년기에 감기에 걸려 열이 나서 일어나는 것도 힘들고 기분이 침울해지면 문득 "엄마 죽고 싶은데, 같이 죽을래?"라는 말이 자기도 모르게 입에서 새어 나왔다. "나 아직 죽고 싶지 않아." 딸의 이 말에 망치로 머리를 맞은 듯했다.

"부모가 되어 가지고 좀 피곤한 건데, 무슨 말을 한 건지. 아직도 내 자신을 탓하지."

귀가 시간은 매일 밤 10시 반께였다. 어느 날 집에 돌아왔는데, 남매끼리 싸우고 있었다. "얘기는 나중에 들을 테니 아무튼 지금은 조용히 해." 그때 아들이 말했다. "엄마, 우리 간장하고만 밥 먹어도 되니까 밤에는 집에 있어."

"그래도 난 애들한테 타일렀어."

밤일하는 요리여관을 그만두면 형편을 유지할 수 없었다. 딸은 여름방학이 되면 규슈의 친척 집에 갔다. 아들은 가지 않았다. "엄마가 혼자 있는 게 싫어"라면서.

복희 씨가 담석으로 입원한 것은 남편이 죽은 지 5년이 지나서였다. 아들의 머릿속에는 병원 입원과 죽음이 이어져 있었다.

"입원하면 누나랑 둘만 남는 거잖아. 집으로 돌아가지 않으면 엄마도 죽는 거잖아. 빨리 가자."

어디에서 그렇게 많이 나오는 건지, 눈물을 뚝뚝 떨어뜨리고 있었다. 당시 5학년생이던 아들은 복희 씨가 입원해 있는 동안 몸무게가 6킬로그램이나 빠졌다.

퇴원해 집으로 돌아오자 복희 씨 집 우물 곁에 있는 낡은 집을 산 사람이 개축을 하고 있었다. 복희 씨는 우물 펌프가 고장 나서 수리를 해야 했기 때문에 통로를 비워두고 작업해달라고 부탁했다. 그러자 "뭐, 이게 진짜?"라고 시비조로 위협했다. 시동생에게 사정을 얘기하자 달려와서 "우리 형수한테 뭐라 한 거야?"라고 고함을 지르며 들어갔다. "어이, 나오지 못해? 어디 너 무서워서 여기 혼자 살겠냐?" 복희 씨도 질세라 소리를 질렀다.

"여자고, 혼자라는 생각이 머릿속에 꽉 차 있었어. 이왕 그리 된 거 무서울 게 하나도 없었지. 여자 혼자 살려고 마음먹었으면 약한 마음가짐으로는 살 수 없으니까."

다음 날 부부가 함께 복희 씨 집에 왔다.

"시청에 발각되면 집을 부셔야 하니까 사과하러 온 거지."

복희 씨는 남편의 유언을 지켰다. 아들은 고등학교 2학년이 되자 디자인 전문학교에 가고 싶다고 했다. 그림을 잘 그렸다. 경제적으로 진학은 무리라는 걸 안 아들은 학교에 가지 않았다. 담임은 전화로 등교를 재촉했다. 부족한 학비를 빌려주겠다고도 했다. 담임교사의 열의 덕분에 아들은 졸업을 할 수 있었다.

지망하던 학교에 아들이 작품을 제출했다. 합격 통지가 도착했을 때 복희 씨는 자기도 모르게 "어쩌지"라며 중얼댔다. 아들의 미래보다 생계가 절실했다. 아들의 학비는 취직 차별을 극복하고 일을 시작한 딸이 내주었다. 하지만 7개월 뒤 아들은 종이 한 장을 쥐고 들어오더니 학교를 그만두겠다고 했다. 하반기에도 수업료가 필요하다는 것을 몰랐던 것이다. 복희 씨는 학교에 가서 분할로 할 수 있는지를 상담해보겠다고 했다. 아들은 자신이 하겠다고 하더니 다음 날 웃는 얼굴로 돌아왔다.

그러던 어느 날 집에 돌아왔는데 목제 맹장지에 구멍이 3개 뚫려 있었다. "대체 왜 나를 조선에서 낳았어." 아들은 국적 때문에 취직 시험에서 떨어졌다. 아들의 분노는 쉽게 진정되지 않았다. 혼자 놔두는 것이 좋을 것 같았다. 복희 씨는 아무 말 없이 밖으로 나왔다. 그리고 2주 후 아들에게 이렇게 말했다.

"우리 어릴 때는 차별이 더 심했어. 이렇게 침울해 있으면 앞으로 어떻게 살려고?"

아들은 취직하지 않았다. 아르바이트를 하며 방황했다.

인생에서
가장 공부가 되었다

"우리는 여기에 왔고. 좋은 것도 나쁜 것도 출발점이 여기에 다 있으니까."

그렇게 말하면서 복희 씨는 헐리기 전에 찍은 집 사진을 보여주었다. 가로질러 맞은편에 순자 씨 집이 있는 40번지의 가장자리 집이다. 정월 대보름용으로 모아 심는 남천을 심었더니 크게 자랐다. 해마다 정월이 가까워지면 순자 씨는 "하나 가져갈게"라면서 휘어질 정도로 빨간 열매가 흐드러지게 달린 가지를 꺾어 꽃꽂이에 썼다. 좁은 집에서 이 넓은 집으로 이사 온 지 얼마 되지 않아 남편이 죽었다.

그 후 복희 씨는 주민자치단체 활동에 적극적으로 참여했다.

"내 힘으로는 여기서 빠져나갈 수 없다고 생각했어요."

복희 씨가 빠져나가고 싶었던 것은 장소가 아니라 40번지를 둘러싼 환경이었다.

"우선 태풍이나 물이 무서워. 아이들도 구할 수 없어요. 내가 둘을 지킬 수가 없어. 거기엔 전화가 없어. 물건을 사려고 해도 지도에 기재된 곳이 아니라서 배달도 안 되고. 우리들이 주민자치회를 만들어서 40번지라고 만들어놨는데도 0번지라고 깔보고."

태풍이나 큰비가 올 때는 아이들에게 옷을 입혀 도로 쪽에 있는 위층 방에서 재웠다. 복희 씨는 귀중품이나 외국인등록증을 바로 꺼낼 수 있게 해놓고 깨어 있었다.

"가모가와가 넘칠 것 같으니까. 덤프트럭이나 승용차도 떠내려가요. 사람도 휩쓸려 떠내려가지."

화재가 나서 옆집까지 타버린 적도 두 번이나 있었다.

복희 씨 집 앞 다카세카와에 가설된 다리가 중간에 잘려 무너진 적도 있었다. 자전거를 타고 일하러 가는 길에 날마다 좁은 도로를 지나야만 했다. 관공서를 여러 차례 방문해 어려움을 호소했다. "야, 아주머니 정말로 열심히 하십니다." 다카세카와에 가설되어 있던 여러 다리 가운데 복희 씨 집 앞에 있는 다리부터 복원되었다.

40번지에는 불법점거라는 이유로 전화나 수도가 들어오지 않았다. 주민자치단체는 전화국에 요청 행동을 거듭했다. 전화국 앞에서 시위를 할 때 소학생인 아들을 데리고 간 적도 있었다. 추운 겨울이었다. 저녁 대표 임원들이 교섭하고 있는 동안 콘크리트 바닥에 신문지를 깔고 앉아 있었다. "엄마, 배고파. 추워. 집에 가자"라는 아들에게 건너편 가게에서 빵과 우유를 사주며 참으라고 했다.

딸아이는 전화가 없어서 나중에는 집을 나가고 싶다고 했다.

담석 수술을 하고 집으로 돌아왔을 때 우물물을 마실 수가 없다며 이웃에서 큰 소동이 났다. 복희 씨는 바로 보건소에 연락해 수질 검사를 의뢰했다. 보건소 직원은 검사는 순서대로 진행해야 하기 때문에 3개월 후에 이루어질 것이라고 설명했다. "나이 먹은 나는 기다릴 수 없어. 내 두 아이들이 이 물을 마시고 뭔 일 나면 당신이 책임질 수 있어? 지금 대답하시오." 이렇게 항의하자 다음 날 우물물을 검사하러 왔다. 며칠 후 결과가 나왔다. 마실 수 없는 물이었다. 빨간 도장이 찍힌 검사 결과표를 받고 나자, 주민자치회에서 열을 올리고 있던 수도 설치 요청 운동이 탄력을 받았다.

복희 씨는 중요한 교섭이 있는 날에는 일을 할 수 없었다. 하지만 생활은 해야 했다. "오늘은 좀 봐줘. 일을 쉴 수가 없어서 그래." "가, 가. 대신 내가 채워줄게." 이런 순자 씨의 말에 얼마나 큰 도움을 받았는지. "내 인생에서 가장 공부가 되었지요. 젊은 친구들이든 대학 교수든. 우노 씨(앞에 언급한 논문의 필자)나 무라키 씨(후술)를 만나서 정말 고마웠어요. 같이 가서 집회도 하고 이야기도 나누고. 얼마나 내가 감동을 받았는지 몰라."

신학을 공부한 일본인 지원 활동가가 40번지의 주택 집회장에서 결혼식을 올렸다. 저고리를 입고 싶다고 해서 딸의 결혼 예복을 빌려주었다.

"그랬더니 얼마나 기뻐하던지. 딸보다 더 예쁘게 사진이 나왔어."

딸은 재일 코리언과 결혼했다. 어느 날 딸 부부가 진지하게 상의를 하고자 찾아왔다. 자신들이 당한 취직 차별과 같은 차별을 아들에게는 물려주고 싶지 않아서 "귀화하고 싶다"고. 복희 씨는 둘의 판단에 맡겼다. 딸은 귀화했고 이름도 바꿨다.

복희 씨는 순자 씨와 함께 오랫동안 수영장을 다녔다. 거기에서 알게 된 일본인은 자신들이 코리언이라고 말해도 절대 인정하지 않았다. "조선과 달라. 한국과 달라. 일본 사람." 그렇게 말했다.

"나는 기쁘게 여기지는 않아. 그렇다고 부정도 하고 싶지 않고. 하지만 딸처럼 귀화하고 싶지도 않아. 부모가 물려준 건데, 내가 가지고 죽으면 그걸로 끝이지."

딸이 귀화 수속을 하고 나서 아들도 그렇게 하지 않을까 내심 걱정했다. 하지만 아들은 아무 말도 하지 않았다.

히가시마츠노기 주택에서 만난 할머니들은 본명은 물론이고, 평소보다 많이 쓰이는 통명이 잡지에 실리는 것을 강하게 거부했다. 가게를 낼 자금이 없어 40번지에 있는 집에서 밥과 김치, 개장국과 막걸리까지 팔았던 1세 할머니는 말해준 내용도 싣지 말라고 했다. 주민운동을 열심히 한 것이 인생의 자랑이라고 생각하는 복희 씨마저 40번지의 생활을 부끄러워했다. "0번지"라고 하는 차별적인 표현이 얼마나 깊은 의미를 담고 있는지를 생각하게 하는 대목이었다.

사람과 사람,
40번지 시대의 커뮤니티

일반적으로 소규모 시영 주택에는 관리인이 배치되어 있지 않다. 하지만 문자 해독 능력이 없는 고령의 재일 코리언이 많이 있다며 관리 지원의 필요성을 제기하고 교섭했다. 교토시는 사회복지법인 가톨릭 교토 교구 카리타스회(會)에 주택 관리와 생활지원 업무를 위탁했다. 실무를 담당하는 NPO 법인 히가시쿠조 마을 만들기 서포트 센터(애칭은 콩나물)의 사무국장 무라키 미쓰코(村木美都子) 씨에 따르면 다양한 문제로 상담이 이루어진다고 했다. '에어컨의 리모콘을 쓸 수 없다', '자동 응답기를 어떻게 조작하는지 모르겠다'와 같은 전자제품에 관한 상담이 많다고 했다. 단순히 건전지가 떨어졌다는 내용도 있다.

"갑자기 걸을 수가 없다며 시장을 대신 봐달라고 하든가, 요양 보험과 의료 보험 사이의 공백 기간인데 구급차를 부르거나 가족 대신 병원에 모시고 가는 일이지요."

요양 보험 서비스가 필요한 사람은 수급을 받을 수 있게 사업소와 연락을 한다. 예전에 방 안을 쓰레기 처리장처럼 해놓고 사는 사람이 있었다. 생활 보험 수급자였던 주인과 사회복지사 등 3명이 상의를 해 요양 보호사가 들어갈 수 있을 정도로 방을 치웠다. 다양한 병증 때문에 이웃끼리 말썽이 생기는 경우는 주민들에게 이해를 구해야 했다. 히가시마츠노기 주택으로 정신과 의사가 왕진을 한 것은 진단과 치료에 도움이 되었다. 병원에서는 환자 혼자서 얘기한 내용밖에는 알 수 없다. 하지만 의사가 방문하는 경우 주거 상태를 보면서 환자가 스스로 설명하지 못하는 문제를 이해할 수도 있다.

"돌아가셨을 때 부르는 일도 있어요."

생활보호 수급자가 사망했을 경우 따로 살고 있던 가족은 지역 사정에 어둡기 때문에 어떻게 장례를 치러야 하는지 모른다. 여러 차례 돌아가신 분들의 장례를 치렀던 무라키 씨의 조언은 그런 가족에게 적지 않은 위안이 된다.

고령자는 자기 몸과 마음에 일어나는 세세한 변화를 가족에게 알리지 않기 때문에 떨어져 사는 가족이 그에 대해서 알기는 어렵다. 전할 이야기가 있다면 가족들에게 전달하는 역할도 하고 있다.

"뭐, 할머니들은 우리들을 딸처럼 예뻐해주시죠. 보살펴줘서 고맙다며 김치를 담가주기도 하세요. 고생하면서 살아오신 분들의 경험은 대단해요. 그런 이야기를 듣는 것만으로도 저희들이 사는 데 힘이 돼요. 그런 의미로 본다면 기브 앤드 테이크죠. 무척이나 교류가 깊어요."

사람과 사람의 관계가 진하고 살기 좋았던 40번지 시대의 커뮤니티는 주민들의 고령화로 형태는 바뀌었지만, 아직 건재하다.

9

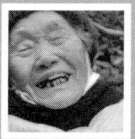 전쟁도 쓰나미도
삶을 빼앗지는 못해

위 2011년 12월, 서울에서 진행된 1000회 '수요집회'와 연대해 일본 외무성을 '인간 사슬'로 포위하는 행동에 나선 송신도 씨. 애견 마리코를 데리고 휠체어에 앉아 시위에 참여했다.
아래 1998년 나눔의 집을 방문해 한복을 입고 춤을 추는 송신도 씨.

"전쟁 때 '위안부'로 끌려갔는데, 사는 것보다 죽는 게 낫겠다 싶어 기차에서 뛰어내린 적도 있어. 하지만 쓰나미로 엄청나게 떠내려갔을 때는 정말 슬펐어. 인감도장도, 아무것도 없잖아."

송신도 씨(1922년생 충청남도 출신)는 유일한 재일 일본군 '위안부' 피해자로 재판을 통해서 싸운 원고(原告)였다.

1946년 이후 미야기현 오나가와초에서 살았다. 동일본 대지진 때 쓰나미로 집이 쓸려 나가면서 모든 것을 잃었다. 간신히 애견 마리코와 함께 목숨을 부지했다. 아직 지진 재해 피해를 입기 전에 나는 신도 씨의 작은 몸에 새겨진 방대한 기억 때문에 이런저런 생각에 잠겨 막막해진 적이 있다. 이와 함께 이제는 지진 재해와 쓰나미의 기억이 그의 몸에 더해졌다.

우리 마리코는
흙까지 먹었다니까

3년 전 3월 11일 오후, 신도 씨는 텔레비전을 보고 있었다.

"그거 아니면 신문 수집을 해. 신문을 모아서 팔면, 1000엔이나 2000엔은 되거든. 그걸로 반찬도 사서 먹고."

신도 씨의 집 창고에는 모아둔 신문지가 항상 쌓여 있다.

"처음에는 쪼금쪼금 흔들렸어. 좀 있으니까 삑삑거리는 소리가 나는 거야. 텔레비전이든 라디오든 다 켜놓으라고 야단들이야. 그 즉시 쓰나미가 오는 건 아니니까 지진 정도라고 생각했지. 근데 그게 아니야. 대단했어. 신문 수집하러 갔으면 아마 떠내려갔을 거야."

민생위원인 엔도 에쓰코(遠藤悅子) 씨가 집회소로 피난하라고 문 앞에서 소리를 질렀을 때만 해도 신도 씨는 '여기까지 쓰나미는 안 와'라고 생각했다.

그래도 목줄을 단 마리코를 엔도 씨에게 건네고 "먼저 가 있어"라고 한 다음 배낭에 중요한 것을 넣었다. 전에 민생위원이었던 엔도 씨의 부인도 신도 씨에게 연락해 "지진이 나고 있으니까 문을 꽉 닫지 말고 열어놔요"라고 당부해주었다.

텔레비전이 있는 다다미 6장짜리 방 안쪽으로 달려 있는 창문을 열자 그 바로 아래로 흐르는 냇물이 불어 있었다. 다다미 4장 크기의 방에 있던 큰 옷장과 서랍은 이미 쓰러져 있었다. 안에 있는 물건을 꺼내려고 했지만, 무리였다. 큰방에 있던 찻장도 쓰러졌다. 불단 서

랍에 모아놓은 수만 엔의 동전과 2만 엔 정도가 들어 있던 두꺼비는 꺼낼 수 없었다.

"하루 선생의 아들이 왔어. 와서 자기 집에 있으라고 했어."

신도 씨의 집은 두 채를 이어서 지은 40, 50년 정도 되는 단층집이었지만 도로를 끼고 맞은편에 있는 하루 선생의 집은 지은 지 얼마 안 되는 멋진 집이었다. 도로에서는 하수도 공사를 하고 있었다. 하루 선생 아들 부부가 말한 대로 거실에 있는데, "쓰나미다!" 하는 소리가 들렸다.

"공사하고 있는 곳 여기저기가 다 구멍투성이야. 구멍에서 물이 점점 올라오는 거야. 도망쳤지, 도망쳤어."

하루 선생의 아들 손에 이끌려 도망치다가 한쪽 구두가 벗겨졌다. 하수도 공사를 하던 인부가 걸음이 느린 신도 씨를 순간적으로 업고 고개에 올랐다. 업혀 있던 신도 씨는 높은 언덕에 있던 아베(阿部) 씨 집에 도착할 때까지 꼭 쥐고 있던 하루 선생의 아들 손을 놓지 않았다. 신도 씨에게 이 기억은 없다. 재일 '위안부' 재판을 지원하는 모임(이하 '지원 모임')의 양징자(梁澄子) 씨와 신타니 치카코(新谷ちか子) 씨가 5월에 신도 씨 집이 있던 곳에 갔다가, 우연히 피난처인 센다이에서 와 있던 하루 선생의 아들 사토 씨에게 들은 이야기였다. 하루 선생은 재판 중인 신도 씨에게 "절대로 지지 말고, 열심히 하세요"라며 격려를 해주기도 했다. 그는 몇 년 전 여든다섯 살의 일기로 세상을 떠났다.

그날은 아베 씨 집에 피난한 사람들과 밤을 지냈다.

"전기도 안 들어오고 물도 안 나와. 아베 씨 부인이 좋은 사람이야. 찐 감자를 먹으라며 주더라고. 껍질도 벗기지 않고 그대로 먹었어."

아베 씨는 그날 얼굴을 알고 있던 이시하마(石浜) 사람 5명, 모르는 사람 5명이 함께 있었다고 했다.

다음 날인 3월 12일 아침에 민생위원인 엔도 씨가 신도 씨를 찾아와 마리코를 건네주었다. 쓰나미가 덮치자 마리코는 자꾸자꾸 묘지 쪽으로 달려가서 엔도 씨가 묘지에서 함께 하룻밤을 보냈다. 높은 언덕에 피난해 있던 이시하마나 미야가사키(宮ヶ崎) 사람들은 무리를 지어 대피소로 지정된 오나가와초 종합체육관으로 향했다.

"나중에 헬리콥터가 온다면서 헬리콥터로 가라고 했어. 오긴 왔는데 (우리를) 태워주지 않았어. 밖으로 나와보니 길인지 바다인지 모르겠는 거야. 공습을 당한 거 같았어. 문제지 뭐야. 물은 평평 솟아오르지, 타이어나 철물 같은 게 떠내려와. 철은 주우면 돈이 되지만 그걸 생각할 때가 아니잖아. 집들은 다 뒤집혀 있지. 버스회사의 버스도 다 뒤집혀 있고. 아베 씨 집에서 장화를 빌려 왔어. 내 발이 2개는 들어갈 만큼 큰 장화라서 벌떡거리면서 걸었어. 젊은 남자가 이러더라고. '그렇게 걸어가면 아침부터 밤까지 걸어도 도착 못 해요.' 그래서 마리코를 배낭에 넣고 나는 업혀서 대피소에 갔어. 무척이나 친절하고 남자다운 청년이었어."

대피소에서 신도 씨의 자리는 2층 추운 곳이었는데, 화장실이 가까워서 다행이었다.

"이시하마 사람들은 이시하마로, 미야가사키 사람들은 미야가사키로 나뉘어서 책임자인 듯한 사람들이 오고. 수다스런 살갈퀴*랑 똑같아. 아이들은 깍깍대면서 소란스럽지, 어른들은 시도 때도 없이 수다를 떨고 있지."

혼자서 편하게 살던 신도 씨는 대피소로 변한 넓은 체육관의 소란스러움에 질려버렸다.

"지진이 나면 너무 놀란 마음에 다들 담요를 덮어쓰고 그래. 나는 그러지 않았어. 아무 말 없이 보기만 했지. 너무 당황하면 더 무서워지니까."

침구는 담요 한 장. 식사는 아침에 주먹밥, 낮에는 귤, 저녁은 죽 정도가 나왔다. 이 정도 식사를 마리코랑 나누어서 먹었다.

수많은 희생자와 실종자에 대한 비보가 속출하고 있었다. "동물이야 죽어도……"라며 대피소에 마리코를 데려왔다고 비난하는 남자도 있었다.

"뭐? 이놈 자식. 네가 죽어라. 동물이지만 심장이 멈추지 않았으면 살아 있는 생명이야."

신도 씨의 반격에 남자는 침묵했다. 하지만 애완동물은 밖에 있어야 했다. 눈이 내리던 날 신도 씨가 음식을 가지고 갔는데, 마리코는 깜깜한 곳에서 다른 개들과 함께 젖은 채 웅크리고 있었다. 안아서 들어올리자 마리코는 신도 씨의 눈물을 핥았다.

"우리 마리코는 흙까지 먹었다니까."

---

* 잎에 입을 대고 불면 '삑삑' 하고 피리 소리가 난다.

남편이 쓰나미에 쓸려가 죽고 맨 몸뚱이로 대피소에 와 있던 옆 사람은 친절했다. 옆에 있던 다른 사람은 피난할 때 가지고 나왔는지, 누가 보내줬는지는 모르지만, 주위를 신경 쓰지 않고 시종 무언가를 먹고 있었다.

"친척이 있는 사람은 좋아. 없는 사람은 엄청나게 고생이지."

신도 씨는 일본에 친척이 한 사람도 없다.

신도 씨를 업어주었던 청년이 대피소를 떠날 때 본인이 쓰던 담요와 사과와 귤을 건네주었다. 마리코의 화장실 구실을 할 신문지도 모아주었다. 신도 씨는 청년이 준 담요를 마리코의 침구로 사용했다. 체육관 밖에서는 흘러내려온 목재로 모닥불을 계속 피워놓고 있었다. 하룻밤 사이에 젖은 마리코의 담요를 모닥불에 말리고 있는데, 자위대가 와서 들것으로 뭔가를 트럭에 옮겨 쌓는 작업을 하고 있었다. "이게 뭐요?" 신도 씨가 물었다.

"죽은 사람이라네요. 모두 태운대요."

자세히 살펴보니, 사람 머리카락이 보였다.

낮에는 그럭저럭 지낼 수 있었지만, 밤에는 몹시 추웠다.

"모두 반은 병자 같은 얼굴을 하고 있어. 새까맣게 타서. 딱 병사들이 잘 때 덮는 담요를 덮고. 추워. 눈이 내렸으니까. 옆구리도 아팠어. 제명에 죽는 건 어쩔 수 없지만, 지진이나 쓰나미에 휩쓸려 죽는 건 억울하지."

지원 모임, 특히 양징자 씨가 모든 수단을 동원해서 신도 씨의 소재를 확인한 것이 3월 18일이었다. '전쟁으로 가는 길을 용납하지 않는 여자들의 센다이 모임' 등 현지 시민 단체의 협력을 얻어 신도 씨를 센다이로 모시고 왔다. 지원 모임은 19일 신도 씨를 모시러 갔다.

　신도 씨는 11일에 집을 나설 때 빨간색 털이 달린 추리닝에 연지색 조끼를 입고 있었다. 코트나 재킷도 없이 난방이 되지도 않는 체육관에서 일주일간 담요 한 장으로 보낸 것이다. 보청기의 건전지는 다 떨어졌다. 귓전에 대고 크게 소리를 지르지 않으면 아무것도 들리지 않았다. 신고 왔던 큰 장화만 센다이 모임 회원이 준비한 신발로 바꿔 신고서 신도 씨가 센다이를 떠난 것은 20일 아침 9시가 넘어서였다. 쇼나이(庄內) 공항을 경유해 도쿄 숙소까지 도착했을 때는 밤 9시가 지나 있었다.

　신도 씨는 약 3주 동안 호텔에서 생활해야 했다. 그동안 지원 모임 회원들이 교대로 와서 신도 씨를 돌보았다. 도쿄에서 거주할 곳이 결정된 뒤에도 지원 모임 회원들이 자주 방문하고 있다.

'위안부 110번'에 전해진 정보

시민 단체에서 실행위원회 방식으로 정보 수집을 위해 설치한 '위안부 110번'에는 1992년 1월 14일부터 3일 동안 가 있었다. 1991년 12월 6일에 김학순 씨를 포함한 한국의 일본군 '위안부' 피해자 3명이 군인 군무원들과 함께 일본의 사죄와 보상을 요구하며 도쿄 지방재판소에 소송을 제기했다. 당시 미야자와 기이치(宮澤喜一) 수상의 방한을 앞둔 1월 11일 〈아사히신문〉에는 요시미 요시아키(吉見義明) 쥬오(中央)대학 교수가 위안소에 관한 공문서를 발견했다는 기사가 1면 톱으로 실렸다. 이에 13일 가토 고이치(加藤紘一) 관방장관은 일본군의 관여를 인정하는 담화를 발표했다. 이러한 움직임 속에 설치된 '위안부 110번'에는 많은 정보가 속속 들어왔다. 나도 전화 받는 일을 3일간 하고 있었다. 16일 신도 씨에 관한 정보가 들어왔다. 전화 접수 카드에는 전화를 받았던 담당자의 메모가 적혀 있었다. "연락을 받은 양 씨에게 '연락을 해도 지장이 없겠느냐'고 물어보니, '꼭 연락해주세요'라고 했습니다." 실행위원회는 중요한 정보의 경우 재조사를 했지만, 신도 씨에 대해서는 재조사를 망설이고 있었다. 정보 제공자가 본인이 아니고 정보 제공자의 연락처도 불분명했다. 신도 씨의 의사를 확인할 수 없었기 때문이었다. 나는 실행위원회의 결정을 기다리지 않고 오나가와로 향했다.

 3월 말 한풍이 휘몰아치는 이시노마키의 플랫폼에서 나는 신도 씨에게 어떻게 인사를 하면 좋을까 고민했다. 김학순 씨가 처음으로 이름을 밝히고 얼굴을 드러냈을 때 많은 일본인들은 강한 충격을 받았다. 일본군이 여성에게 범한 중대한 인권유린이었지만 일본군 '위안부' 문제는 반세기 가까이 방치되어 있었다. 피해 당사자에게 침묵이 강요되었다. 당시 김학순 씨를 비롯한 3명 이외에 다른 피해자의 존재는 극소수만이 알려졌다.

 신도 씨는 집에 없었다. 옆집(나중에 집주인이라는 것을 알았다)에 물으니, 윗집으로 차를 마시러 갔다고 안내해주었다. 이야기를 나누다 말고 나온 신도 씨는 천으로 만든 큰 가방을 가지고 온 나를 먹을거리나 가발을 팔러온 사람이라 여긴 듯했다. 고개를 내려오면서 "전쟁 때 이야기를 들으러 왔습니다"라고 말을 건넸지만, 이 말에는 안중에도 없는 듯 "다리가 아파. 물이 고여 있어"라며 무릎을 보여줬다. 하지만 신도 씨는 나중에 "난 딱 느낌이 왔어"라고 얘기했다.

"난 당신하고 비슷한 나이에 아이 둘을 중국에 남겨두고 왔어."

고타쓰에 들어오라고 권유하면서 신도 씨가 건넨 첫마디였다. 왜 찾아왔는지 말하자 "아, 잘됐어. 나도 있잖아, 그놈들 때문에 잠을 못자. 잘 수가 없어. 분해서 어떻게 하지를 못하겠어."

봇물 터지듯 중국에서 겪은 일은 물론, 일본에 오게 된 경위까지 이야기를 늘어놓았다.

"탄알 100발, 200발을 짊어지고 산속을 말이야, 군인 뒤를 바짝 좇아 걷는 거야. 그런 고생을 했어, 내가."

신도 씨의 옆구리에는 위안소에 있을 때 생긴 10센티 크기의 칼에 베인 자국, 허벅지 안쪽 살에는 총검에 찔린 상처, 총탄이 스친 흉터가 있다. 오른쪽 귀는 난청이었다.

"군인이 조선말을 쓰지 못하게 하겠다면서 말이야. 조선말을 쓰면 귀싸대기를 때려. 엄청났어. 저 솥뚜껑 같은 손으로 후려쳤지. 귀 고막이 터져버렸어."

신도 씨는 이후 반년간 고민하다가 1993년 4월 5일 일본 정부에 사죄를 요구하는 소송을 도쿄 지방재판소에 제기했다.

칼을 차고
위안소로 온 군인

신도 씨는 열여섯 살 때인 1938년 한국의 대전에서 평양, 신의주, 톈진을 거쳐 양쯔 강 중류 지역에 있는 우창(武昌)으로 끌려갔다. 난징을 점령한 일본군은 쉬저우 작전 후 우한삼진(武漢三鎭)이라 불리는 한커우(漢口), 한양(漢陽), 우창(武昌)을 공략해 10월 27일 점령했다. 점령한 지 얼마 되지 않은 시기에 신도 씨는 우창에 도착했다. 내륙인 우창은 이미 추운 날씨였다. 한커우에서 중국인 인부가 노를 젓는 작은 배로 양쯔 강을 건넜다. 강에는 퉁퉁 붓고 못이 푹푹 박힌 듯한 상처가 난 시체가 떠 있었다. 중국인 주인이 도망가서 비어 있는 식당에 도착했다. 출입구 벽에는 끈적끈적한 피가 달라붙어 있었고, 뒷마당 변소 있는 곳에는 시체가 방치되어 있었다. 신도 씨와 같은 조선의 딸 수십 명은 벽에 달라붙은 피를 닦고 시체를 정리하는 일부터 시작해야 했다.

목수나 미장이 출신의 군인이 동원되어 식당이 개조되었다. 아래층 홀에는 카운터를, 2층에는 다다미 4장 크기의 작은 방을 여러 개 만들고, '세계관'이라는 간판을 내걸었다. 영업 허가가 나기도 전에 많은 군인이 몰려들었지만, 검사 전이라 모두 쫓겨났다. 신도 씨는 성병 유무를 조사하는 검사를 울면서 저항했다. 군의관은 심한 저항에 질려 성 경험이 없으니 성병 감염은 없다고 말할 수 있다며 엉덩이를 철썩 치더니 다음 수진자를 들어오라 했다.

신도 씨의 작은 방에 처음으로 온 사람은 바로 그 군의관이었다. 이때도 신도 씨는 저항했다. 군의관은 신도 씨의 머리를 쓰다듬고는 방을 나갔다. 하지만 그 후 업자에게 구타를 당했다. 군인의 요구에 복종하지 않을 거면 지금 바로 빚을 갚으라며 협박했다. 신도 씨는 돈 같은 걸 받은 적이 없었다. 대전에서 우창으로 오기까지 쓴 비용과 텐진에서 일할 때 필요하다며 사준 기모노와 원피스 따위 비용에 높은 이자를 붙이더니 빚이라고 덮어씌웠다.

신도 씨는 저항을 계속했다. 그때마다 군인에게, 업자에게 맞고 차이고 머리채가 잡혀 휘둘리는 등 폭력을 당했다. 몇 번이나 도망치려 했다. 하지만 말이 통하지 않았다. 길도 몰랐다. 수중에 가진 돈도 없었다. 감시가 철저해 위안소 밖으로는 나갈 수도 없었다. 설령 나간다고 해도 한 발자국 밖으로 나가는 그날부터 먹고 자는 일이 걱정이었다.

"우리나라로 돌아가려 해도 도망칠 수가 없었어. 기차도 망가졌지, 중국 말도 일본 말도 모르지. 도중에 총에 맞으면 끝장인걸, 뭘."

언제 전투가 시작될지 알 수 없는 전쟁터에서 일본군을 떠나 목숨을 부지하는 것은 거의 불가능하다고, 중국 전선에 참전한 군인이 말했다.

우창은 일본군의 병참기지였다. 전선으로 가는 부대는 탄약을 보급했고, 전선에서 돌아온 부대는 휴식을 취했다. 경비대만 있는 날은 한가로웠다. 하지만 전선으로 가거나 전선에서 돌아온 통과 부대가 오는 날이면 몇 명을 상대해도 아래층에서는 일본군의 군화 소리가 들려왔다.

"다들 칼은 차고 와. 착, 착 하면서. 그 군화 소리, 오싹해. 끈(행전)을 풀 여유도 없어. 묶은 채로 넣는 거야."

위안소의 작은 방에는 세면기가 있었다. 크레졸과 과망간산칼륨을 희석시켜 일을 끝낸 다음 소독을 했다. 옆 위안소에 있는 열아홉 살 여성이 크레졸 원액을 화장실에서 마시고 자살했다.

"그 여자는 죽을 정도의 의지가 있으니까 훌륭해. 나는 죽으려고 머리도 못 썼어. 뭘 해도 살아. 순조롭게 살면 맛있는 것도 나올 테고, 단 것도 나올 테고."

신도 씨는 누구의 아이인지도 모르는 아이를 뱄다. 군이 관리하던 위안소 계산대를 담당하던 고 씨는 아이가 없어서 아이를 바라는 마음으로 신도 씨에게 부탁을 했다. 임신 7개월 때 배가 이상하게 차오면서 아팠다. 신도 씨는 방문을 잠갔다. 처음 한쪽 다리가 나온 다음에는 아무리 힘을 줘도 나오지 않았다. 옆에 있던 주먹밥을 먹고 기운을 내서 태아를 빼냈다. 힘들게 나온 포돗빛 태아는 탯줄에 몸이 감겨 있었다. 사산이었다. 태반이 몸속에 남아 있으면 위험하다는 것은 알고 있었다. 얇은 탯줄을 조심스럽게 당기니 태반이 스르르 빠졌다. 포돗빛 작은 시신을 자기 손으로 위안소의 뒷산 기슭에 묻었다.

그 후 다시 임신을 했다. 한커우(漢口)의 해군 위안소로 옮겨 잡일만 했다. 무사히 태어난 아이를 교외에 살고 있던 조선인 여성에게 맡겼다. 며칠도 지나지 않아 그 여성은 아이가 너무 울어서 키우기 힘들다며 돌려주러 왔다. 신도 씨는 단단하게 불어 아픈 젖을 아기의 작은 입에 물렸다. "이 아이는 장난감이 아니니까 예쁘다고 데려가고, 운다고 데리고 오지 마. 설탕물이든 미음이든 뭐든 만들어서 물려줘"라고 하면서 신도 씨는 그 여성에게 억지로 아이를 다시 맡겼다. 여성은 아이를 데리고 돌아갔다.

"잇달아 5명이나 뺐어."

사산, 유산, 중년의 조선 여성에게 배운 방법으로 낙태. 무사하게 태어난 두 아이가 있었지만, 위안소에서 기를 수는 없었다.

몸속이 얼어붙는 것 같아서
겨울이 싫어

홀몸이 된 신도 씨는 웨양(岳州)의 위안소로 이동했다. 웨양은 전선에서 가까운 작은 마을이었다. 위안소는 단 하나만 있었다. 군의 명령으로 다른 위안소에도 갔다.

신도 씨는 이창(宜昌), 응산(応山), 안루(安陸), 창안(長安), 창사(長沙), 사스(沙市), 푸치(蒲圻), 셴닝(咸寧) 같은 지명을 기억하고 있다. '위안'을 한 부대는 6사단, 9사단, 13사단(이상은 아마 우창에서일 것이다), 3사단, 40사단, 미네(峯)부대 등이다. 미네부대는 독립 혼성 제17여단이다. 1940년 4월 말부터 6월 말까지 진행된 이창작전의 제1기 작전 때는 제11군 사령부가 응산에, 제2기 작전 때는 안루에 있었다. 1941년 9월 중순부터 시작된 창사작전 때 제11군 사령부는 웨양에 설치

했다. 1943년 2월 중순에서 3월 중순 강북섬멸작전에 참전한 제40사단 사령부는 셴닝에, 제3사단 사령부는 웅산에, 독립 혼성 제17여단 사령부는 웨양에 있었다. 사령부 가까이에는 거의 예외 없이 위안소가 설치되었다.

웅산의 위안소에 있을 때 3사단의 스즈키(鈴木) 상사를 만났다.

"그 남자는 다른 덴 안 가. 나한테만 온다니까. 나도 다른 군인들 안 받고 이 사람만 기다리고 있는 거지. 주인한테 혼났어."

꾀병을 부려 다른 군인은 상대하지 않았다. 신도 씨는 알아차리지 못했지만, 스즈키 상사는 재빨리 입덧임을 알아챘다. 부하를 시켜 귤이나 복숭아 같은 통조림을 가져다주었다. 이곳저곳을 옮겨 가며 싸워야 했던 스즈키 상사는 더 이상 만날 수 없었다. 태어난 사내아이는 콧대가 스즈키 상사를 꼭 닮아 있었다.

도시코라 불리던 조선 여성이 이질에 걸렸다. 이 때문에 일본 병사의 요구를 거절하다가 큰 돌에 내쳐졌는데, 곧 복막염이 생겨 앓다가 사망했다.

"그 언니, 스무 살 정도 되었을라나. 엉덩이에서 피가 나오는 거야. 병원이 없으니까 살릴 수가 없었어."

신도 씨 등이 도시코의 시체를 태웠다.

"모닥불을 피워서 태우는데 잘 안 타. 나무를 지핀 다음 거기에 시체를 올려서 태우는 거야. 몇 시간 태워도 잘 안 타. 그렇게 태운 시체를 산에 묻었어."

일본 군인과 동반 자살을 한 여성도 있었다.

"군인은 죽으면 자기 나라로 돌아갈 수 있었지만, 조선 계집은 죽었다 해도 나라에 돌아갈 수 없었어. 군인만 지 나라에 보낸단 말이야. 죽어서 돌아가면 적의 총에 맞아 죽었다고 생각할 거 아니야."

'부대 부속'으로 전선을 향하는 부대에 종군을 하기도 했다. 150명 정도의 1개 중대에 경험 있는 '위안부' 5, 6명이 함께 갔다. 철모를 쓰고 몸뻬에 행전을 하고 마포(麻布)로 만든 즈크화를 신고 갔다. 책임자는 위안소에 남아 업무를 계속했다. 부대는 작전 지역 부근에 도착하면 방공호를 파서 이를 근거지로 하여 '토벌'에 나섰다.

"방공호에서 밥 지어 먹고 군인들이 하고 싶어지면 교대 교대로 오는 거야. 전쟁터니까 토벌이 끝나면 돌아오는 거야. 그리고 그 다음에 다른 군인들이 가는 거지."

종군할 때 세면기와 소독수는 필수품이었다. 어디를 가도 더러운 물밖에 없었다. 물을 끓여 살균하고 세정한 다음 사용했다.

근거지의 부대가 총출동해 작전을 전개할 때는 신도 씨 등이 보초를 섰다.

"군인 2, 3명을 남기고 토벌에 가. 탄알이 언제 날아들지 모르잖아. 철모 쓰고 여자 둘이 한 조가 되어 보초를 서서 지키는 거야. 한번은 적이 쳐들어와서 조선 계집애인데 끌고 갔어. 둘이나."

피로 얼룩진 전투복을 빨 물이 있는 곳을 찾으러 가다가 동료가 중국군에게 납치된 적도 있었다.

"겨울은 싫어. 눈은 내리지. 알몸이잖아. 몸속이 얼어붙는 거 같아. 맨땅 위에서 담요 한 장으로. 죽는 것보다 괴로워. 하고 난 다음에는 바로 토벌하러 가야 한다고 하면서 가버려. 우리도 자고 있을 수 없어. 세탁을 도와주거나. 물이 없는 곳으로 가면 대단했어. 물 길러 갔다가 적을 만나면 끝이야."

창안에서 '다코쓰보(蛸壺)'*라 불리는 항아리처럼 생긴 1인용 참호에서 '위안'을 하고 있었을 때 갑자기 습격을 당했다. 총탄이 빗발치는 가운데 신도 씨는 한시라도 빨리 그 자리에서 도망치고 싶었다. 일본 군인은 몸에서 떨어지지 않았다.

"'이대로 죽는 게 소원이다'라고 했어."

셴닝의 위안소로 이동한 어느 날 갑자기 일본 군인이 오지 않았다. 책임자는 일본군이 항복했다는 소식을 들었다. 위안소에 있던 여성들은 어찌할 바를 몰랐다. 그때 웨양의 위안소에 왔었던 미네부대의 중사 이다 킨사쿠(井田金作)가 현역 만기가 되었다며 나타나서 신도 씨에게 구혼을 했다. 미래가 전혀 보이지 않는 상황 속에서 신도 씨는 '결혼'이라는 말에 현혹되어 이다와 함께 한커우로 향했다.

함께 탄 배가 하카타에 도착하자마자 이다는 한커우에서 취득한 혼인 임시 증명서라 여겨지는 '단원증명'을 찢어버렸다. 이다는 신도 씨를 사이타마현 후카야(深谷)의 본가로 데리고 갔다. 푸르디푸른 보리밭이 인상적인 계절이었다. 이다는 결혼할 마음이 전혀 없었다. 신도 씨를 조선인이 많이 사는 오사카 쓰루하시로 데리고 가서 "진주한 미군의 매춘부라도 해"라고 말하고는 사라졌다. 신도 씨는 모모

---

* '문어 잡는 항아리'를 뜻하는데, 전쟁 당시에 작게 파놓은 참호를 별칭으로 그렇게 불렀다.

타니(桃谷)의 장화 공장에서 일하면서 기찻삯을 모아 다시 후카야에 있는 이다의 집으로 갔다. 귀환할 때의 혼란 상황 속에서도 두 사람은 함께 목숨을 걸고 살아남았다. 왜 내쫓은 건지 납득이 가지 않았다. 이다는 신도 씨의 모습을 보자 보릿짚을 쌓아 올린 곳 뒤에서 신도 씨의 몸을 탐냈다. 마음을 바꾼 것은 아니었다. 이다의 어머니와 형수는 신도 씨를 불쌍히 여겨 주먹밥과 옷가지를 가져다주었다. 우에노 역에서 한 남자에게 화장실이 어디에 있는지 묻고 짐을 맡겼다. 그가 가르쳐준 곳에 화장실은 없었다. 돌아와보니 남자도, 짐도 사라지고 없었다. 귀환 증명과 약간의 소지품도 모두 잃어버렸다. 목적지도 없이 도호쿠(東北) 본선을 정처 없이 타고 가다가 열차에서 뛰어내렸다. 목숨은 건졌지만, 유산이 되었다. 이다의 아이였다. 이시코시(石越)의 한 농가에서 도움을 받아 누워 있었다. 쌀을 사러 온 어느 조선 사람이 오나가와의 하재은(河再銀) 씨 함바에서 밥을 지으면 된다고 해서 따라나섰다.

재판에 져도
나는 녹슬지 않아

하재은 씨는 신도 씨가 입고 있던 이투성이 스웨터를 난로에 대면서 몇 번이나 "불쌍하네"라고 중얼댔다. 스웨터에 있던 이가 타서 우수수 떨어졌다. 이때부터 신도 씨는 재은 씨와 죽을 때까지 함께했다.

판잣집에는 저고리가 있었다. 재은 씨 부인의 아버지라는 사람이 와서 신도 씨에게 불평을 했다. 도박을 좋아하는 재은 씨에게 정나미가 떨어진 아내는 다른 사람과 조선으로 돌아갔다. 저고리는 아내의 것이었다. 신도 씨는 열여덟 살 연상인 재은 씨를 은인이자 '도짱'*이라고 하면서 함께했다.

재은 씨는 동사무소나 고용안정센터의 간판 글씨를 쓸 만큼 달필이었다. 주위에서도 일본인이었다면 동사무소나 학교에서 일할 사람이라 생각했다. 재은 씨 자신도 "나는 조선에 돌아가서 훌륭하게 될 거야"라고 말하곤 했다. 재은 씨는 오랜 세월 동안 실업 대책 사업에 종사했다. 하루 일당 240엔의 일용 노동자였다. 토목 작업 같은 육체 노동이었다.

신도 씨는 젊은 시절을 재은 씨와 함께 갖가지 일을 하며 보냈다. 곡괭이를 가지고 노가다도 했다. 돌을 깨는 일도 했다. 토목 공사에 쓰일 돌을 망치로 잘게 부수는 작업이었다. 돌에 깨지는 '눈'이 있어서 그 눈을 망치로 친다. 땔나무도 하러 다녔다. 산에 오를 때는 보초의 검문을 받았기 때문에 살아 있는 나무를 벌목할 수 있는 손도끼를 들고 가지 못했다. 긴 장대에 낫을 달아 고목만 잘라서 묶어 팔았다. 한 묶음에 5엔. 쌀을 살 형편이 못 되어 밀가루를 사서 수제비를 만들어 먹었다. 재은 씨는 땔나무를 지는 것을 싫어했다. 신도 씨만 땔나무를 짊어졌다. 누룩과 막걸리도 만들어 팔았다. 담배도 말아 팔

* 아빠 같은 자기 남편을 이르는 말.

왔다.

"도짱은 고지식해. 대충 둘러대지를 못해. 전매국 사람이 찾아와. 돈이 없으니까 직접 말아서 피운다고, 그렇게 말하면 될걸 기계를 가지고 경찰서로 가는 거야."

신도 씨가 말하는 '기계'는 담뱃잎을 종이로 싸는 간단한 목제 도구였다. 신도 씨는 '기계'를 가지고 경찰서로 향하는 재은 씨 뒤에서 쿡쿡 찌르며 버리게 했다. 경관은 증거가 없는 재은 씨를 눈감아주었.

신도 씨는 30대 중반부터 10년 정도 술집에서 일했다. 당시 신도 씨가 술을 마실 때면 거침이 없었다. 다다미를 뒤집어 재은 씨가 숨겨놓은 돈을 찾아내 술집 여자들을 데리고 술을 마시러 다녔다. 대구 머리를 잘라서 대구 알을 상처 없이 꺼내는 일도 했다. 통조림을 만드는 꽁치의 머리와 창자를 빼는 일도 했다. 가다랑어 포를 만들기 위해 가다랑어를 자르는 일도 했다. 해변에서 바지락이나 미역을 채집해 팔기도 했다.

"나, 바지락 잘 잡아. 물이 빠져나가잖아, 바지락을 잡아. 갈매기 녀석들이 가가 소리를 내. 내 바구니만 따라다녀. 오늘도 또 왔네 하는 것처럼. 에- 에, 에- 에 거리면서. 귀여워, 그 갈매기들. 살아 있는 바지락을 먹어."

바지락이나 미역은 여관이나 가게에 갖고 가서 팔았다. 오나가와에서 고래 잡는 일을 하던 때의 추억이 담긴 가게 이름인 '고래집'도 그런 가게였다. 고래집 앞에 서서 소리를 높여 손님을 끌어들이는 일을 한 적도 있다. 해변과 가까웠던 고래집의 2대째 부부는 쓰나미에

1998년 서울의 일본 대사관 앞에서 열린 수요시위에 함께한 송신도 씨(사진 가운데).

도망을 쳤을까. 야키니쿠야 '신락'도 바지락이나 미역을 사주었다. 2012년 10월 임시 상점가에 있는 신락을 찾아갔을 때 제주도 출신인 주인은 신도 씨의 얼굴을 보더니 장사 준비를 하다 말고 나와서 "어머니도, 아내도 죽었어요"라며 울먹였다. 부인도, 어머니도 쓰나미가 삼켜버린 것이다. 죽은 부인의 아버지는 조선인으로 재은 씨와 친했다. 신도 씨의 바지락과 미역을 팔아준 건 선대 시절이었다.

하재은 씨는 1982년 일흔일곱의 나이로 죽었다.

"젊었을 때는 좋았는데, 나이가 드니까 매일 싸웠어. 안 해주니까. 결국 그 싸움이지, 뭐."

신도 씨와 재은 씨는 성관계를 하지 않았다. 이에 대해 신도 씨는 도쿄 지방재판소 본인 심문 때 이렇게 말했다.

"나는 '위안부'로 일했던 사람이고, …… 하고 싶은 마음이 전혀 없었어. 육체관계는 도산한 것 같았어."

하지만 다른 이야기도 했다.

"우리 아저씨, 내가 '위안부'였던 거는 예전에 알았어. 너랑 쿵작거릴 바에야 개랑 하는 게 낫겠다고 했어."

2007년에 지원 모임이 제작한 다큐멘터리 〈나의 마음은 지지 않았다〉에는 감동적인 몇 장면이 있다. 그 가운데 하나는 청구가 기각된 고등법원 판결 이후 보고 집회 때 모습이다. 신도 씨는 한국의 이용수(李容洙) 씨, 중국의 완아이화(万愛花) 씨와 간단한 인사를 나눈 뒤 "노래 한 곡 할래" 하면서 마이크를 잡았다.

…… 나는야 에헤- 진 재판 괜찮아 좋아 그렇지만
몇 번을 지더라도 나는 녹슬지 않으니……

침통한 표정의 지원자들은 갑작스런 즉흥 노래에 처음에는 어찌할 바를 몰랐다. 하지만 한 사람 두 사람씩 박수를 치기 시작하면서 신도 씨의 노래에 흥겨워했다. 고등법원 판결에 가장 타격을 받은 사람은 신도 씨였을 것이다. 그런 신도 씨가 집회장의 분위기를 띄웠다. 그때 신도 씨는 노래를 불러서 사람들에게 용기를 주는 것이 자기 자신을 격려하는 것이라 믿었음이 분명하다. 그렇게 신도 씨는 스스로에게 닥친 여러 차례의 고난을 극복해왔던 것이다.

지진해일 재해를 입고 나서 도쿄에서 생활한 지 3년이 지났다.

"쓰나미도 겪었고, 지진은 일어났어도 지금은 행복해. 몸이 안 좋긴

하지만. (지원 모임의) 여러분들이 한사람씩 교대 교대로, 돌봐줘서."

2012년 11월, 아흔 살 생일을 맞은 신도 씨의 다리는 눈에 띄게 쇠약해져 있었다.

10  피붙이가 헤어지면 안 돼, 절대로!

위 북한으로 가는 배에 혼자 탄 배창희 씨의 큰딸. 당시 열여섯 살이었다.
아래 나가타 적십자센터에서 임영자 씨의 여동생이 떠나기 전, 배웅을 나온 어머니와 함께 찍은 사진.

임영자 씨(1940년생 전라남도 출신)는 처음 만날 때 사진 여러 장을 들고 왔다. 이 가운데 여동생이 북한(조선민주주의인민공화국)으로 떠나기 전에 찍었다는 사진이 한 장 있었다. 니가타(新潟) 적십자센터 잔디 위에서 여동생은 만면의 미소를 띠고 어머니에게 안겨 있다. 어머니도 햇살에 눈이 부신 듯 눈살을 다소 찌푸리고는 있지만, 미소를 짓고 있다. 사진 뒷면에는 1960년 4월 26일이라는 날씨가 적혀 있었다. 그 해 고등학교를 졸업한 여동생은 대학 진학을 목표로 홀로 북한으로 향했다. 가까운 장래에 다시 딸을 만날 수 있다는 확신이 있었기 때문인지 어머니의 표정에는 어둠이 없었다.

몇 년 뒤 어머니와 남동생도 북한으로 갔다. 결혼한 영자 씨만 혼자 일본에 남았다.

1959년 12월에 시작된 북한 귀국 사업은 잠시 중단된 3년간을 빼고 1984년 7월까지 계속되었다. 이 기간 동안 9만 3340명이 북한으로 귀국했다. 귀국선은 니가타 항에서 출항했다. 귀국자 본인과 그 가족은 니가타 적십자센터가 제공하는 숙소에 머물며 출항을 기다렸다.

교토에서 염색과 직물 공장을 경영하면서 조선어 발음에 대해 연구하던 아버지는 쉰아홉의 나이로 돌아가셨다. 아버지 생전에 어머니는 몸이 약하긴 하셨지만 집안일을 도와주는 가정부를 두고 비교적 여유롭게 생활하셨다. 피난했다가 돌아왔을 때는 식량난이 심각해서 이웃에는 인사 대신 말린 감자를 돌렸다. 당시 사람들은 배급받은 쌀로는 끼니를 해결하지 못해 허기진 배를 움켜쥐고 있었다. 어머니는 농가에서 물건을 사온 조선인에게 고가로 암시장 쌀을 샀다. 때로 산조(三條)에 사는 사람이 고기를 잡아서 큰 덩어리를 배달해주었다. 정월 전에는 종업원들이 정원에서 떡을 찧고, 팥을 넣어 둥글게 만든 떡을 이웃에 나누어주기도 했다.

하지만 전쟁이 끝나고 양장을 입는 사람이 많아지고 기모노나 오비(帶)*의 수요가 감소하면서 경영자를 잃은 공장을 꾸려나가기가 점차 힘들어졌다. 공장을 하나둘 처분했고, 큰 공장도 팔아야 했다. 총련의 여성 동맹 활동에 참여했다. 북조선으로 가려고 했던 어머니는 남편이 남긴 공장에 미련이 없었는지도 모른다. 마지막으로 하나 남아 있던 염색 공장은 일본을 떠날 때 그동안 경영을 맡겼던 어머니의 형제에게 넘겼다. 나중에 열 식구의 생활을 박봉인 남편과 함께

* 허리띠.

지탱해왔던 영자 씨에게 한 친척은 이렇게 넋두리를 했다. "어떤 사정이 있는지는 모르지만, 부모라면 재산은 무조건 딸에게 넘겨야지." 어머니는 원래 느긋하고 대범한 성격이었다.

어머니와 남동생이 교토를 떠나던 날, 역으로 배웅을 나갔다. 열차가 도착하고 헤어질 시간이 되면서 자기도 모르게 소리 높여 우는 영자 씨에게 어머니는 말했다. "좋은 곳에 가는 거니까 울지 마." 순간 울음을 멈추었다. 남편은 계속해서 흐느끼고 있었다.

"남편이 더 많이 우네. 당신, 왜 그래?"

영자 씨의 말에 배웅 나온 사람들이 웃음을 지었다.

세탁 공장의 부지배인으로 일했던 어머니는 북한으로 귀국한 지 9년 만에 돌아가셨다. 홀로 영자 씨만 일본에 남겨두고 간 것이 어머니는 언제나 마음에 걸렸다고 했다.

이렇게 길어질지는
생각도 못 했어요

남편은 서른(내지는 스물아홉 살)이라는 젊은 나이로 조선초급학교 교장이 되었다. 시아버지와 시어머니는 물론 시할머니도 건재하셨다. 아이도 다섯을 낳았다. 남편은 외동아들이었다.

"아이가 다섯이나 태어나 대가 열렸다고 시부모님이 기뻐하셨어요. 나도 효도했다고 생각해요."

아이 다섯을 낳아 부모에게 효도했다고 말하는 임영자 씨. 손자들의 사진을 붙여놓은 부엌에서.

하지만 조선 학교에서 교육 사업을 하는 일꾼 대부분이 그러하듯이 남편은 박봉이었다. 여성동맹의 전임으로 일하던 영자 씨의 수입도 낮았다. 시부모가 아이들을 돌보며 가계를 능숙하게 꾸려주시기는 했어도 생활비는 빠듯했다.

"금전적으로는 엄청나게 고생했지만, 그게 힘들다고 생각하지는 않았어요. 내 성격 탓일지는 몰라도. 내일 쌀이 없다고 해도 만사태평해요. 그래서 오히려 도움이 됐다고 남편이 그래요."

남편은 학생들의 존경을 받았고 학부모의 신뢰도 한 몸에 받았다. 남편이 북한으로 귀국하려던 시기가 있었다. 그러나 동료들이 "학생들을 책임져야 하지 않느냐"면서 만류했다. 남편은 일본에 남았다. 나이 드신 조모와 부모를 낯선 땅에 모시고 가는 것도, 일본에 두고 가는 것도 모두 걸림돌이었다.

교토 역에서 헤어졌던 남동생과 22년 만에 재회했다. 긴 세월 떨어져 살았던 여동생도 만났다.

"어렸을 때 여동생은 기세당당했어. 난 얌전했고. 남동생과는 엄청나게 사이가 좋았어. 조국에 처음 방문한 터라 얼굴만 봐도 충분하다고 생각했어. 저쪽에 가 있는 동안 남동생이 떨어지지 않으려 했어. '누나, 다음에 언제 와' 하면서."

부모님 무덤 앞에서 늦게 와서 죄송하다고 사과했다. 아버지의 유골은 어머니 옆에 매장되어 있었다.

지금까지 8번 북한을 방문했다.

"결혼을 했어도 언젠가는 갈 생각이었어요. 근데 이렇게 길어질지는 생각도 못 했지요."

영자 씨는 38선이 사라지는 날을 꿈꾼다.

"우리들 고향은 광주, 남쪽이잖아요. 옛날에는 어머니의 남동생도 있었고, 아버지의 형제도 있었어. 돌아가셨을 테지만, 남쪽 친척들은 전혀 몰라요. 지금은 그쪽(북한)을 고향이라고 생각하고 있어요. 부모님 묘도 있고, 형제도 있고. 통일이 되면 그쪽으로 가려고요. 아이들도 와줄까? 와줄 거라 생각해요. 저는 부모와 떨어져 있었어요. 아픈 경험을 했지요. 피붙이가 헤어지면 안 돼요. 절대 안 돼! 갈 거면 같이 가야 해. 남는다면 같이 남고."

여성동맹에서 40년간 일한 영자 씨는 현재 교토시 외국인 복지위원으로서 외국 장애인 상담을 자원봉사로 하고 있다.

새어머니, 할머니와 함께
일본으로

배창희 씨(1927년생 전라남도 출신)는 다섯 살 때 어머니가 돌아가셨다. 어머니의 기억은 남아 있지 않다. 아버지가 일본으로 가 계셨기 때문에 할머니가 계신 큰아버지 댁에서 생활했다. 광주 가까이에 있는 작은 마을이었다.

마을에서 소학교를 다닌 것은 창희 씨 혼자였다. 옆 마을에는 남자아이 혼자였다. 논 옆 시냇물을 따라 걷다가 산을 넘고 언덕을 넘으면 광주로 가는 길이 나왔다. 창희 씨가 가본 적은 없지만, 정월을 맞이하려면 광주에 있는 시장까지 가서 물건들을 사야 했다. 그 길 도중에 학교가 있었다. 집에서 30분쯤 걸리는 거리였다. 눈이 내리면 어른 발자국을 따라갔다. 발자국이 사라져 시냇물에 빠진 적도 있다. 학교 정문 양쪽에는 큰 벚나무가 있어 해마다 봄이 되면 멋지게 벚꽃이 피었다.

학교에서 조선어 사용은 금지되었다. 모르고 조선말로 말하면 '사용 금지'라고 쓰여 있는 목패를 받았다.

"벌로 하루 동안 들고 다녀야만 했어. 그 막대기가 싫었어."

할머니는 장남인 아버지가 홀로 일본에 있는 것을 걱정해서 사진을 보내 선을 보게 했다.

"내가 큰아버지 집에서 신세를 지고 있으니까 할머니도 부담이 되었던 것 같아."

소학교 3학년 1학기가 끝난 여름, 사진으로 선을 본 아버지의 재혼 상대, 그리고 할머니와 함께 일본으로 왔다. 효고현의 소노다(園田)에 조금 살다가 바로 아이치현 도카이(東海)시로 이사해 요코스카 소학교에 들어갔다.

아버지는 서당에서 한자를 배웠다. 독학으로 한방의 약학을 배워 약을 만들었다. 한자만 있는 중국 책을 보며 약을 조제했다. 약국에서 산 약초를 저며 혼합한 다음 물이나 엿을 더해 단단하게 만든 알약을 항상 마당에 펼쳐놓고 말리셨다. 간판을 내건 가게는 아니었지만 병에 걸려도 의사를 찾아가지 못하는 사람들을 위한 약을 만들어서 팔았다. 얼마 되진 않지만, 수입이 생겼다.

이복형제들이 잇달아 태어났다. 허리가 완전히 굽었는데도 할머니는 먹을거리를 구하기 위해 온갖 고생을 마다하지 않으셨다. 해변에서 김이나 바지락조개를 채취하거나 빈터를 갈아 감자 같은 곡물이나 채소를 심었다. 창희 씨도 학교에 가지 않는 날이면 유모차에 도구를 싣고 밭으로 나가 일을 도왔다.

"그냥저냥 괜찮은 땅은 놀지 않아요. 산꼭대기든, 언덕 위든 그런 델 가야 해요. 오르락내리락 굉장히 험하죠. 아침에 일찍 나오고 저녁에 달님을 보면서 집으로 돌아왔어요. 할머니는 일하고, 일하고, 또 일했어요."

새어머니는 '돈도 없는데, 여자애는 학교에 안 보내도 된다'면서 아버지와 자주 싸웠다. 학교에 돈을 갖고 가야 할 때면, 창희 씨는 새어머니가 공동 수도에 물을 길으러 간 사이에 몰래 아버지에게 받아야 했다.

조선인은 한 반에 한 사람 있을까 말까 하는 정도였다.

"그래서 눈에 안 띄게 있으려고 했어. 왕따를 당하면 곤란해지니까. 옷도 안 사줬어. 점점 몸은 커지니까 항상 소매가 짧았고, 기장도 짧은 것을 입고 다녀야 했지. 그게 싫어서, 몸을 움츠린다고 작아질 리도 없는데, 움츠리고 다녔어."

키도 크고 예쁘게 생긴 아이가 쿡쿡 찌르면서 괴롭힐 때면 어느 순간인가 달려와 감싸주는 친구들이 있었다. 이시하마 지요코(石浜千代子) 씨와 후카야 미노루(深谷みのる) 씨였다. 이시하마 씨의 집은 농가였지만, 넓고 훌륭한 저택이었다.

진조고등소학교의 고등과를 졸업한 후 재봉 여학교에 들어갔다. 바늘로 꿰매는 법을 배웠고, 아와세(袷), 하오리(羽織), 나가주반(長じゅばん)*도 꿰맸다. 하지만 얼마 지나지 않아 전쟁 상황이 긴박해지면서 '근로정신대'로 오부(大府) 비행장에 동원되었다. 리쓰메이칸(立命館)과 도시샤(同志社)에 다니는 대학생도 함께했다. 급조된 오부 비행장 주변은 풀이 무성했고 여기저기에 돌들이 굴러다녔다. 고장 난 전투기가 수리를 마치면 다시 날아갔다.

근로정신대는 현장과 서무과로 나뉘어 있었다. 창희 씨는 감독 방에서 전화를 받거나 차를 나르는 일을 했다. 감독은 소위였다. 군도

---

* 아와세는 추울 때 입는 겹옷. 하오리는 기모노의 외투. 나가주반은 기모노를 입을 때 속옷으로 입는 일본의 전통 옷인데, '주반'이라고도 한다.

를 차고 가죽 장화를 신은 박력 있는 소위는 재봉여학교에서 동원된 정신대원들이 동경하는 대상이었다. 그런 소위가 창희 씨를 예뻐해서 다른 정신대원들이 창희 씨를 부러워했다.

소위는 창희 씨에게 좀처럼 만나지 못하고 있는 애인 얘기를 가끔 하면서 사진 몇 장을 보여주기도 했다. 파라솔로 햇빛을 가리고 찍은 애인의 사진이 창희 씨의 앨범에 남아 있었다. 창희 씨는 씁쓸한 청춘의 한 조각이라며 웃었다.

아궁이 앞에서
눈물만 찔찔

일본이 패전하고 전쟁이 끝났다. 동원되었던 오부 비행장에서 집으로 돌아왔다. 아버지는 앞으로 필요하게 될 것이라며 창희 씨에게 영어를 배우게 했다.

한편 창희 씨가 모르는 곳에서 혼담이 오갔다. 나중에 시어머니가 될 분이 창희 씨의 소문을 듣고 미리 알아보려고 왔다. 혼자 집에 있었던 창희 씨는 아무것도 모른 채 이런저런 얘기를 나눴는데, 마음에 든 모양이었다. 아버지는 창희 씨를 놓아주려고 하지 않았다. 할머니는 입을 줄일 수 있다고 생각해 조용히 준비를 진행했다. 당시 살고 있던 오타가와 역 부근에서 "저 사람이래"라는 말을 듣고 기둥 저편에 있던 남성을 몰래 살펴보았다. 그게 맞선이었다.

"가타부타 말도 없이 이야기가 성사됐어요. 나야 아무것도 모르니까. 하고 싶지는 않았지만."

결혼을 앞두고 사진 몇 장을 아궁이에 넣고 태웠다.

"결혼할 상대에 대해 아무것도 몰랐어. 갑자기 보고 나서 갑작스레 정해졌어. 동경도, 희망도, 꿈도 없었어. 아궁이 앞에서 눈물만 찔찔 흘렸어."

남편은 다섯 남매 중 장남이었다. 거실 외에 방이 2개밖에 없는 나가야에서 시어머니와 남편 형제 7명이 함께 살았다.

"전쟁이 끝나고 얼마 되지 않았을 때라 일도 없고 돈도 없었으니까 다들 신경이 곤두서 있었어. 신혼의 즐거운 추억 같은 건 없어. 할머니가 시장에 가서 재료를 사오면 밥 짓고 빨래하고 모두 내 일이었지."

가계는 시어머니가 꾸려 나갔다. 창희 씨는 결혼하고 10년이 넘도록 물건을 사본 적도 없었다. 말 그대로 시집살이였다.

"어릴 때도 큰아버지 집에서 조심하면서 지내야 했고, 아버지가 있는 곳에 와서도 가난한 형편이라 계모나 이복형제들한테 눌려 지냈지. 내 의견을 드러낼 만한 데가 없었어. 말을 못 하니까 참을 수밖에. 내가 참으면 주변이 편안해지겠지 하면서 말이야. 결혼한 다음은 더욱 그랬어."

남편은 성질이 급했다

"바로 욱하고 화를 냈어. 팬티 끈이 좀 느슨하면 소리를 지르고 화를 냈지. 하지만 마음은 따뜻한 사람이었어."

남편은 자신이 소학교 5, 6학년밖에 다니지 못한 것을 한으로 여겨서 자식들 교육에 열심이었다. 언젠가 아이들에게 주겠다며 두꺼운 사전 몇 권을 사서 책상에 쪽지와 함께 두었다. 꼼꼼하고 향학심이 강했다. 모르는 것이 있으면 바로 찾아보고 기록했다.

시아버지는 집에 계시지 않았다.

"일이 없으니까 일거리를 찾아서 여기저기 전전하셨어. 집에서는 거의 생활하지도 않았어."

시름을 잊는다면서 도박이나 필로폰에 빠지기도 했다. 남편도 시동생도 시아버지를 싫어했다. 부랑자 같은 시아버지가 보자기 짐 하나를 들고 와서 시어머니에게 돈을 달라고 하면 냅다 팽개치면서 쫓아냈다고 한다. 다섯 남매는 모두 시어머니 손에서 자랐다.

"할아버지도 불쌍하고, 할머니도 불쌍하고, 모두 불쌍했어."

남편은 창희 씨와 정답게 이야기하는 모습을 어머니에게 보이지 않으려고 했다.

"남편은 우리 둘이 사이좋게 이야기를 하면 할머니에게 미안하다고 생각했던 것 같아."

술김에 남편이 창희 씨에게 고함을 친 적이 있었다. 그러자 시어머니가 별채에서 뛰어와 "네가 참아라"라며 창희 씨의 몸을 어루만지며 달랬다. 남편이 큰소리를 지르면 항상 쿵쾅거리며 복도를 달려오는 시어머니의 발소리가 들렸다. 시어머니는 남편과 좋은 사이를 유지하기를 바라셨다.

늘 가난했지만, 그래도 아이 넷을 얻었다.

시어머니가 권해서 2년간 양재 학교에 다녔다. 재봉틀을 하면서 생활비를 벌었다. 일본 바느질도 했고 부업으로 편직을 하기도 했다. 목장갑도 만들었다.

"먹을 게 없어서 갓 없는 전구 밑에서 소매 없는 작업복이며 이런 저런 옷가지를 만들었어. 아이들을 업기도 하고, 혼자 놀게 놔두기도 하면서 동력 미싱을 열심히 밟으면서 엄청나게 부업을 했지."

치마저고리도 만들었다. 나들이옷을 만들어달라는 부탁도 받았다. 가장 많이 만든 것은 민족학교 학생들의 교복이었다.

남편과 함께 도자기에 무늬를 그려서 굽는 일을 하던 때도 있었다.

결국은 유랑민, 뿌리 없는 풀

1959년 9월 이세완(伊勢灣) 태풍으로 친정집이 떠내려갔다. 이듬해에 아버지와 할머니, 그리고 새어머니와 이복형제까지 가족 8명이 북한으로 귀국했다.

"태풍으로 모든 걸 잃었으니 저쪽에서 찾을 수밖에. 가족 전부 데리고. 나는 결혼한 몸이니까 나만 남겨두고. 제7선을 타고 갔으니까. 결국 유랑민이지, 조선 사람들은. 저쪽에 가도 힘들고, 이쪽에 있어도 힘들고. 뿌리 없는 풀 같은 처지야."

친정 식구가 다들 일본을 떠난 지 6년이 지났을 때 남편은 장남과

장녀에게 북한에 갈 것을 권했다. 장남은 남편의 뜻을 거부했다. 열여섯 살이던 장녀 혼자만 가기로 했다. 혼자 귀국할 수 있는 나이가 딱 열여섯 살부터였다. 미성년자는 보호자가 될 사람과 양자 관계를 맺어야 했다. 가족과 친척을 배웅하기 위해 니가타로 갔다.

"니가타 적십자센터의 넓은 방에 앉아서 가족끼리 이야길 나누기도 하고 무언가를 먹기도 했지만, 뭔가 뒤숭숭한 느낌이었어. 사람이 많았으니까. 헤어지는 거니까 슬픔도 외로움도 느껴졌지만, 들떠 있다는 느낌도 있었어. 태양의 나라로 간다는 마음에."

둘째 딸 정혜숙 씨는 매년 찾아가는 관음보살의 부적을 가져다주러 왔다며 이야기에 끼어들었다.

"언니는 제가 소학교 4학년 때 북조선으로 갔어요. 지금도 종이테이프를 보는 게 너무 싫어요. 강렬한 인상으로 남아 있어서요. 지금까지 곁에서 함께 생활했던 가족이, 도대체 어디로 가는 건지. 아버지도 어머니도 가까운 장래에 만날 수 있으니까 괜찮다 했지만 뭔가가 이상했어요. 이상한 분위기가 있었어요. 역시나 그랬어요. 종이테이프가 보이지 않을 때까지 계속 기적을 울리며 배가 떠나는 장면이 지금도……. 니가타는 싫어요."

니가타에서 돌아온 이후부터 창희 씨는 길을 지나가는 여학생을 보면 모두 큰딸 같았다. 깜짝 놀라 다시 보기도 하고 뒤돌아보기도 했다. 열심히 편지를 썼다. 큰딸도 자주 편지를 보냈다. 슬픔은 사라지지 않았지만, 어차피 간 다음에야 '힘내라'라는 격려의 말밖에는 담을 수 없었다.

의사가 되었지만
병사한 장남

이듬해 조선 대학교 1학년이었던 큰아들도 북한으로 귀국했다. 혜숙 씨는 아홉 살 차이 나는 오빠가 고등학교 때부터 도쿄에 있는 조선 학교에 있었기 때문에 어릴 때부터 떨어져 지내서 함께한 기억이 거의 없다. 그런 오빠가 도쿄에서 돌아와 "며칠 후에 북조선으로 간다"라고 했다. 나고야를 출발하는 아침, 조선 학교 스쿨버스가 서 있는 곳까지 오빠와 함께 갔다. 버스를 타면서 오빠는 "언젠가 만나자"라고 했다.

"그게 이승에서의 작별이 될 줄은 생각도 못 했지."

큰아들은 항상 음악다방에서 클래식을 들었다. 러시아 민요를 좋아했다. 큰아들이 목욕탕에 들어가면 카추샤의 노래가 들려왔다. 창희 씨에게도 가르쳐주었기 때문에 그 노래를 기억하고 있다. 달을 바라보며 몽상에 잠긴 큰아들과 자주 이야기를 나누었다.

"마음이 맞는 아이였어. 얌전하고 느긋하기는 했지만, 실생활 감각은 없는 아이였어. 신발 밑창이 다 닳아도 관심이 없었어."

큰아들이 떠난 다음 책상을 정리하면서 서랍 구석에 있던 요시나가 사유리(吉永小百合)의 사진을 발견했다[우라야마 기리오(浦山桐郎) 감독의 영화 〈큐폴라*가 있는 거리〉에는 요시나가 사유리가 연기한 중학생이 북한으

---

* 주물 공장에서 무쇠를 녹이는 가마. 용해로.

로 가는 동급생 일가족을 배웅하는 장면이 나온다].

"막상 가보니까 들었던 거랑 많이 달라서 고민했던 것 같아. 간 이상 열심히 공부해서 나라의 기둥이 된다는 각오로 열심히 하라고 매달 편지를 보냈어."

창희 씨의 몸 상태가 나빠졌다.

"난 정말 싫었어. 아이들과 헤어지는 게. 남편이 워낙 의지가 강했으니까 나는 꺾을 엄두도 못 냈어. 남편이 무서웠어, 많이. 조금 이야기하는 정도로는 대꾸도 하지 않았어. 살이 빠지면서 삐쩍 말랐지. 손이 떨려 아무것도 할 수 없었어. 병명도 몰라, 여기저기 병원을 전전했어."

나고야의 한 병원에서 갑상선기능항진증이라는 진단을 받았다.

큰딸이 북한에 갔을 때는 여전히 한국전쟁의 상흔이 남아 있었다. 깨진 기와를 치우고 땅을 골라 다시 집을 지어야 했다. 한 곳에 정착하지 못했다. 여러 집을 옮겨다니며 학교에 다녀야 했다. 이런 사실들은 시간이 꽤 지난 뒤에 알게 되었다. 큰딸은 노력파였다. 창희 씨가 걱정할 만한 일은 결코 편지에 쓰지 않았다. 워낙 쾌활한 성격이라 창희 씨가 혼내도 "그럼 어때. 괜찮아, 괜찮아"라며 웃으면서 능숙하게 받아넘기던 아이였다.

"그래서 내가 마음을 놓았어요."

창희 씨는 눈이 안 좋았다. 어릴 때 큰딸을 데리고 안과에 갔다. "저쪽에 가면, 난 안과 의사가 되고 싶어"라고 말하곤 했던 큰딸은 꿈을 실현했다. 남편도 대학에서 같이 공부한 외과의사였다.

큰아들은 내과의사가 되었다.

"큰놈은 그쪽 물이 맞지 않은 모양이었어요. 느긋한 성격인데, 그야말로 죽을힘을 다해 공부하고 일을 했으니 몸도 마음도 녹초가 되었겠지. 그런 생활을 견딜 수 없어 스트레스가 쌓이면서 병이 난 듯해요."

큰아들이 병이 났다. 창희 씨에게 '장남이 보고 싶어 한다. 빨리 와 달라'라는 내용으로 여러 차례 편지가 왔다. 하지만 시어머니도 몸 상태가 심각했다. "난 어떻게 하라고. 부탁할게. 가지 마"라며 시어머니가 사정을 했다. 장남은 아직 젊다고 생각했고, 고령인 시어머니를 보살피느라 북한에 가지는 못했다. 큰아들의 병 상태가 그렇게 심각할 것이라고는 상상도 못했다. 장남은 서른아홉이라는 한창 나이에 세상을 등져야 했다.

큰아들의 죽음이 일본에 전해졌다. 결코 나약한 소리를 하지 않았던 남편은 구석방에 들어가더니 두 시간을 넘게 혼자 울었다.

"글쎄, 후회하지 않았을까."

마음에 내키지 않아 했던 큰아들에게 자신의 희망을 무리하게 강요했다는 후회를, 남편은 하지 않았을까. '보고 싶다'는 큰아들의 소원을 들어주지 못했던 창희 씨도 후회가 남기는 마찬가지이다.

그리고 몇 년 뒤 시어머니가 타계했다. 시어머니는 돌아가시기 직전에 창희 씨에게 자기가 북한에 있는 큰아들의 마지막을 못 보게 했다며 사죄했다.

창희 씨는 북한에서 생활하는 큰아들을 두세 번 만나기는 했다.

큰딸의 딸은 제 어머니와 같은 안과 의사가 되었고, 아들은 아버지와 같은 외과 의사가 되었다. 일가는 모범 가정으로 표창을 받고 잡지에 컬러사진과 함께 소개되기도 했다.

아버지와 할머니는 돌아가신 지 오래였다. 이복형제 5명 중 3명은 함경도로 갔는데, 첫째 남동생이 작년(2013년)에 죽었다. 평양에 있는 대학에 응시해서 합격한 두 여동생은 평양에서 살고 있다. 1명은 러시아어를 공부해서 통역 일을 하고 있다. 막내 여동생은 공과대학을 졸업해 취직했다.

첫째 남동생은 문학적 재능이 탁월해 소설가가 되고 싶어 했다. 반할 만큼 매력적인 표현이 담긴 편지를 읽는 것이 창희 씨의 즐거움이었다.

"언니도 팔십이 넘으면서 다리도 허리도 아프다고 해요. 차마 부탁하기는 뭐하지만 용서해달라며 좀 도와달라는 편지가 와요."

함경도에서 사는 세 가족은 생활의 어려움을 호소하며 자주 도움을 청하는 편지를 보냈다. 2006년 10월 북한의 지하 핵실험 발표 후 북한의 모든 선박은 일본 입항이 금지되었다. 배가 왕래했을 때는 일년에 한 번 여섯 집에 나눠서 물건을 보냈다. 함경도의 세 가족에게는 조금 많이, 평양에는 조금 적게.

"딸에게는 많이 보내지 않아요. 많이 보내면 그쪽 생활하고 맞지 않아 트러블이 생기기도 하니까."

지금도 북한에 가는 사람이 있으면 물건을 전달해달라고 부탁하고 있다.

뉴스를 들을 때마다
가슴 아파

시어머니는 5년 정도 입원과 퇴원을 반복하다가 20여 년 전에 돌아가셨다. 당시 창희 씨는 남편과 함께 파친코 경품 교환소에서 일하고 있었다. 집에서 자전거로 30분 거리에 있었다. 남편과 교대로 시어머니가 입원하신 병원에 갔다. 집 근처에 둘째 시동생 부부도 살고 있었다. 처음에 시어머니의 입원비는 파친코 점포를 두세 군데 늘리며 한창 잘 나가던 둘째 시동생이 지불했다. 원무과에 입원비는 지불했지만, 시어머니의 얼굴은 보지도 않고 돌아갔다. 반년 뒤에는 지불해 주던 입원비마저 끊었다. 둘째 동서는 시어머니와 마음이 맞지 않았다. 규슈에 살고 있던 셋째 시동생은 둘째 시동생과 골프를 치러 나고야에 오곤 했다. 하지만 시어머니 병문안을 한 적은 없었다. 시어머니의 간병은 가난하게 살았던 '장남의 며느리' 창희 씨 혼자 책임져야 했다. "자녀가 몇 명이세요?"라고 간호사가 물으면, 시어머니는 항상 "1명"이라고 대답하셨다. 시어머니가 건강할 때 둘째 아들은 용돈을 주기도 했고 셋째 아들은 큰 다이아몬드를 선물하기도 했다. 병든 시어머니에게 다가오지 않는 아들들을 보며 창희 씨는 시어머니의 외로움을 뼈저리게 느꼈다.

시어머니가 돌아가시고 4년이 지난 초봄의 어느 일요일, 남편은 오전 일을 마치고 창희 씨와 교대하고 집으로 돌아갔다. 하지만 바로 경품 교환소에 되돌아왔다. 보통 때라면 집에서 식사를 한 다음 누워

배창희 씨. 건강해 보이지만 무릎과 허리가 불편한 상태이다.

있을 시간이었다. 얼굴이 새파랗게 질려 있었다.

"무슨 일이야? 얼굴이 왜 그렇게 창백해. 왜 왔어?"

창희 씨는 가슴이 벌렁거렸지만 큰 목소리로 귀가 좀 먼 남편에게 물었다.

"당신이 힘드니까 도와주러 왔지."

창희 씨가 피곤할 것이라 생각해 도와주러 왔다고 말했다. 남편의 마지막 말이었다. 고통스러웠던 남편이 혼자 집에 있지 못하고 찾아온 것이었다. 다른 사람에게 일을 맡기고 창희 씨는 남편을 바로 옆에 있는 병원으로 데리고 갔다. 하지만 휴일이라 진료할 의사가 없었다. 당직은 구급차를 불렀다. 일본 적십자병원으로 옮겨졌다. 병원에 도착할 때까지 응급처치가 실시되기는 했지만 이야기를 나눌 수는 없었다.

일주일 후 의사는 "이대로라면 이 상태가 지속될 듯합니다. 어떻게 하실지 한번 생각해주세요"라는 말을 건넸다. 결단을 못하고 망설이고 있는 사이 남편은 숨을 거두었다.

"나한테 결론을 말하기 전에 스스로 먼저 세상을 떠났어요."

전날 딸과 간병을 교대할 예정이었지만, 창희 씨는 비도 오니 딸에게 오지 말라고 연락했다. 밤이 되었지만 부슬부슬 내리던 비는 그치지 않았다. 의사는 남편이 말은 못하지만 귀로는 들으니까 말을 많이 거는 것이 좋다고 권했다. 남편은 야구를 무척이나 좋아했다. 텔레비전 야구 중계 프로그램을 틀어놓았다. 아무 생각 없이 남편의 귓가에 대고 노래를 불었다. 남편의 뺨에 눈물 한 방울이 흘렀다. 눈물을 닦자 다시 눈물이 번졌다.

매월 15일에 남편의 성묘를 하고 있었지만, 남편은 음력과 양력이 겹친 15일 보름 75년의 생애를 마감했다. 벚꽃이 만개하였다.

"꽃에 둘러싸이고 달님에게 둘러싸여 먼저 여행을 떠났어요."

남편의 사촌누나는 "넌 맞지 않는 구두를 신고 정말 열심히 걸어왔지" 하고, 남편의 곁을 지켜왔던 창희 씨를 위로했다. 가슴에는 이 말이 아직 남아 있다. 참을성이 없는 남편이 가끔 언성을 높였다. 항상 삐걱거리기는 했지만 호인이면서 정직하고 성실했던 남편에게 감사하고 있다.

시아버지가 무연불이 되는 것을 참을 수 없었다.

"계명(係名)을 받고 어서 집으로 돌아오세요. 옛날 일은 잊어버리고 할머니와 사이좋게 지내세요. 제사도 같이 받으시고요."

매일 아침 남편, 시어머니, 시아버지, 그리고 장남의 영전에 하루의 일을 전하고 있다.

아이들의 북한 귀국을 반대하길 잘했다는 얘기를 동포 친구들에게서 가끔 듣는다. 후회되는 일들이 많이 있기는 하지만, 지나간 날을 돌이킬 수는 없다.

맏딸은 북한에서 혜택받는 생활을 하고 있다. 하지만 떨어져 살아야 한다는 것은 역시 슬픔이다.

납치나 핵 관련 뉴스를 들을 때마다 겁이 덜컥 난다. 한국전쟁이 휴전한 지 60여 년이 흘렀다. 긴 세월 '휴전' 상태가 지속되고 있다.

"뉴스를 들을 때마다 가슴이 아파요. 말이 아파요. 과거 일본이 조선인을 괴롭힌 적 있잖아요? 일본이 일으킨 전쟁 때문에 고향을 떠나 죽은 조선인이 아주 많지요? 납치 문제도 핵 문제도 있지만 서로 양보하고 대화하면서 평화조약을 맺으면 아시아도 일본도 미국도 평화스러워지지 않겠어요? 그렇게 되면 좋으련만."

창희 씨는 한 번도 고향에 돌아간 적이 없다. 창희 씨를 귀여워하고 길러주신 큰아버지와 큰어머니가 살아계실 때 가서 감사의 말을 전하고 싶었지만 하지 못했다.

노래를 좋아한다. 노래를 하면 스스로의 인생이 떠오른다. 동요인 〈고향〉을 자주 부른다. 디크 미네의 〈인생의 가로수길〉을 좋아했다. 하지만 장남이 세상을 떠난 뒤에는 부를 수가 없었다. '울면 어릴 적에 우리 둘이서 고향을 등지고 떠난 보람이 없어'가 1절 가사에 나오는 노래다.

한반도를 떠난 조선 민족은 500만에서 600만 명. 일본의 식민지 지배 때문에 이 가운데 약 3분의 2가 고향을 떠나 중국, 구소련, 일본으로 이주했다. 많은 사람이 피붙이와 떨어져 이산을 경험했다. 창희 씨가 부르는 〈고향〉에는 만감이 교차한다.

11  우리 학교는 정말
창유리가 없었어

위 김효순 씨와 배영애 씨를 비롯한 어린 학생들이 경찰에 의해 교실에서 내쫓기고 있는 모습이 〈주니치신문〉 1950년 12월 21일자 석간에 실렸다.
아래 김금순 씨의 모교이자 20년간 근무했던 니시도쿄 조선 제1초급학교 최초의 졸업식. 학교 명칭은 운영 주체에 따라 여러 번 바뀌었다.

김효순 씨(1937년생)는 오빠가 한 살 때 죽고 나서 친할아버지의 지극한 사랑을 받으며 자랐다. 어디를 가든 함께였다. 어느새 어린 효순 씨는 할아버지가 선술집에 들르곤 하는 습관을 기억했다. 날이 저물면 "김 씨, 한잔 하러 갑시다"라며 할아버지의 손을 잡았다. 효순 씨에게는 그런 기억이 없지만, 장난기 가득한 효순 씨의 권유에 할아버지는 무척이나 기뻐하며 집을 나섰다고 부모님이 웃으며 이야기하곤 했다.

효순 씨는 해방되고 얼마 되지 않아 일본 학교를 그만두고 집 근처에 생긴 국어 강습소에 다녔다. 그 시기 조선인 주거지역에 연달아 국어 강습소가 개설되었다. 효순 씨가 다녔던 국어 강습소는 일반적인 민가였는데, 나무로 된 사과 상자를 책상으로 해서 나이가 각기 다른 아이들이 함께 공부했다. 그곳에서 얼마 동안 공부했는지는 기억이 나지 않는다. 아이치현 제5조련(朝連) 소학교 2학년 때 품행이

단정하고 성적이 우수하다고 받은 상장이 남아 있다. 효순 씨가 열한 살이던 1949년 3월 21일 날짜다. 교장의 이름은 최봉희(崔琫熙). 모리야마(守山: 현재 나고야시 모리야마구)에서는 최 교장이 동포를 이끌면서 제5조련 소학교를 설립했다. 나고야시의 조련 소학교는 제1이 나카무라(中村)구에, 제2가 지쿠사(千種)구에, 제3이 미나토(港)구에, 제4가 미즈호(瑞穗)구에 개교되었다.

오자와 유사쿠(小澤有作)는 저서 《재일 조선인 교육론》(亜紀書房, 1973)에서 재일 조선인에게 "일본의 패전, 즉 조선의 해방이란 구체적으로는 조선어로 이야기할 수 있는 자유", "조선어로 어린이를 교육할 수 있는 권리를 회복한 것"임을 밝히고 조선어를 가르치는 국어 강습소 형식의 교육 활동이 "자발적으로 일제히 솟아나왔다"라고 기술하고 있다.

1945년 10월 재일본조선인연맹(조련)이 결성되었다. 1946년 2월 조련 임시 제2회 전체 대회에서는 민족 교육과 청년 교육의 강화를 내걸고 초등학원을 설립하기로 결정했으며 초등교재편찬위원회도 발족했다. 같은 해 10월에는 초등학원 525개소가 개교했다. 학생 수는 4만 2182명에 이르렀다.

그러나 1948년 1월 24일 GHQ의 지시로 일본 문부성 학교교육장은 조선인도 일본 학교에 다녀야 한다는 통달을 보냈다. 이에 반대하는 운동이 각지에서 일어났다. 효고현에서는 4월 24일에 지사(知事)로부터 조선인 학교 폐쇄령의 철회를 약속받았지만, GHQ는 같은 날 비상사태를 선언했다. 오사카에서는 26일 오사카부 청사 앞 공원에서 열린 집회에 약 3만 명이 참가했다. 해산을 명하며 방수, 발포한 경관의 총탄을 맞은 열여섯 살 소년 김태일이 다음 날인 27일 사망했다. '한신교육투쟁(阪神敎育鬪爭)'이라 불리는 이 운동이 진행되면서 일본 전국에서 3076명이 검거되었다. 1949년에 제정된 '단체 등 규제령'에 따라 9월 8일 조련이 강제해산되었고, 문부성은 10월 19일 제2차 폐쇄령을 발표했다.

교실에서
쫓겨난 아이들

효순 씨는 복사된 사진 한 장을 보여주었다.

"(소녀가) 두 사람 찍혔지요. 큰 쪽이 저랍니다."

유리창 틀을 떼어내고 헬멧을 쓴 경관이 교실 창문을 통해 아이들을 밖으로 집어내고 있었다. 효순 씨는 경찰이 휘두른 곤봉을 귀와 어깨 부근에 맞아 창문 바로 밑에 있던 조례대로 고꾸라지고 있다. 효순 씨 오른쪽에 보이는 여덟 살쯤 되는 소녀는 경관의 양손에 들려 내팽개쳐진 다음 조례대에 엉덩방아를 찧는다. 같은 나이로 보이는 오른쪽의 소년은 경관에게 내팽개쳐진 채 허공에 떠 있다.

이 사진은 〈주부니혼(中部日本)신문〉 1950년 12월 21일자 석간에 '구(舊) 조련의 재산 접수(接收) 현 내 5개소를 급습', '학생 수십 명과 난투/벽에는 회관 사수라는 벽보'라는 제목이 달린 기사와 함께 게

재되었다. 사진 밑에는 '저항하는 학생들을 몰아내는 경관대=모리야마에서'라는 설명이 쓰여 있었다.

〈주니치신문〉은 이날 조간에도 '접수 건물 탈환을 꾀함/아이치의 구 조련계 조선인', '학생도 난입/모리야마에서 50명 검거'라는 선정적인 제목을 달아 보도하고 있다. 이 기사에 따르면, 11월 26일 아이치현 나카무라, 모리야마, 가스가이(春日井), 고마키(小牧), 니시쓰키지(西築地)에 있는 5개 조련 지부에 대해 퇴거 명령이 내려졌다. '단호한 사수'를 외치는 사람들이 "아이치 현청에 몰려가 투석, 폭행 사건 등을 일으켰다." 그 후 수차례에 걸쳐 명도 청구를 했지만 "조선 청년 공작대를 중심으로 한 수십 명의 급진적인 조선인이 농성을 하면서 조직적인 폭력 투쟁의 조짐을 보였다." "접수 당국은 결국 20일 강제 접수라는 결단을 내려" "무장 경관 2150명이 출동해 교통을 차단하고 엄중한 경계망을 붙여 각 지부를 급습"했다. 조간과 석간 모두 이 문제는 5개 조련 지부에 대한 '재산 접수 문제'라고 설명하고 있었다.

접수 대상이 된 건물은 낮에는 학교로, 밤에는 조련 지부로 사용하고 있었다. 당국은 '강제 접수'를 단행하면서 조련을 해산하고 조련 소학교를 폐쇄하려고 계획했던 것이다.

효순 씨가 다니고 있던 제5조련 소학교는 다른 4개 학교와 함께 2차 폐쇄령 이후에도 이듬해 12월 20일까지 존속하고 있었음을 이 기사를 통해 알 수 있다.

효순 씨의 집은 학교가 있던 야다가와(矢田川) 둑 바로 아래 있었다. 그날 어머니는 세탁물을 널러 2층에 올라갔다가 다리 옆에 있던 야다가와바시(矢田川橋) 파출소 주변으로 무장 경찰들이 무리 지어 있는 것을 보았다. 그동안 학교가 여러 차례 탄압을 받았다는 사실을 알고 있었기 때문에, 효순 씨 어머니는 무장 경찰이 학교로 향할 것임을 직감했다. 곧바로 다른 동포에게 연락을 취했다. 가까이에 동포들이 대여섯 가구 살고 있었다.

"눈 깜짝할 사이였어. 학생들은 몇십 명밖에 없었지만 경찰은 굉장히 많았어. 잡아 올려서 밖으로 내동댕이쳤어. 갑자기 쳐들어와서. 어른들은 없었어. 아이들만이야."

동포들이 속속 모여들었지만 길이 봉쇄되어 학교 가까이 다가갈 수가 없었다.

"모두 초등학생들이니까 생각도 모자랐지. 책상과 의자를 쌓아 올려놓고 손을 맞잡고 있었어. 하지만 그런 걸로는 어림도 없었지. 그 당시 유리는 막대기 같은 걸로 탁탁 치면 간단히 깨져. 어쨌든 순식간이어서. 어떻게도 할 수가 없었어."

맨발인 아이들이 많았다. 곤봉으로 내리쳐 깨진 유리창 파편에 얼굴과 발에 상처를 입고 피를 흘리는 아이, 큰 소리로 아우성치는 아이, 우는 아이까지 모두가 교실에서 쫓겨나 운동장 한편에 모였다. 학교 터의 주인이면서 병원을 경영하던 집의 아들이 차마 보고만 있지 못하고 상처를 치료해주었다. 경관은 통나무를 반으로 켜낸 판자로 창문을 막더니, 만지면 지문이 찍히는 약제를 바르고 철수했다.

효순 씨를 포함한 학생들은 비록 어린아이였어도 학교를 지키려

야다가와 제방 가까이에
김효순 씨가 다니던 학교가 있었다.

안간힘을 썼다.

"필사적이었어. 학교를 지키고자 하는 마음이. 사과 상자를 책상 삼아 힘들게 공부했지. 부모들이 전부 기부해서 학교를 짓던 모습이 뇌리에 남아 있으니까."

속속 모여든 어른들은 창문을 막은 반쪽 통나무를 모조리 떼어내 운동장에서 태웠다. 날씨는 무척이나 추웠다.

"부모들은 화가 났어, 다들."

앞에도 나왔던 신문 조간에는 운동장 세 곳에서 모닥불을 피우며 기세를 올리자 경관대가 다시 달려가 학생을 포함한 사람들을 검거하고, 300명의 경관대가 경계를 섰다는 기사가 실렸다.

다음 날 학생들은 등교했다. 하지만 교실에 들어갈 수는 없었다. 누군가 칠판을 학교 쪽에 있던 절의 돌계단 앞으로 옮겨놓았다. 효순 씨 등은 돌계단에 앉고 고학년 아이들이 가르쳤다. 이런 방식의 수업이 1, 2주 동안 계속되었다.

동포들은 일을 마치면 밤마다 학교로 모였다. 모리야마의 동포는 민족의식이 강해서 조련 운동이 활발했고 교육열이 높은 사람도 많았다. 어느 날 여동생이 어른들과 함께 경찰에 붙잡힌 적도 있었다.

"그땐 어른이든 애든 상관이 없었어. 구석에 있다가 무조건 잡아갔어. 유치장에서 하룻밤인지 이틀밤인지 모르지만, 거기서 울었어. 울고 또 울었어. 그 소리가 지금도 잊히지가 않아. 모두 함께 경찰에 항의하러 가기도 했지."

효순 씨의 1952년 3월 20일자 졸업증명서에는 나고야 시립 야마토(大和) 소학교의 직인과 학교장 이름이 분명히 적혀 있었다.

중학교는 나카가와(中川)구에 생긴 조선 학교에 다녔다. 전쟁이 끝난 후 아버지는 거북이등 무늬의 비누를 만들어 재산을 모았다. 고향에 토지와 집을 구입했다. 돈을 땅에 묻어두고 귀국 준비를 하던 무렵 한국전쟁이 일어났다. 재산은 귀국 준비를 위해 다 썼기 때문에 생활이 무척이나 어려웠다. 효순 씨는 교통비를 아끼려고 자전거를 타고 1시간이나 되는 거리를 달려 통학했다. 쉬는 날에는 장난감 공장에서 일했다. 그래도 소년단 생활을 열심히 했다. 한신교육투쟁 때 죽은 김태일 소년의 이름을 따서 만든 제2회 김태일상을 수상하기도 했다. 도쿄 주조(十条)에 있는 조선 학교에 진학하고 싶었지만, 여자는 중학교면 됐다고 하는 아버지의 완고한 반대로 푸줏간에 취직했다. 다른 곳에 비해 임금이 약간 높았기 때문이다. 고기를 자르다가 기계에 왼손이 절단됐다. 고등학교에 진학시켰으면 이런 일이 없었을 것이라며 어머니는 후회했고 아버지도 난폭해졌다.

부모님은 당시 결혼한 효순 씨와 여동생만 남기고 아래로 동생 5명을 모두 데리고 북한으로 귀국했다.

효순 씨는 한쪽 손을 잃은 채 오랜 삶을 걸어왔다.

"아이 키울 때가 좀 불편했어. 그런데 아이들 기저귀를 갈려고 하면 자기 스스로 엉덩이를 들어 올렸어요."

손에 장애가 있지만, 할 수 있는 일을 찾아 쉬지 않고 일했다. 일류 호텔에서 20년이 넘도록 실버(나이프, 포크, 스푼) 관리를 하기도 했다. 일흔다섯 살인 지금도 청소 일을 하고 있다.

사진 속
또 한 명의 소녀

배영애 씨(1942년생)는 〈주니치신문〉 석간에 게재된 사진에 나와 있는 또 한 명의 소녀이다. 영애 씨는 그때 나이를 기억하지 못하지만 12월 20일에 태어났으니까 만 여덟 살 무렵 일본 학교로 강제 접수되는 사태와 마주했다.

아버지는 열아홉에 일본으로 건너와 기후(岐阜)현 아사히무라(朝日村)의 판잣집에서 숯 굽는 일을 했다. 일본에서 생활할 수 있는 감각을 익히고 고향으로 돌아가 결혼했다. 두 살이던 큰딸을 데리고 다시 일본으로 왔다. 아사히무라의 숯 굽는 판잣집에서 언니 둘과 오빠에

이어 영애 씨가 태어났다.

전쟁이 끝나자 영애 씨 가족은 귀국을 위해 시모노세키까지 갔지만, 바로 전에 출항한 배가 침몰했다. 가족의 죽음을 슬퍼하는 사람들의 통곡이 성난 파도처럼 부두에 울려 퍼졌다. 부모님은 귀국을 포기했는지 다시 기차를 타고, 모리야마로 돌아왔다. 오바타(小幡)에서 세 가구가 나란히 붙은 나가야의 가운데 집에 살았다. 남동생이 태어나서 6남매가 되었지만 큰언니가 바로 결혼하면서 북한으로 귀국했다.

영애 씨는 언제나 세토 가도(瀬戸街道)를 통해 학교에 다녔다. 맞은편에서 오던 일본 학교에 다니는 아이들과 마주치면 아이들이 돌을 던지곤 했다. 때마침 일본 아이가 지나는 큰길 반대편에서 마차가 지나면 짐수레에 가방을 싣고 마차 옆에 붙어서 걸었다.

여덟 살이 되던 해 12월 20일 평소처럼 학교 근처까지 갔는데, 효순 씨 집 이웃 아주머니가 불러 세우더니 집으로 데리고 들어갔다. "저것 좀 봐"라고 해서 틈 사이로 들여다보았다. 학교는 안 보였지만 야다가와 둑 쪽에 트럭 세 대가 나란히 서 있었다. 트럭에는 새까맣게 많은 경관들이 타고 있었다. 그러자 경적 소리가 울리면서 "갔다, 갔어"라는 말이 들렸다. 밖으로 나오자 상급생들이 못을 뽑을 수 있는 연장과 펜치 같은 걸 손에 들고 "가자"라고 해서 영애 씨도 따라갔다.

학교에는 유자철선이 쳐져 있었고, 출입구와 창문은 못을 박은 판자로 막아놓고 있었다. 상급생들이 유자철선을 자르고 판자를 떼어냈다. 교실로 들어가 상급생의 지시에 따라 책상이나 의자, 칠판, 백

묵, 교사의 책상 서랍 안에 든 책 따위를 정신없이 꺼내고 있는데, 어느새 경찰이 와 있었다. 경관에게 상급생이 곤봉으로 얻어맞았다. 영애 씨는 등 뒤에서 잡혀 교실 밖으로 내던져졌다.

〈주니치신문〉 21일자 조간에 실린 다음 기사는 영애 씨의 기억과 겹친다.

> 모리야마 지부 7명이 공무 집행 방해로 검거된 것 이외에 접수는 큰 과실 없이 오전 중에 끝났지만, 접수 후에도 이 지부에서는 스크럼을 짠 학동을 선두로 조련계 조선인이 잇달아 접수 현장에 몰려들어 경관대와 대립했고, 특히 모리야마 지부에는 조선인 200여 명이 모리야마초 동사무소, 모리야마 경찰서에 몰려들어 투석한 것을 비롯해 접수 건물을 탈환하려고 못 박힌 판자를 부셔버렸기에 추가로 37명이 건조물 파손 혐의로 검거되는 등 불온한 공기가 넘쳐흘렀다.

아버지는 얌전한 성격이었지만 어머니는 활발해서 조련 활동에 적극적이었다. 학교에서 열리는 모임에 나가느라 저녁에는 항상 집에 없었다. 20일이었는지는 정확하지 않지만, 집에 돌아왔는데 어머니와 두 언니가 없었다. 조련 학교를 지키기 위해 경찰 당국과 여러 차례 공방을 되풀이하고 있었기 때문이다.

"어머니 머리가 깨졌어요. 피투성이가 되어서 병원에 옮겨졌는데, 살아 있는지 죽었는지도 모르겠어."

효순 씨의 어머니와 주위 사람들에게서 들었다. 누군가가 나고

어머니와 언니가 조련 활동에
적극적이었다고 말하는 배영애 씨.

야 대학병원으로 데리고 갔다. 어머니는 눈꺼풀 가까이부터 머리 전부가 붕대로 감겨 있었다. 이후 병원에 가는 사람이 있을 때마다 졸라서 같이 갔다. 퇴원한 다음에도 어머니는 초가을부터 한겨울까지 "아야, 아야"라는 신음 소리를 내며 두통으로 고생했다. 수건 한 장으로는 모자라서 반으로 자른 것을 이어 머리에 둘러 감았다. 그렇게 하면 아픔이 어느 정도 사그라드는 모양이었다. 어머니의 두통은 죽을 때까지 낫지 않았다.

어머니가 입원 중일 때 둘째와 셋째 언니가 경찰서에 유치되었다. 중학교 1학년이었던 셋째 언니는 일주일 정도 지나서 돌아왔지만, 둘째 언니는 좀처럼 돌아오지 않았다. 둘째 언니는 조련 활동에 열심이었다.

당시 아버지는 고구마엿을 만들어 팔았다. 집에는 많은 일본사람들이 드나들었다. 여유가 없지만 어머니는 식사 때마다 사람들을 대접했다. 배가 고파서 조금이나마 먹으려 하면 남아 있어야 할 음식이 있었던 적이 거의 없었다. 전날에도 어머니가 일본인에게 식사 대접을 하는 걸 보면서 '왜 저 사람에게 먹이지?'라는 생각을 하고 있던 영애 씨를 아버지가 불렀다. 아버지는 3밀리 정도 크기의 녹두를 가리켰다.

"영애야, 이렇게 작은 콩도 나눠 먹을 수 있단다."

그렇게 영애 씨는 아버지의 가르침을 받았다. 집에 와 있던 일본인은 공산당원이었다. 맥아더가 일본 공산당의 비합법화를 선언하면서 레드 퍼지(red purge), 즉 빨갱이 숙청으로 공직에서 공산주의자를 추방하던 시기였다. 한반도에서는 전쟁이 시작되고 있었다.

집에 온 일본인 공산당원 가운데는 헌책이긴 해도 《나이팅게일》, 《잔 다르크》 같은 위인전이나 파브르의 《곤충기》 같은 책을 건네준 사람도 있었다. 둘째 언니가 겉표지에 저고리의 자투리 천을 예쁘게 붙여주었다. 이처럼 자상한 언니였던 순애 씨는 열심히 조련 활동을 했지만, 결혼식을 앞두고 병으로 죽었다. 스물다섯이었다.

아이치현의 조선 학교는 제2차 폐쇄령이 떨어진 다음부터 자주학교, 공립학교의 분교, 공립학교의 특설 학급의 형태로 지속되었다. 주부(中部) 조선중학교와 9개의 소학교는 자주학교로, 나고야시의 나카무라구, 지쿠사구, 미나토구의 소학교는 시립의 마키노(牧野) 소학교, 야마토 소학교, 니시쓰키지 소학교의 분교로 운영되었다. 기타 학교는 몇 군데 공립 소학교의 특설 학급 형식으로 민족 학급을 설치해 운영했다. 1955년 이후부터 모든 조선 학교가 자주적으로 운영되었다.

겨울이면
뭔가를 뒤집어쓰고

김금순 씨(1938년생)는 도쿄 간다(神田)의 진보초(神保町)에서 어머니가 부업으로 집에서 제본 일을 하셨기에 어려서부터 수북이 쌓인 종이 속에서 자랐다.

1944년 니시진보초(西神保町) 소학교에 입학했는데, 학교에서는 방공 두건 쓰는 방법 등 피난 훈련만 하고 공부는 거의 하지 않았다. 이듬해 3월 도쿄 공습으로 화재를 당해 집을 잃고 다리 밑에서 떨면서 B29를 쳐다보고 있었다. 일본군의 고사포는 도달하지 못했고, B29는 하늘 높이 유유히 날다가 갑자기 내려와서 소이탄을 떨어뜨렸다. 도쿄 변두리는 전부 불바다였다. 갈 곳 없는 많은 사람들과 함께 며칠 동안 다리 밑에서 생활해야 했다.

이후 학교를 전전했다. 오다와라(小田原)에서는 통학하는 길에 현수교가 있었다. 건너가려고 하면 동네 아이들이 현수교를 흔들었다. 조선인인데 도쿄 말로 공부하고 있는 것을 시기해서 괴롭히는 거라고 어머니는 위로했다.

절구에 겉겨를 넣고 절굿공이를 단 판자를 발로 밟는 정미기가 있었다. 아이들은 정미기를 시소처럼 가지고 놀았다. 쓰지 않을 때는 절굿공이가 움직이지 않도록 걸림막대로 고정되어 있었다. 한 아이가 정미기 구조를 모르는 금순 씨에게 걸림막대를 빼라고 했다. 금순 씨가 걸림막대를 빼는 순간 절굿공이를 움직였다. 금순 씨 손가락이 절굿공이에 박혔다. 의사가 부족한 전쟁 시기였다. 그때 피부를 무리하게 맞추어서 꿰맸다. 지금도 피부가 오그라들어 손가락이 짧다.

시즈오카에도 갔다. 아버지는 댐 건설 현장에서 일했고, 할머니와 어머니는 함바에서 밥 짓는 일을 하셨다. 산촌 생활이 계속되었다. 다마(多摩)시 렌코지(連光寺)에 살 때는 산 너머로 통학했다. 학교에 가는 길에 산을 넘다가 숨어 있던 남자에게 도시락과 문방구를 뺏기곤 했다. 항상 물건을 잃어버린다며 선생님께 꾸중을 들었다. 언제나 배가 고팠다. 산을 넘어 집으로 돌아가면 녹초가 되기 십상이었다. 조선인 남자아이와 통학하면서부터 숨어 있던 아이가 나타나지 않았다.

렌코지에는 화약 공장이 있었다. 일본이 패전하고 징용되었던 조선인이 해방되자, 난부센(南武線)의 미나미타마(南多摩) 역 가까이로 사람들이 많이 모여들었다. 판잣집을 짓고 귀국할 날을 기다렸다.

"날마다 '오늘은 누구, 다음 날은 누구' 하면서 점점 줄어들었는데, 우리는 돌아가지 못했어요."

아버지는, 부모가 위독해 귀국을 서둘렀던 사람에게 순번을 양보했다.

해방이 되자 아버지는 일본 학교에는 갈 필요가 없다고 했다.

"식민지 시대에는 조선어 공부하라는 말을 입 밖에 내지도 않으셨는데, 바로 돌아가야 하니까 바로 조선어를 배우라고 했어요."

니시도쿄(西東京)의 조선 제1초중급학교 '우리 학교를 계속하는 모임'에서 만든 《조선 학교는 어떤 곳?(朝鮮學校ってどんなとこ?)》《社會評

論社, 2001)에 따르면, 해방 직후인 9월에 이미 다치카와, 후추(府中), 조후, 하치오지(八王子), 니시타마(西多摩) 등지에 국어 강습소가 개설되었다.

금순 씨는 하치오지의 국어 강습소에 다녔다. 다다미 6장 크기의 방에 칠판만 있을 뿐 책상은 없었다. 조선어 말고도 산수며 구구단을 배웠고, 조선의 이야기를 듣고 노래도 배웠다. 당시에 마음 깊이 따르던 진주라 선생님이 가르쳐준 노래가 경상남도 진주(晋州)에서 천 리가 넘는 길을 걸어가며 이별의 슬픔을 노래한 연가였다는 것을 어른이 되어서야 알고 크게 웃은 적이 있다. 조선어를 말하는 사람은 있지만 글씨를 가르칠 수 있는 사람은 적었다. 교사들 대부분이 유학생이었다.

집에서 국어 강습소까지는 두 시간이 걸렸다. 정전으로 전차가 서면 선로를 따라 돌아왔다. 다마가와의 철교를 건너는 것은 무서웠다. 철교를 건널 때 강변에서 놀고 있던 일본 아이들이 밑에서 돌을 던졌다. 무서워서 철교에 납작 엎드렸다.

"남자애들은 바로 다마가와에 내려가서 피투성이가 되도록 싸웠어요. 니들한테 안 진다면서. 지쳐서 움직일 수 없게 되면 오빠들이 업어줬어. 이런 경험이 형제 같은 연대를 길러줬다고 생각해요."

국어 강습소 다섯 군데는 다음 해 4월 조련 초등학원으로 명칭을 바꾸었다. 귀국할 때 가지고 갈 수 있는 재산은 현금 1000엔과 짐 30관 이내로 제한되어 있었다. 미군정 하에 있던 고국에 돌아가더라도 쉽게 생계를 꾸리기 어렵다는 것을 알고 귀국을 포기하는 사람도 많았다. 한 번 귀국했다가 다시 일본으로 돌아오는 사람도 적지 않았다. 일본에 남을 수밖에 없는 정세였고, 조련은 본격적인 학교 건설에 열을 올렸다.

금순 씨 아버지는 해방 후 조련의 하치오지 지부에서 일하셨다. 이 사무소는 낮에 하치오지 조련 초등학원으로 사용되었다.

하치오지 조련 초등학원은 니노미야(二宮)와 함께 다치카와에 통합되어 다치카와 조련 초등학원이 되었다. 1948년 4월에는 산타마(三多摩) 조련 초등학원으로 개칭했다. 학생 수는 120명이었다. 한신교육투쟁이 전개되던 시기였다.

"재일 동포는 해방이 되어도 나라에 돌아가지 못하고, 일도 없고. 학교는 낡고. 우리 학교는 정말 창문에 유리가 없었어요. 겨울이면 뭔가를 뒤집어쓰고 공부했어요."

마룻바닥도 없이 흙 위에 책상과 의자를 늘어놓았다. 어느 날 교사가 다치가와의 점령 미군이 일부 철수하면서 버리는 유리를 대량으로 싣고 왔다. 젊은 교사들이 유리 한 장 한 장에 '朝(조)'라고 쓰더니 "내 글씨가 더 멋지지"라며 서로 경쟁하는 모습을 아이들은 웃으면서 보고 있었다. 도둑을 맞지 않도록 유리에 '朝'라는 글씨를 써넣었다. 교사들은 조선에서 교육을 받은 사람이 많았다.

"바이올린 선생님이 한 분 계셨는데, 가끔 바이올린 소리를 들려줬어. 음악 공부하러 일본에 왔으니, '얼마나 음악을 공부하고 싶을까'라는 생각을 했어요."

다른 교사 1명은 징용을 당해 일본에 왔다. 열아홉 살이었다. 그 역시 음악을 공부하고 싶다며 밤에 피아노를 배우러 다녔다.

제2차 폐쇄령 후에 도쿄에 있는 조련 학교는 모두 도립학교로 수용되었다.

"조련 학교는 반지 같은 것을 내거나 하면서 협력할 수 있는 일이라면 모두 합심해서 뭐든지 해서 세웠어요. 하지만 두 번이나 폐쇄령이 내려졌어. 시커멓게 경찰이 왔어. 교문으로 학생이 들어오지 못하도록 했지."

시커먼 무리로 경관들이 들이닥쳤다. 1949년 12월 산타마 조련 초등학원은 도쿄 도립 제11조선인 학교로 바뀌었다. 학교에는 일본인 교장과 교사가 부임되었다. 교과서도 일본 교과서로 교체되었다. 조선어를 담당하는 교사 몇 명만이 남았다. 다음 해에 금순 씨는 졸업했다.

조선 이름을
불러줘요

당시 다치카와에는 조선 중학교가 없어서 금순 씨는 이타바시(板橋)구 주조에 있는 도쿄 조선 중고급학교에 다녔다. 도립 조선인 학교는 1955년 3월에 폐지되었지만, 금순 씨는 중학교부터 고등학교 2학년까지 5년 동안 도립이 되었던 학교에서 배웠다. 일본인 교사는 아이들의 이름을 일본식으로 불렀다.

"그건 내 이름이 아니라고, 조선 이름을 불러달라고 했지. 우리는 조선어로 이름을 부르지 않는 선생을 보이콧했어."

무책임한 교사도 있었지만 조선의 교사와 연대해서 학생들을 제대로 대해주는 교사도 있었다.

"한 달도 안 되었는데 한글을 공부해서 칠판에 적다니. 대단하다는 생각이 들 정도로 자극을 받았지. 일본 선생이라고 공부를 거부하면 본인만 손해 보는 거라고 했어요."

당시 중학교는 몇 군데 되지 않았고, 고등학교는 도쿄 조선 중고급학교 한 곳밖에 없었다. 일본 전국에서 온 중고등학생이 기숙사 생활을 해야 했다. 기숙사에는 식당이 없었다.

"항상 그렇지만, 뜻만 있고 조건이나 환경을 만드는 일이 부족해요. 선생이 없는데도 학생을 모으고 기숙사를 만들었는데, 식당이 없든가 그래요."

집에서 다니는 학생이 기숙사 학생을 위한 도시락을 준비해 가야 했다. 해방 전에는 공부를 하고 싶어도 대다수 조선인이 공부를 할 수 없었다. 멀리서 공부하러 왔다는 생각에 기숙사 학생을 위한 도시락을 싸가지고 갔다.

집에 아내와 자식을 남기고 온 동급생이 있었다. 별명이 아버지였다. 그는 "아버지라 부르면 집에 두고 온 아이가 생각나니까 그러지마"라고 부탁했다. 여름방학이나 겨울방학이 되어도 기차 요금이 없어서 집에 돌아가지 않고 일하는 기숙사생도 있었다. 부모가 정한 약혼자가 있으니 졸업하면 바로 결혼한다는 교토의 부잣집 아이도 있었다.

 아버지는 뒷바라지한다는 자세로 지역 동포를 보살폈다. 시청에 교섭을 하러 가기도 했다. 하지만 여자는 공부할 필요가 없다며 단호하게 반대했다. 글씨를 쓰고 있으면 철썩하며 때리기도 했다. 졸업을 앞두고 담임이 "고등학교에 갈 거지?"라고 물었지만 아버지는 완강하게 허락하지 않았다. 대신 졸업하면 바로 일할 수 있는 양재(洋裁)학교에 1년 다녔다. 아르바이트를 하면서 다녔지만 교재비 등으로 고등학교 학비 이상의 학비가 들었다. 5월이었다. 전철에서 나이 든 여성이 안경을 쓰고 문고본 책을 읽고 있었다.

 "난 충격이었어요. 한자가 많이 들어간 작은 책을 일본인 할머니가 읽고 있었으니까요."

 금순 씨의 할머니는 글을 읽을 줄 몰랐다. 신문을 거꾸로 보고 있어서 '거꾸로인데요'라고 말하면 '못 읽으니까 알 리가 없지'라며 호되게 욕을 먹은 적도 있었다. 어머니는 어릴 때 오빠가 공부하는 것을 옆에서 보고 히라가나만 쓸 수 있어서 언제나 손님의 외상 술값을 히라가나로 적어놓았다. 금순 씨는 신문을 읽을 줄 아는 사람이 되고 싶었다. 중학교 때 담임에게 상담했다. "입학금은 물론 아무것도 필요 없으니 무조건 오라"는 대답을 들었다. 금순 씨는 중학교와 고등학교 교사의 알선으로 주조에 있는 도쿄 조선 중고급학교에 다닐 수 있게 되었다.

 산타마 조련 초등학원의 동창생으로 고등학교에 진학한 여성은 선배 중에 1명 있었고, 금순 씨가 두 번째였다. 가족에게 고등학교에 다니는 것은 비밀로 했다. 담임교사가 "네가 부모가 달라서 고생을 하는구나"라며 격려해주었다. 다른 학생들도 금순 씨에게 복잡한 사정이 있으면서도 열심히 한다고 힘을 주었다. 금순 씨는 그때 처음으로 복잡한 가족 관계를 알게 되었다. 친아버지는 일본에 강제 동원되었다가 작업 현장에서 사망했고, 어머니는 금순 씨를 데리고 재혼했던 것이다.

"우리들의 성장 배경은 역사 흐름이나 정치적 배경하고도 밀접한 관계가 있어요. 부모의 입장도 있고 형편도 얽혀 있고."

양재 학교에 다니는 것처럼 하고 집을 나와 이웃집에서 교복으로 갈아입고 고등학교에 다녔다. 1년이 지날 무렵 들통이 났다. 화가 난 아버지는 이웃집에 맡겨두었던 가방을 가져와 교과서를 몽땅 태워버렸다. 집에는 절대로 경제적 부담을 주지 않겠다는 약속을 하고 중퇴는 겨우 면했다. 하지만 교통비가 큰 부담이었다.

"나는 고등학교 공부를 반 정도밖에 하지 못했어요. 파친코 기계 뒤에서 일하느라고."

교통 정기권을 살 수 있는 돈이 모이면 겨우 학교에 갈 수 있었다.

"동창회 나가서 알았는데, 나보다 더한 학생도 많았더군요."

어떤 식으로 공부를 했는지 물었더니, "수업 시간 외에는 공부를 못했지. 물건을 떼러 다녔으니까"라고 말했다. 아침 일찍 농가로 가서 야채를 떼 온 다음 그것을 팔고 나서야 학교에 갔다. 가족의 생활을 그녀가 꾸려 나가야 했다.

일을 해도 교통 정기권 비용밖에 벌지 못해서 불안했다. 하지만 매월 내야 하는 수업료 봉투에는 수령 도장이 찍혀 있었다. 담임에게 물어보았지만, "도장이 찍혀 있으니까 괜찮아"라며 아무렇지도 않게 넘겼다. 졸업 후에야 담임이 대신 수업료를 내주었다는 사실을 알게 되었다. 작문 교육이 주목받고 있던 당시에 국어 교사였던 담임은 일기를 제대로 쓰라고 했다. 금순 씨가 한 바닥 정도밖에 안 쓴 일기를 제출하면 빨간 펜으로 3, 4쪽이나 적힌 노트가 돌아왔다.

"진지하게 가르쳐주셨어요. 생활이 힘든 사람이든 학교를 그만두라는 가족의 얘기를 들은 학생이든 필사적으로 학교를 그만두지 못하도록 막아냈어요."

한국전쟁은 1953년에 휴전 협정을 맺었지만, 언제 또 전쟁 상태에 들어갈지 모르는 상황이 계속되고 있었다. 주위에서는 나라에 도움이 되어야 한다며 남자는 군인, 여자는 간호원을 지망하는 이가 많았다. 진로 지도를 담당한 교사가 전문적인 기술이나 학문을 배워 국가 발전에 기여하도록 하라고 지도한 영향이 컸다.

금순 씨는 1956년 고등학교를 졸업하고 도쿄 아다치(足立)구의 니시아라이(西新井) 병원에서 견습을 하면서 간호원 학교에 다니기 시작했다. 그런데 그보다 1년 전에 결성된 재일본조선인총연합회(총련)의 중앙에서 연락이 왔다. 다치카와의 조선 학교에서 교사를 해달라는 요청이었다. 도립 조선 학교가 폐지된 후에 도쿄 조선 제11초급학교가 된 모교였다. 그리웠다. 그런데 교실을 둘러보고 놀랐다. 교사가 없는 학급이 여럿 있었다.

"정말 엉망진창이었어요. 한 반에 수십 명. 아이들을 보니 돌아갈 수가 없었어요."

 교장은 출석부를 건네주며 "교실에 들어가서 이름을 한번 불러보세요"라고 했다. 출석부를 들고 앞에 서자 아이들은 의자에 반듯하게 앉았고 교실은 이내 조용해졌다. 교장이 말했다. "아이들이 얼마나 선생님을 기다렸는지 알겠지요?"

홍일점으로 시작된
교사 생활

도립 조선 학교가 폐지되어 일본인 교사의 자리가 사라지자 교사 부족 현상이 심각했다. 그해에 조선 대학교가 설립되었다. 금순 씨는 교사가 보충되면 대학에 갈 수 있다는 얘기를 듣고 모교에서 일하기로 결심했다. 당시에 학생은 500명 정도 있었다.

 1959년 귀국 사업이 시작되자, 일본 학교에 다니던 학생들이 조선어를 배우기 위해 전학을 오면서 학생 수가 더욱 늘었다. 정규 수업이 끝나면 전학생을 위한 보충 학습을 해야 했고, 밤에는 각 지역에 세워진 성인 학교에서 학교를 다닐 수 없는 사람을 위해 글자를 가르쳤다. 대부분이 여성이었다.

 귀국하는 아이는 필사적으로 공부했다.

 "일본 학교에서 편입해서 방과 후에 조선어를 공부하던 아이가 학교가 즐겁다며 들떠서 공부를 했어요. 내가 자극을 받을 정도로 열심히. 열렬한 소망 같은 게 있어요. 이 아이들에게 내가 지면 안 된다고 생각했어요."

여교사는 금순 씨 혼자였다. 아침 일찍 가서 청소를 하고 차를 내었다. 남교사가 "가위", "풀" 하면 듣는 대로 가져다주는 것이 당연하게 여겨졌다. 여교사는 결혼하면 퇴직해야 한다는 생각이 일반적이었다. 하지만 금순 씨는 관두지 않았다. 출산을 하고서도 그만두지 않았다. 홍일점으로 시작한 금순 씨의 교사 생활은 일하는 여성 교사가 직면하는 문제에 늘 최초로 맞닥뜨렸다.

"우리 아이는 직원실에서 자란 거나 마찬가지지."

아이를 보육원에 맡길 수 없어 직원실로 요람을 가져왔다. 사무원이 눈을 뗀 사이 바닥에 떨어져 뇌진탕을 일으킨 사고가 일어나기도 했다. 아이가 걷고부터는 수업이 시작되면 아무도 없는 직원실에서 아장아장 따라와서 곤란해지는 경우도 있었다. 어느 날은 일을 마치고 집에 돌아가려 하는데, 아이가 보이지 않았다. 교사들이 학교 안 이곳저곳을 찾아다녔다. 아들은 운동장 구석 나무 아래 풀숲에서 혼자 놀다 지쳐서 흙 범벅이 된 채로 자고 있었다.

여성 교사의 수가 늘고 결혼이나 출산 후에도 일을 계속할 수 있게 되면서 보육소가 생겨났다. 교사가 교대로 돌보거나 보육 대학의 학생을 아르바이트로 쓰기도 했다.

20년간 근무한 학교를 금순 씨는 이혼을 계기로 그만두어야 했다. 결혼 퇴직이나 출산 퇴직이 당연시되던 시기에 '이혼한 여성이 왜 교사를 계속하는가'라는 불합리한 인식에 깊은 상처를 입었다. 그것에 대한 결론이었다.

세 끼가 포함된 기숙사가 있는 시즈오카의 조선 학교에서 아이를 데리고 3년간 일한 후 조선 대학교 교육학부로 옮겼다. 조선 대학교에서는 여학생이 늘어남에 따라 현장에서 실전을 쌓은 여성 교원이 필요했다. 정년까지 20년간 일했다. 정년 후에는 강사를 하면서 민족 교육 국어 교과서 편찬 작업에도 참여했다. 신임 교사 교육을 하기도 했다.

"여러 번 민족 교육을 말살하려는 탄압을 받았지만, 이겨냈죠. 한신교육투쟁도 있었지요. 한때는 일본 학교로 만들려고 한 것을 오사카에서는 (공립학교에) 민족 학급 형식으로 남겼고, 도쿄는 도립으로 만들려고 했지만 지켜냈어요. 만일 그때 짓눌렸다면 그림자는 물론 형태도 없어졌을 거라 생각해요. 자력으로 운영도 해야 하고, 민족학교를 없애려고 하는 세력이 호시탐탐 노리니까 늘 싸우지 않으면 학교를 지킬 수 없어요."

동포와 교사들이 참고 분발했기 때문에 민족 교육이 지속될 수 있었다고 믿고 있다.

"일본 학교에 다니는 재일 동포 학생들은 자신의 역사를 정확히 배울 수가 없어요. 자신의 역사, 입장을 제대로 배우지 않는다면 이보다 슬픈 것은 없지요. 살아가는 힘이 어디에서 나오는가를 생각해야 해요."

현재 조선 고급학교는 공립 고교 수업료 무상제·고등학교 등 취학 지원금 제도에서 제외되어 있다. 오사카, 도쿄, 지바, 사이타마 같은 지자체에서는 교육 보조금을 지급 중지했다. 조선 학교에 대한 공격도 여러 형태로 가해지고 있다.

"아이들은 자기 나라를 제대로 배워야 다른 나라를 존중하는 마음이 자라요. 하지만 납치나 미사일처럼 언제나 교육하고 관계없는 문제를 엮지요. 50년 정도 교육 현장에서 일을 했지만, 예전과 달라지지 않았어요. 아니, 더 심해졌어요."

금순 씨는 꿈이 하나 있다. 시모노세키에서 부산으로 배를 타고 건너가 철도로 부산에서 서울, 평양, 신의주를 거쳐 실크로드까지 도달하고 싶다는 꿈. 그 꿈을 실현하기에는 아직 혹독한 정세가 계속되고 있다.

12 후쿠시마, 원전이 머릿속에서 떠나질 않아

위 원전 스트레스가 재일 동포의 고뇌에 또 하나의 문제를 가중시켰다고 말하는 안순자 씨.
아래 안순자 씨 손녀는 후쿠시마 원전 사고 이후 학생 수가 감소하고 있는 조선 학교에 다닌다.

오랜 세월 도쿄에서 살아온 안순자(1940년생) 씨는 10년 전에 후쿠시마현 이와세(岩瀬)군 덴에이무라(天栄村)로 이사 와서 동일본 대지진과 후쿠시마 원전사고를 겪었다.

"이 정도의 지진이 나자, 역시 간토대지진인가요? 그 학살이라는 단어가 머릿속으로 확하고 스쳐 지나갔어요. 우리 세대는 직접 경험한 1세들에게 얘기를 들었으니까요. 죽은 사람과 같이 처넣고 살을 후벼내고. 같은 지역에 살고 있던 사람들에게 그런 얘기를 들어서."

원전 사고 후 우울해진 손자

2011년 3월 11일 순자 씨는 인근 스카가와(須賀川)시 나가누마초(長沼町)에 있는 공장 2층에서 딸과 함께 일을 하고 있었다. 진도 6강의 지진으로 흔들렸을 때 작업대 밑으로 들어갔다. 흔들림은 격하게 오랫동안 계속되었다. 아래층으로 내려가려 해도 기어갈 수조차 없었다. 그저 작업대에 달라붙어 있었다. 이대로라면 건물이 무너져서 깔려버릴 것같아 무서웠다. 딸은 학교에 간 두 아이의 이름을 부르기 시작했다. 아래층에 있던 파트타임 종업원은 바로 밖으로 튀어나갔다.

공장 가까이에 있는 후지누마(藤沼) 호가 무너지면서 나가누마의 가옥이 유실되어 7명이 사망하고 1명이 행방불명되었다. 스카가와시에서는 4500채의 집이 전부 또는 일부 파손되었다. 고리야마(郡山)시에 있던 딸의 집은 지붕이 파손되어 블루 시트를 덮어야 했다. 블루 시트를 덮은 집들이 길게 줄을 이었다. 가스, 수도, 전기가 끊겼다. 식료품과 가솔린을 구하기 힘든 상황이 지속되는 가운데 후쿠시마 원전이 폭발했다는 뉴스가 들어왔다.

사고 후 딸의 큰아들은 말수가 차츰 줄더니 침울해졌다. 고리야마시 교외에 있는 후쿠시마에서 유일한 조선 초중급학교에 다니고 있던 손자는 당시 열세 살이었다. 평소 잘 놀고 공부도 좋아하는 아이였다. 딸은 친구와 메일을 주고받으며 방사선이 신체에 어떤 영향을 미치는지를 알아보았다.

"(원전에 관한) 인식도 없었고, 여러 가지 정보가 들어오면서 우왕좌왕하게 만들었어."

후쿠시마에 살면서 어른들조차 원전 사고가 일어날 수 있다는 것을 예상하지 못하고 있었다. 원전 사고의 엄청난 영향에 대해서도 예상하지 못했다.

"딸은 자기 아이가 그렇게 침통해졌다는 것이 쇼크였어."

지진이 발생하던 날 후쿠시마의 조선 학교는 시간이 걸리기는 했어도 통학생을 스쿨버스로 집까지 데려다주었고, 기숙사에 있는 학생은 보호자가 데리러 왔다. 다음 날인 12일부터 임시 휴교가 되었다. 딸 부부는 고민 끝에 도쿄 아다치구에 사는 남편의 형 집에 두 아이를 데리고 피난했다.

"경제적으로 여유가 있는 사람은 현 밖으로 가서 살 수 있지만 딸 부부는 형편이 그렇지 못했어."

후쿠시마의 조선 학교에는 현 밖에서 살기 시작한 학생들도 나왔다. 학교는 5월부터 니가타 조선 초중급학교로 피난을 가서 기숙사 생활을 하며 합동 수업을 받았다. 니가타의 합동 수업은 12월까지 진행되었고, 이후에도 간헐적으로 계속되었다.

아버지는 조선인,
어머니는 일본인

순자 씨는 도쿄 미나토구 아자부(麻布)에서 태어났다. 다섯 살 때 도쿄 공습을 피해 어머니의 친정이 있던 이바라키현의 소도(宗道)로 피난했다.

어머니는 일본인이었다. 어머니의 집안은 조선인인 아버지와의 결혼을 반대했다. 농민운동을 하고 있던 어머니 오빠의 도움으로 결혼을 할 수 있었다. 어머니가 순자 씨와 남동생 둘을 데리고 피난했을 때 이미 조부모는 돌아가신 뒤였다. 이바라키에서 막내 여동생이 태어났다. 네 형제가 되었다. 작은 밭에서 나는 소출과 도쿄에 남아 있던 아버지가 송금해주는 돈으로 생활했다. 아버지는 전후 식량난이 심각하던 시절 졸음을 쫓기 위해 필로폰을 맞아가며 밤새 자지도 않고 일했다. 설날에 떡도 만들어 먹지 못하고, 축하할 일이 있어도 찰밥을 먹지 못할 정도로 가난했다. 어머니의 친척이나 아는 분들에게 도움을 받아 생활해야 했다.

1952년 4월 28일 샌프란시스코 강화조약이 발효되면서 아버지와 어머니, 그리고 사남매의 일본 국적은 박탈당했다. 어머니는 조선어를 공부하면서 치마저고리를 입고 다녔다. 어머니는 스스로 조선인으로 살기로 작정했다. 하지만 일본 학교에 다니고 있던 형제들은 복잡한 심경이었다. 부근에 자녀가 4, 5명 있던 조선인 가족은 지독한 차별을 받았다.

"왜 차별을 받지 않으면 안 되는 걸까. 그런 아픔을 항상 안고 있었어요."

순자 씨와 형제들은 조선인 가족들과는 또 다른 차별을 받았다. 일본인뿐만 아니라 조선인에게도 차별을 받았던 것이다.

"일본인도 될 수 없어요. 그렇다고 조선인이라고 큰 소리로 말할 수도 없었고."

남동생은 학교에서 왕따를 당한다면서 일본 국적을 갖고 싶다고 졸랐다.

"집안에 자주 풍파가 일어났지요."

남동생은 어머니에게 "왜 조선인과 결혼했냐", "일본인으로 돌아가"라고 말하면서 반항했다. 고민하던 아버지는 일본으로 귀화하려고 생각한 적도 있었다.

"힘들었을 거예요. 아들이 말하니까. 저도 말하지는 않았지만 마음 한편에는 그렇게 해주면 아무런 고민 없이 살아갈 수 있지 않을까 생각하기도 했어요."

고등학교 졸업 후 도쿄에서 일을 시작했다. 갑자기 조선말을 빨리 익히고 싶다는 생각이 들어 총련에 들어가 일하게 되었다. 그리고 총련에서 알게 된 남성과 결혼했다.

아들과 딸은 조선 학교에 보냈다. 둘이 성인이 될 즈음, 결혼 상대는 조선인으로서 조선 교육을 받은 사람이 좋겠다는 부모의 희망을 전했다. 딸은 조선 학교 동급생과 결혼했지만 아들은 일본인과 결혼했다.

남편은 동포가 경영하는 회사에서 오랫동안 근무했다. 회사가 가와사키의 공장을 후쿠시마로 이전하려고 할 때 사업 일부인 전기 배선 기구의 제조 판매를 인수해 독립하려는 결단을 했다. 독립하면 아들 부부와 딸 부부, 서로의 가족생활이 안정될 것이라 생각했기 때문이었다. 원전사고 후 두 아이를 데리고 도쿄 아다치구로 피난했던 딸이 신학기가 시작되는 4월에는 후쿠시마로 돌아올 예정이었다. 딸도 중요한 일손이었다. 독립 당시에는 순조로웠지만 불황의 영향을 받았다. 원전 사고 후 임시 주택의 건설 등으로 수요가 늘어났다.

"남의 불행에 올라탄 것 같아서 복잡한 심정이긴 하지만, 지금은 바빠요."

손자가 3명 있다. 아들 부부의 사내아이가 여섯 살로, 가장 어리다. 텔레비전에서 초등학생인 아이가 어머니에게 "나, 아이 낳아도 괜찮아?"라고 물었다는 이야기를 방송하고 있었다.

"비슷한 또래의 손자가 있는 저로서는 무서워요. 나중에 결혼할 때가 되어 후쿠시마라고 하면 혹시 그런 문제가 생기지 않을까 해서요."

사고 후 침울해하던 딸의 아이는 중학교를 졸업하고, 2013년 미토(水戶)시에 있는 이바라키 조선 초중고급학교에 입학해 기숙사 생활을 시작했다. 한편으로는 마음이 놓인다고 했다. 손녀는 스쿨버스로 통학하다가 집보다 방사선량이 낮은 학교 기숙사로 들어갔다.

예전에는 후쿠시마에서 수확한 과일을 선물용으로 보내곤 했다. 작년은 "검사를 마쳤으니 안심하고 드세요"라는 메모를 붙여서 보냈다. 도쿄의 친구가 조선 학교에서 바자회를 할 때 매상이 잘 오르도록 과수원에서 직접 구매한 사과를 일고여덟 상자씩 보내기도 했다. 사고 후에는 "보내지 않는 편이 좋아요"라는 연락이 와서 보내지 않았다. 일말의 공허함을 느꼈다.

"재일 동포는 다른 고민이 많아요. 스트레스라고 해야 할지 모르겠지만, 원전이 항상 머릿속에서 떨어져 나가지 않아요. 후쿠시마의 자동차 번호판을 달고 현 밖으로 나가는 게 왠지 꺼림칙해요."

지진 당시
나미에마치에 한국·조선인은 12명

순자 씨의 이야기를 들었던 그날 밤, 모든 주민이 마을을 떠나 피난생활을 해야 했던 나미에마치(浪江町)에 출입이 가능해졌다는 텔레비전 보도를 접했다. 나미에마치의 홈페이지를 확인하니 2013년 4월 1일 도쿄전력 후쿠시마 제1원전 사고로 전역이 경계 구역 및 계획적 피난 구역이었던 나미에마치는 총 세 구역으로 재편되었다.

연간 누적 방사선량이 50밀리 시버트 이상인 서쪽 산간 지역은 귀환 곤란 구역으로 원칙적으로 출입 불가, 20~50밀리 시버트의 중앙 평야 지역은 거주 제한 구역, 20밀리 시버트 이하의 바다에 가까운 동쪽은 피난 지시 해제 준비 구역이 되었다.

거주 제한 구역과 피난 지시 해제 준비 구역은 신청하면 출입이 가능해졌다. 단 거주 제한 구역은 야간에는 체류할 수 없다. 주민의 80%가 양쪽 구역에 해당되었다.

주민 2만 1168명의 피난처는 후쿠시마현 이내가 1만 4562명으로 가장 많지만, 현 밖에도 6606명에 이른다. 와카야마현을 제외한 전국 각지에 피난하고 있는 상황이다. 박정란(가명. 1934년생) 씨도 그 가운데 한 사람이다.

정란 씨는 나미에마치에서 48년간 생활했다. 지진 재해를 입은 시점에 나미에마치에서 거주하고 있던 재일 한국·조선인은 12명에 지나지 않는다.

3월 11일 나미에마치는 진도 6강을 기록했다. 일찍이 경험한 적 없는 심한 흔들림이 오랫동안 지속되었다. 텔레비전이 쓰러졌다. 세탁기에 담겨 있던 물이 척척하며 튀어 올랐다가 흩어졌다. 찻장 구석에 놓아둔 밥공기가 쏟아졌을 때 이대로는 안 되겠다 싶어 밖으로 나갔다. 임대주택 16세대가 줄지어 있었지만, 주변에는 사람 소리가 나지 않았다.

시간이 조금 지나서 불쑥 밖으로 나온 어느 나이 든 여성은 가구를 잡고 있었다고 했다.

"역시. 배짱 좋은 사람은. 나 같은 사람은 모르니까 도망쳤지."

저녁에 전기가 들어오지 않아 양초를 사러 나갔다. 큰 술집 옆의 낡은 건물이 무너져 있었다. 불교 용품을 파는 가게도 무너져 길을 가로막고 있었다. 장례식 같은 데서 주로 쓰곤 하는, 천 얼마쯤 하는 초가 그나마 하나 달랑 남아 있기에 사서 돌아왔다. 집에 돌아와서 문득 현관에 양초가 있었다는 것이 생각났다. 발 디딜 틈도 없는 집 안을 정리하고 있는데, 입고 있던 바지에 양초 불이 옮겨붙었다. 당황해하며 껐다.

그때 친구가 왔다. "정리 정돈은 내일 밝으면 하는 게 좋지 않아?"라고 했다. 그건 그렇다며 잡담을 주고받았다. 단이 여러 개 달린 찻장의 아래쪽 단이 보이지 않았다. 친구는 밑바닥을 뚫고 파묻혔을 것이라 했다.

다음 날 아침 일찍 일어나 더러워져도 괜찮은 옷을 골라 입고 난장판이 된 집을 치우기 시작했다. 정란 씨 집은 동사무소에서 가까웠다. 10시 전이었을까.

"피난하세요, 피난하세요! 소리와 함께 엄청나게 시끄러웠어. 무엇 때문에 피난해야 하는지 전혀 몰랐어. 그래서 난 거기 가더라도 바로 돌아올 수 있을 거라고 생각했지. 정말 이상한 말이었어."

처음에는 나미에 소학교 2층 교실로 피난했다. 햇살이 따뜻했다. 얼른 집을 치우고 싶은데, 그러지 못하니 화가 났다. 그래서 이름을 쓰고 옆 사람에게 "잠깐 집에 다녀올게요"라고 말해놓은 뒤 맞은편 집 아주머니와 살짝 빠져나오려고 했다. 그러자 어딜 가느냐며 채근했다.

"무슨, 위아래로 흰색 옷을 입은 사람한테 잡혔어. 다시 돌아가라면서 혼이 났지."

깜깜하고 침구도 없는 체육관에서 밤을 지새워야 했다. 집에 돌아갈 수 없으리라는 생각은 하지도 않고 가벼운 마음으로 학교에 왔다. 집 안을 치우느라 골라 입었던 얇은 옷을 그대로 입고 나온 터라 추워서 잠을 잘 수도 없었다. "이제 60명", "이제 90명"이라는 자위대원의 목소리가 귀에 들려왔다. 쓰시마(津島) 쪽 대피소인 듯했다. 전기는 들어오는지 묻자 누군가가 "정전은 되지 않았을 것"이라고 했다. 쓰시마는 여기보다 춥다는 지인의 충고도 듣지 않고 정란 씨는 자위대 차량에 올랐다. 차에는 바람이 숭숭 들어와서 추웠다. 쓰시마는 눈이 내리고 있었다. 도착한 곳은 조업을 멈춘 공장이었다. 난로 하나가 있었고, 부분적으로 양탄자가 깔려 있었다. 거기에 정란 씨 한 사람만 들여보내달라고 현청 공무원이 말해주었다.

쓰시마는 정란 씨가 살던 지역보다도 방사선량이 높았다는 것을 나중에 알았다. 지금도 방사선량이 가장 높아 귀가 곤란 구역으로 지정되어 있다.

소금기가 없는 작은 주먹밥이 하나 주어졌다. 공장 가까이에 살고 있는 사람인지 절임 배추를 잘라주었다. 절임 배추는 맛이 있었다. 다음 날도 살짝 기대를 했지만 배추는 없었다. 그 많은 피난자들에게 한 집에서 담근 절임 배추를 며칠씩 내놓을 리가 없었다. 먹어본 적 없는 컵라면 우동을 처음으로 먹었다. 피난용 짐을 차에 싣고 온 부부가 완두콩을 컵라면 우동에 조금씩 나누어주었다.

식사 이상으로 불편을 느낀 것은 화장실이었다. 젊은 사람이 강에서 길어온 물을 화장실을 사용할 때마다 탱크에 넣었다. 얼마 되지 않는 수분밖에 섭취하지 못했기 때문에 소변은 적갈색이었다. 하라마치(原町)에 있는 공장으로 일하러 온 중국의 젊은 여성들이 머리를 빗으면서 떨어진 머리카락이 세면대에 그대로 남아 있었다. 불쾌했다. 세면대 파이프가 막히면 곤란해서 주의해주기를 바랐지만 말이 통하지 않아 전하지 못했다.

하지만 이런 불편 이상으로 큰 문제는 피난 생활을 하는 '피난'의 목적이 해결되지 않고 있다는 점이었다.

휴대폰을 충전해서 세 아들에게 연락하려고 여러 번 전화를 걸었지만 연결이 안 되었다.

적십자가 제공한 담요 한 장으로 3일을 지냈다. 갑자기 소지품을 정리하라며 채근했다. 정리할 것이 아무것도 없는데 의아하게 생각했다. 버스가 왔다. 향한 곳은 니혼마쓰(二本松)의 폐교된 학교 체육관이었다.

"문이 정말 심했어. 밥 못 먹은 사람은 열지 말라고 해서 웃었다니까. 이를 닦은 적이 없어. 가게가 있다고 해서 걸어서 갔지. 그런데 팔지 않았어. 아주 큰 남자용 칫솔은 있었던 것 같아."

체육관 위쪽의 창문 유리가 깨졌는지 추워서 잘 수가 없었다. 모두 난로 주변에서 떨고 있었다. 비가 내리고 있었다. 화장실은 근처 공민관까지 비를 맞고 가야 했다.

다음 날인지 다다음 날인지 다른 동포에게서 전화가 왔다. 고리야마에 있는 조선 학교가 피난소로 되었으니 한 시간 후에 데리러 오겠다고 했다.

"왠지 좋은 일인지 나쁜 일인지 모르겠지만. 이렇게 말하면 데리러 오는 사람에게는 미안하지만, 모두 함께 행동을 하는 게 좋을 것 같다는 생각도 들고. 이런저런 생각이 들었어."

그런 망설임을 전할 틈도 없이 전화는 끊겼다. 만일 그때 조선 학교에 가지 않았으면 나미에마치 사람들과 함께 임시 주택에 들어가 있었을지도 모른다.

후쿠시마 조선 초중급학교는 지진 재해가 일어난 다음 날인 12일 자체적으로 학교 기숙사를 피난소로 개방했다. 나중에 현의 요청을 받아 피난소로 지정되었다. 총련은 지진 재해 직후 동일본 대지진 긴급대책위원회를 만들고 홈페이지에 피난소 개설을 알리는 한편, 전화 등 통신 수단을 통해 동포에게 연락을 취했다.

대피소가 된 조선 학교에서
아들이 있는 곳으로

피난소로 쓰이는 조선 학교로 가기 위해 차가 고리야마에 들어서자 방사선량을 검사했다. 병원에서 진료를 받을 때는 이 검사 표를 반드시 제시해야 했다. 조선 학교로 향하는 도중에 데리러 온 사람을 기다리게 하고 부랴부랴 샴푸와 옷 등 2만 엔가량의 물건을 샀다. 집을 나설 때 지갑에는 8만 엔이 들어 있었다.

조선 학교에 도착하고 나서 그제서야 처음으로 샤워를 할 수 있었다. 총련의 여성 동맹 식사 모임에서 알게 된 오화석 씨가 피난소가 된 조선 학교에서 대책위원으로 피난소 운영을 담당하고 있었다. 조선에는 연장자에게 정중히 대하는 전통이 있어서, 음식 만드는 일을 도우려고 하면 젊은 남성이 나서서 "그냥 앉아 계세요"라며 못 하게 했다.

"그래서 앉아서 뭔가 얘기하려고 하면, '내가 이야기해야 해' 하면서 밀어붙이는 사람이 있어서 무서웠어. 다들 흥분해 있었어. 집이 다 타버렸다고 하니까."

정란 씨는 그냥 입을 다물고 앉아 있는 것이 따분해 피난한 사람들을 위해 모아놓은 이불을 수선했다.

3월 말까지 모두 33명이 조선 학교에 피난해 있었다고 화석 씨가 말했다. 동포는 16명, 나머지 17명은 동포의 친구나 종업원 등 일본인이었다.

일본 전국에 있는 동포들이 지원 물자를 보냈다. 택배나 우편의 배달이 밀려 있었다. 물, 쌀, 분유, 기타 식량, 조미료, 맥주, 기저귀 등 여러 가지 필수 물품들을 실은 2톤 차량이 속속 도착했다. 담당자와 함께 주유소의 경유를 운송하는 차량이 와서 급유도 해주었다. 당시는 가솔린이 극도로 부족한 상태였다.

"모두 세심한 데까지 신경을 잘 써주었어. 없는 게 없었어."

피난 생활에 필요한 물자는 충분했다. 하지만 앞으로의 생활에 대해 모두 불안해하고 있었다. 야키니쿠야 같은 걸 경영하던 사람은 언제 가게를 열 수 있을까를, 원전 가까운 곳에 살고 있는 사람은 언제 집에 돌아갈 수 있을까를 고민했다.

화석 씨는 막내아들이 조선 학교 중학 3학년이었기 때문에 졸업식을 하지 않고 곧바로 미토에 있는 조선 고교에 진학해야 하는지가 걱정되었다. 학교 측에서는 졸업식은 반드시 하겠다고 방침을 세웠지만, 각지에 피난하고 있는 학생들이 졸업식 날에 모일 수 있을지 모두 걱정하고 있었다. 학부모들은 방사선이 끼칠 영향을 두려워하고 있었다.

졸업식은 4월 8일에 치러졌다. 화석 씨의 아들은 10일에 열린 고교 입학식을 치른 뒤 기숙사 생활을 시작했다.

정란 씨는 이틀 동안 조선 학교에서 지낸 후 요코하마(横浜)에 있는 셋째 아들의 맨션으로 거처를 옮겼다. 나스시오바라(那須塩原)까지 신칸센이 개통했다고 하는 정보가 들어왔다. 가솔린을 모아 집이 도쿄 방면인 교사와 친척이 있는 사람을 나스시오바라 역까지 데려다주었다. 그 차에 정란 씨도 탔다.

"어머니 형제가 여자만 있어서 친구들이 와서 며느리 욕을 하면 '왜 그렇게 흉만 볼까. 난 그러지 않아'라고 말했지. 나도 말하고 싶지 않았지만."

정란 씨는 조선 학교를 떠난 뒤 한 달가량 셋째 아들 부부와 함께 생활했다. 셋째 아들은 방 가득히 모아놓을 정도로 책과 CD를 좋아했다. 며느리는 예전에 고급 의상을 한꺼번에 여러 벌 사는 고객들을 상대하던 부티크에서 일했다. 며느리는 출산하면 여행을 가기가 어렵다면서 만삭의 배를 해가지고 한국으로 놀러갈 정도로 여행을 좋아했다. 둘은 만혼이었다. 각자 자신이 좋아하는 것을 중요시하며 살아왔다. 정란 씨는 이런 재일 3세 세대의 가치관과 생활 습관이 익숙하지 않았다. 매일 함께 있어야 하는 셋째 며느리도 분명 숨이 막혀왔을 것이다. 자주 외출을 권유받았다. 하지만 정란 씨는 재난 피해로 인한 충격과, 먹고 자는 일을 자유스럽게 할 수 없었던 대피소 생활로 몹시 지쳐 있었다. 요코하마에 도착했을 때는 몸무게가 5킬로나 빠져 있었다. 뭔가를 할 의욕도 생기지 않았다. 셋째 아들이 맨션을 구입하기 전에 살았던 단지 부근에 가볼까 하는 생각도 했다. 하지만 먼 거리의 버스 정류장까지 가는 길도 잘 몰랐고, 갈아타는 것도 번거로웠다.

셋째 아들은 여러 차례 둘째에게 전화를 걸어 갑자기 정란 씨와 함께 살면서 갓난아이가 있는 세 식구 생활이 힘들다고 푸념했다는 사실을 나중에 알았다.

점점 가난해져,
푸하하

다른 현 A시에 살던 둘째 아들이 아파트를 마련해주었다. 정란 씨가 A시에 온 것은 4월이었다. 정란 씨 생일은 4월 15일이었고, 손자의 생일이 16일이라 둘째 가족 일가는 야키니쿠야 정란 씨의 희수(喜壽)를 축하했다.

거실에는 둘째 아들의 장모가 선물한 큰 텔레비전이 설치되어 있었다. 찻장은 재난 피해자를 지원하기 위해 시민들이 모은 재활용품을 둘째가 옮겨 왔다. 왠지 나미에 집에 있는 물건은 구입할 마음이 생기지 않았다.

"아무것도 없는 게 편해. 밖에도 말이야. 누가 청소를 하는지 바람이 청소를 하는지는 모르지만, 항상 깨끗해요."

나미에 집에는 분재 철쭉 화분이 100개 정도 있었다. 풀을 뽑느라 언제나 바빴다. 지금 아파트 주변은 온통 콘크리트다.

"예전에는 장사를 했으니까 아침 일찍 4시, 5시에는 일어나서 흙을 갈거나 했어요."

어떤 장사였냐고 물었지만 '정해진 일'이라고만 했다. 파친코 가게를 쉰 살까지 운영하다가 저당 잡혀 있던 140평 집을 처분했다. 은행은 정란 씨 명의로 하는 방법이 있다고 했지만.

"커다란 집에 사는 거, 싫었어요. 청소하는 것도 귀찮고. 내 몸이 크지만 작고 앙증맞은 집에서 살고 싶었어. 꽃이든 뭐든 작은 게 예뻐. 다들 내가 집이 필요 없다고 하니까 은밀히 돈을 많이 모아놓았을 거라고 생각하는데, 없어. 뒷돈 한 푼이 없어. 왜 그랬을까. 바보 아닌지 몰라."

아키타(秋田)현의 고조메마치(五城目町), 야마가타(山形)현의 사카타(酒田)시, 그리고 나미에마치로 옮겨 다니며 살았다. 내 가게보다 큰 파친코 가게가 생기면 이길 방법이 없다고 판단하고 다른 동네로 이사했다. 나미에로 왔을 때는 낡은 영화관을 샀다. 2층 영사실을 찻집으로 개조해 안쪽에는 복도를 끼고 종업원용 작은 방 3개를 만들었다. 아래층은 가게 안쪽에 부엌과 식당, 다다미 8장 크기의 방을 만들었다. 식당 테이블에는 손님이 파친코 구슬을 사면 '차찬' 하며 소리를 내는 계량기를 두었다. 남편은 그 소리를 듣는 것을 좋아했다. 식사 중에도 소리가 나면 계량기를 보러 갔다.

"시끄러워도 어쩔 수 없지. 시끄러울 때는 손님이 많이 있을 때라고. 그건 그래. 난 파친코가 정말 싫어. 능숙히 돈을 따는 사람은 좋을지 모르지만 나는 돈을 따도 정말 싫어. 손님도 그래. 돈을 딸 땐 벙글벙글하고 있지만, 사람 성격이 좀 잃으면 무서워. '어서 오세요'라면서 생글생글 웃으면 '어이, 봉이 왔구나 생각하니 생글생글 웃음이 나나'? 하고, 아무 말 안 하고 있으면 '뭔데, 뻣뻣하게 굴어' 하고. 싫다 싫어. 장사를 못해, 나는."

찻집은 손님들이 좋아했다. 청년단이나 동사무소 사람들이 자주 왔다. 젊은 친구들이 고민을 이야기할 때 그 사람 마음에 스며드는 말을 해주었는지, 정란 씨는 기억하지 못하는데도 나중에 "그때 이런 얘기를 해주셨죠"라는 감사의 말을 듣기도 했다. 결혼식에 초대를 받은 적도 있었다. 하지만 소마(相馬)의 볼링장을 개조해 시작한 파친코 가게에 일손이 부족했다. 연말에 설날용 재료를 완벽히 구입했는데도 남편이 "당신이 가서 일해"라고 해서 찻집은 그대로 닫아버렸다.

정란 씨는 밖에서 손님을 만나도 상대가 인사를 하지 않으면 먼저 인사하지 않는다.

"아무래도 싫어할 거 같아서. '저 사람, 조선인이랑 알고 지내나봐'라는 소리를 들으면 미안하고. 파친코에 자주 간다고 여겨지면 미안하다는 생각도. 내가 삐딱한지는 모르겠지만 인사를 받고 싶지 않다는 얼굴을 하는 사람도 있어."

남편은 상공회의 임원을 맡아 총련 활동에 더욱 열심히 뛰어다녔다. 남편이 없을 때 나미에 가게에 불이 났다.

"그렇게 타버릴 거라고 생각지도 못했는데. 소방차가 왔을 때 2층에는 찻집도 있었지. 그게 싹 다 타버렸어. 그렇게 타버릴 거라고는 생각하지도 못했지."

그 며칠 전에 소화기 사용법을 배웠지만 "손님이 소화기를 갖고 가서 불을 끄지 않을까"라는 생각이 머리를 스쳤을 뿐이다. 사진첩도 들고 나오지 못했다. 전날에는 가까운 파친코가 쉬는 날이어서 평상시보다 가게 매출이 많았지만, 돈이 든 금고조차 건지지 못했다. 근처에 있던 바가 불이 났을 때 얌전하게 보이던 마담이 필사적으로 척척 할 일을 하던 기억이 있고, 열아홉 살까지 살았던 아오모리(青

森)현의 아타야나기(板柳)에서 가깝게 지내던 집에 불이 났을 때 젊은 부인이 디딜판이 달린 무거운 발재봉틀을 가지고 나오던 일도 기억이 있다.

"화재 현장의 굉장한 힘. 난 그런 걸 못 했어. 밖으로 나와 소방차가 오면 '여기 여기, 여기요'라고만 말하고. 뭐, 이런 성격."

남편에게 전화했지만 어디에 있는지 연락이 되지 않았다.

"밤늦게 택시에서 내려서 집이 없으면 깜짝 놀라지 않겠어. 근데 왜 저러냐고 나한테 화를 내지 않아. 뭘 해도 화를 안 내. (그런) 좋은 점이 없었으면 함께 살지 못했을 거야."

예전에 찻집 가스통이 새서 냄새가 난 적이 있었다.

"못된 장난을 치는 사람 있을 거예요. (파친코에서) 잃거나 하면."

그때 화재도 방화가 아니었을까 하고 생각해본 적도 있다. 나미에의 파친코는 은행에서 돈을 빌려 다시 오픈했다.

"정말 빚투성이였어. 그렇지만 대출이 없으면 일할 맛이 안 난다는 사람도 있었으니까."

조선 학교가 개교했을 때 상당한 금액을 기부했다. 여유가 있어서 한 기부는 아니었다. 이자를 더 내는 정도의 지출이라는 계산이었다. 젊은 시절 고생을 많이 한 남편은 예순이 넘으면 일을 하지 않겠다고 했다. 총련 활동도 그만두고 한국에 집을 두 채 사놓고 왕래하기 시작했다. 그러던 와중에 치매 증상이 나타났다. 예전에 쓰던 파친코와 똑같은 기계를 사들이기도 했다.

은행 직원에게 적자 운영을 지적당하고 저당 잡혀 있던 집을 나와야만 했다. 친구가 흔쾌히 임대하는 집의 보증인이 되어주었다.

"저런 큰 집은 별로 애정이 없어. 작은 집이 하나 있었잖아. 그 집은 마음에 들었어. 처음에는 콧노래를 불렀지."

남편은 몇 년 후 일흔 살의 나이로 세상을 떠났다.

국민연금 가입 자격에서 국적 조항이 폐지된 것은 1982년이었다. 정란 씨는 예순 살까지 불입했지만 수급에 필요한 부금 기간인 25년을 채우지 못했다. 이에 해당하는 돈을 불입하면 된다고 동사무소에서 권했지만 하지 않았다.

파친코를 그만둔 후 재봉 일을 하기도 했고 호텔에서 상 차리는 일도 했다

"점점 가난해져, 푸하하. 죽는 것도, 돈이 없으면 죽지도 못해."

한국 할머니에게
집 빌려주는 사람은 없어요

정란 씨가 살고 있던 집은 피난 지시 해제 준비 구역에 있다. 동사무소에서 출입 신청서가 동봉된 통지를 2통 받아서 신청은 했지만, 둘째 아들의 경차로는 가구를 옮길 수 없다. 고액의 비용을 지불해 업자에게 의뢰했지만, 지금 살고 있는 아파트에 들여놓을 수가 없었다.

"내 이번 삶은 틀렸어. 뭔가 하나 잘못되면 전부 실패가 되어버리잖아."

파친코 가게의 경영이 어려워졌을 때 은행 직원의 조언을 따랐으면 쭉 살았을지도 모르는 집을 나왔다. 사는 집에 대해서는 또 하나 후회스러운 일이 있다.

어머니는 요코하마에서 전쟁 중에도 타지 않고 남아 있는 집에서 살고 있었다. 여러 개의 방을 임대할 수 있는 집이었다. 일대에 대규모 공영주택이 건설되면서 입주 자격이 있었기 때문에 막 신축한 집 한 곳에 입주할 수 있었다. 정란 씨의 셋째 아들이 재수하던 시절 그 단지에 다녔기 때문에 어머니가 돌아가시고 나서도 오랫동안 혼자 살았다.

셋째 아들은 혼자 생활하게 된 정란 씨에게 몇 번이나 요코하마에 와달라고 말했지만 "그렇게 일찍부터 동거하지 않는 게"라는 친구의 조언도 있었고, 동거하면 셋째 아들에게 결혼 상대가 나타나지 않을 것이라는 생각에 응하지 않았다.

그런데 그 즈음 "1명 있어요"라는 얘기를 들었다. 깜짝 놀라며 들은 상대인 조선 여성의 나이가 뜻밖이었다. "상당한 나이 아냐?" "그렇지만 나보다 연하예요." 하지만 스무 살에 장남을 낳은 정란 씨의 머리로는 '며느리' 나이가 아니었다.

셋째 아들 부부가 맨션을 샀으니까 단지에 들어와 살라고 하는 연락이 있었다. 정란 씨는 그때도 갈 기회를 놓쳤다. 그 단지에 살고 있었다면 지진 재해도, 원전 사고도 경험하지 않고 평생 살 수 있었을 것이다.

둘째 아들은 정란 씨의 아파트를 찾으러 다닐 때 힘이 들었던 모양이다. "한국인 할머니에게는 아무도 집을 빌려주는 사람이 없다"면서 둘째 아들은 화를 냈다. 계약 전에 집주인은 "어떤 사람인지 보고 싶다"고 했다. 둘째 며느리가 동행해 집주인과 만났을 때 "괜찮을까, 나" 하자 정란 씨는 "신경 쓰지 말고"라고 말했다. 자신의 실패담이나 후회스러운 일들을 다른 사람 얘기처럼 재미나게 말하는 정란 씨는 몇 번이나 이런 경험을 헤쳐 나갔을 것이다.

그 후 2년이 지났다. 계약을 갱신할 때에는 화재보험도 갱신해야 했다. 현 담당자는 신청하면 정란 씨가 부담할 필요는 없다고 했지만, 집주인은 자신이 보험회사에 내겠다면서 청구했다. 정란 씨는 석연치 않았지만, 신청이 번거롭기도 했는지 둘째 아들이 "내가 낼 테니까 괜찮아"라며 서류의 '불필요'의 란에 체크를 했다. 둘째 아들은 집주인과 말썽이 나는 것을 피했다.

소마시에 있는 장남 집은 지진으로 화장실 물 공급 장치가 손상되었다. 주택 융자가 남아 있지만 새롭게 농협에서 대출을 받아 수리했다. 장남은 자산가가 경영하는 건축 회사의 영업을 하고 있다. 지진 전 불황이 계속되면서 회사를 운영하지 않아도 본인 생활에 지장이 없는 사장은 경영 의욕을 잃어버리고 있었는데, 지진 후 수주가 늘었다. 당분간 회사는 계속될 것이다.

셋째 아들만 조선 여성과 결혼했고, 장남과 차남의 부인은 일본인이다. 정란 씨의 아들 셋은 조선 학교에 다녔다. 세 아들 모두 한국 국적을 가지고 있다.

나미에에 사람이 살 수 있게 되면 되돌아가겠냐고 물었다.

"돌아가도……. 신세만 지는 거 아닌지 몰라, 젊은 사람들에게. 주변에 살고 있는 사람들은 '아, 저 어머니는 조금 있으면 죽을 거 같은데, 다시 정리라든가 뭘 해야 하니 바쁘겠네.' 그렇게 생각할 거 아니야. 나라면 그렇게 생각할 거야"라며 정란 씨는 웃었다.

맺는말

식은땀을 흘려가며
들은 이야기들

이 책은 월간지 〈세카이(世界)〉에 2012년 6월호부터 12회(11월호는 쉼)에 걸쳐 연재한 같은 제목의 원고에 약간 손질을 해서 마무리한 증언집이다.

취재를 시작할 무렵 박정숙 씨(가명)를 처음 만나던 날 그녀는 입을 열자마자 아무런 설명도 없이 이런 이야기를 했다.

"죽을 때가 되니까 돌아온 거예요. 병들어 돌아온 다음 3일 만에 병원에서 죽었어. 나, 집, 들이지 않았어요. ……그래야 할 인간은 아니니까."

결혼 당초부터 창녀촌을 전전하다 만난 여성과 조시(銚子)에 살면서 수십 년 동안 연락도 없던 남편에 대한 얘기였다.

초면인 내가 어떤 사람인지도 모르는데, 그녀는 왜 이런 중요한 이야기를 했을까? 분명히 여러 이유가 있을 것이라고 생각했다. 이 충격적인 에피소드를 '제2장 타향살이' 첫머리에 적을까 하다가 오랫동안 망설였다. 결국 '솥' 이야기로 시작했다.

장마가 지거나 홍수가 나면 물이 상당한 높이까지 차오르는 가와사키의 상습 침수 지대에 '오리 나가야(あひる長屋)'라고 불리는 쪽방집들이 늘어서 있었다. 정숙 씨도 그런 집에 살고 있었다. 언젠가 홍수가 나서 학교로 피난을 했는데, 천장 다락에 대피시켜놓은 병아리가 걱정이 되어 살피러 갔다. 허리까지 찬 물길을 헤치며 집으로 가고 있는데, 눈앞으로 큰 솥이 하나 떠내려왔다.

"그 솥을 주워서 살았어요. 아하하하. 밥솥을 주워 살아갈 사람은 살라고 하는 거니까, 솥이."

병아리도 살아 있었다. 정숙 씨는 그때까지 구멍이 뚫린 솥에 천을 끼워 넣어 사용했다. 솥 구멍에 일일이 천을 채우는 것이 귀찮았는데, 이거 잘됐다며 큰 솥을 주웠다. 그 기억을 명칼럼니스트가 쓴 듯 '주워서 살았다'라는 표현과 함께 병아리처럼 작은 생명에 대한 자상한 관심을 흐뭇한 에피소드로 이야기했다. 그 이후 나는 이런 할머니들의 재치에 가끔 사로잡혔다.

김분란 씨도 연년생인 둘째 딸이 태어난 직후 일어난 대단히 심각한 사태에 대해 놀랄 만큼 차분하게 말해주었다. 그렇다. 딸 한애순 씨의 표현을 그대로 옮기면 '고생 자랑'이고 '가난 자랑'이다. '큰애를 반듯이 눕혀 겨드랑이에 안고' 혼자 출산하고, 갓난아이의 목욕물을 쓸 여유가 없어서 '있는 천으로 피를 닦고, 아무거나 덮어' 재웠고, '(탯줄은) 실타래에 까만 실이 있었어. 그걸 양쪽으로 묶고, 가운데를 잘랐다.'

"잘 견뎌왔어요. 쉽게 죽지 않아요, 인간은."

도박장에 틀어박혀 있던 남편이 돌아와서 새로 태어난 아이를 보고 한 말이 "뭐야, 또 여자애야?"였다. 그리고 분란 씨의 반지를 가지고 쌀로 바꿔오겠다며 나간 뒤 돌아오지 않았다.

"출산하고 3일 동안 먹을 게 없어서 남편을 찾아 나선 거야. 배가 너무 고파서. 누더기 같은 신발을 신고 갔는데, 후산으로 태반은 점점 흘러나오지, 신발은 축축해졌어."

남편은 결혼 전부터 사귀던 여성의 집에서 술을 마시고 있었다. '부친'이 있었지만, 남편의 목덜미를 움켜쥐고 끌고 왔다.

오랜 세월 일본군 '위안부'와 성폭력 문제를 평생의 주제로 작업해 온 나는 전쟁과 성에 관한 이야기가 나오면 자연스레 귀를 기울였다. 물론 할머니들의 인생담은 이 범주를 넘어서는 것이었다. 재일 코리언이 공통으로 안고 있는 문제는 물론, 도쿄 공습, 히로시마의 피폭, 일본군 '위안부', 한센병, 동일본 대지진, 후쿠시마 원전 사고를 경험한 할머니들의 이야기도 들었다. 이야기마다 한 권의 책을 쓰고 싶을 정도로 깊은 내용이 담겨 있었다.

도쿄 공습으로 인한 재일 희생자 수는 '1만 명을 뛰어넘는다'고 추정되지만 정확한 조사는 진행되지 않은 상태에서 긴 세월이 흘렀다. GHQ의 지시로 피해 상황의 규명보다는 복구에 주력했기 때문에 전체적인 피해 현황 조사 자체가 어려웠다. 재일 코리언의 피해 상황에 대한 파악은 보다 곤란한 문제다. 히로시마와 나가사키의 재일 피폭자 수도 추정치에 불과하다. 재한(在韓) 피폭자에 관한 저서는 한국에서 출판된 번역서를 포함해 몇 권이 있기는 하지만, 재일 피폭자에 관한 기록을 하나로 정리한 것은 극히 드물다. 나는 동일본 대지진 때 쓰나미로 집을 잃은 재일 '위안부' 재판의 원고였던 송신도 씨와 후쿠시마에서 원전 사고를 당한 안순자 씨, 박정란 씨(가명)의 이야기만 들었다. 하지만 현재 재일 코리언과 외국인의 피해 상황이 별도로 파악되어 있지는 않은 듯하다.

한센병은 감염력이 약하고 유아기 이외의 감염은 드물다. 감염과 발병은 위생과 영양 상태의 영향이 절대적이다. 재일 코리언의 한센병 발병률이 높은 배경에는 빈곤에 따른 열악한 위생·영양 상태가 있다. 짚으로 엮인 지붕에 풀이 자라고, 꽃이 피고, 우물이 없는 집에서 먹을 것도 충분하지 않은 환경에서 자란 박수련 씨는 분명 그런 조건에 딱 맞는 사람이었다.

히로시마에서 피폭을 당한 할머니들은 피폭 당시의 양상을 극명하게 묘사했다. 하해수 씨는 피폭 직후 잇달아 죽은 가족을 자기 손으로 뒤집어가면서 태웠다. 배급받은 연료의 양이 적었기 때문에 효율적으로 태우지 않으면 뼈를 추스를 수 없었다. 김남출 씨는 폭심지 가까운 하천변에 일궈놓은 밭에서 일주일간 가족을 기다리며 타버린 집터에 돌을 쌓아 주운 텐트를 치고 전후(戦後)의 첫걸음을 시작했다. 박남주 씨가 피폭 5년 반이 흐른 뒤 조산으로 낳은 쌍둥이는 정상적으로 호흡을 하지 못해 일주일 만에 숨을 거두었다. 전후 수년간은 이웃에서도 조산이 많았고 아이들도 잇달아 죽었다. 해수 씨의 작은 아들도 병약했다. 남편도 몸 상태가 나빠 매번 조퇴하는 일이 많았다. 당시 재일 코리언은 국민건강보험에 가입할 수 없었기 때문에 치료를 받지 못했다. 남편은 신장, 당뇨, 간경변증을 앓다가 마흔일곱 살의 나이로 사망했다. 차남도 개복 수술을 되풀이하다 마흔일곱에 먼저 세상을 떠났다. 그리고 남출 씨는 피폭자가 많이 걸리는 심근경색을 앓고 있고, 남주 씨는 암을 앓고 있다.

오키나와의 위안부 피해자 배봉기 씨의 이야기를 들으면서 재일 코리언들이 일본 사회에서 어떤 생활을 하고 있는지 궁금해졌다. 오사카에 가서 시인 종추월(宗秋月) 씨를 만나기도 했고, 사이타마현 가미후쿠오카(上福岡)에서 중학 1학년 소년이 자살한 사건을 취재하기도 했다. 그의 아버지는 조선적(朝鮮籍)이었다. 왕따 때문에 자살한 첫 사건이었다. 봉기 씨의 반평생을 기록한《빨간 기와집―일본군 위안부가 된 한국 여성 이야기》(筑摩書房, 1987)를 쓰고 난 다음 작업은 지지부진했다.

최근 몇 년 동안 일본에서 생활하는 재일 할머니들을 만나면서 몰랐던 세계가 가까워짐을 느끼고 있다.

봉기 씨를 만났던 젊은 시절 나는 식은땀을 흘려가며 봉기 씨의 이야기를 듣고 있었다. 재일 할머니들의 나이에 가까워지고 있는 요즈음도 그녀들의 이야기를 듣고 있으면 식은땀이 흐른다. "잘 견뎌왔어요"라고 분란 씨가 말한 것처럼 스스로도 놀랄 정도인 극한 상황을 이제는 웃으면서 말할 수 있는 재일 할머니들은 꿋꿋하게 삶을 이어왔다. '고생 자랑' '가난 자랑'을 하고 싶어 하는 마음도 알 것 같다. 일본의 정치, 뒤틀린 일본 사회를 일본인보다 혹독하게 감내하며 살아온 재일 할머니들의 당당한 자랑일 것이다.

　많은 분들의 도움으로 재일 할머니들과 만났다. 재일 할머니들의 이야기를 들으면서 그들의 생활 배경을 알게 되었다.
　이 책에 등장하는 재일 할머니들과, 이들을 만나게 해주고 조언을 아끼지 않은 많은 분들에게 깊이 감사드린다.
　배중도 씨, 미우라 도모코(三浦知子) 씨, 정귀미 씨, 현유미 씨, 남순현 씨, 신민자 씨, 구주 노리코(九重能利子) 씨, 김귀분 씨, 김순애 씨, 양징자 씨, 이순희 씨, 무라야마 잇페이(村山一兵) 씨.
　문화센터 '아리랑'의 관장 강덕상 씨는 재일 할머니들에게서 들은 이야기 가운데 모르는 것을 물을 때마다 가르쳐주었다. 다시 한 번 감사드린다.
　〈세카이〉 편집부의 구마가이 신이치로(熊谷伸一郎) 씨와 이 책을 편집한 학술서 편집부의 나카야마 에이키(中山永基) 씨의 적절한 조언에 대해서도 감사드린다.

2014년 1월 27일
가와타 후미코(川田文子)

옮긴이의 말

일본 여성이 직접 마주한 재일 여성의 삶과 기록

최근 몇 년 사이에 재일 작가들이 쓴 책이 여러 권 번역 출판되었다. 한국 독자들은 그들의 시선을 통해 재일 코리언들의 고난한 삶의 역사를 간접적으로 접했고, 그들의 삶에 대해 그간 무지했던 편견과 몰이해가 일정 정도 해소될 수 있었다.

  하지만 재일 코리언들의 삶과 역사에 대해 우리는 진정 얼마나 이해하고 있는 것일까?

  100년을 넘어선 일본 이주 역사는 결코 간단하고 단순하게 일반화할 수 없다. 식민지, 민족, 차별, 이주, 이산 등 하나로 통합되기 어려운 단어들이 혼재되어 있다. 하지만 오히려 그렇기 때문에 그 삶을 단순화함으로써 민족 차별과 억압의 역사로 일반화하기도 한다.

  재일 코리언의 삶을 만나기 위해 일본 전국을 찾아다닌 일본인 작가 가와타 후미코는 특히 여성들을 집중해서 탐구하고 있다. 아직도 남성 중심의 가부장적 전통이 뿌리 깊게 남아 있는 재일 코리언 사회에서 여성의 삶을 드러낸 기록물은 거의 없다. 그것은 알지 못했던 역사이고, 알고 있었지만 기록하지 않은 역사다. 아니, 알면서도 지우려는 역사인지도 모른다.

가와타 후미코가 만난 재일 여성들은 이름만 대면 알 수 있는 유명인이 아니다. 그가 만나고 기록하지 않았다면 그저 기억 속에서 사라졌을 보통의 재일 여성들이다. 하지만 바로 그런 삶 속에 거대한 재일의 현대사가 고스란히 남아 있었다. 가와타 후미코는 그 자신이 여성으로서 재일 코리언, 그 가운데서도 재일 여성들을 만나 차분하게 경청하면서 그들의 삶 하나하나를 꼼꼼하게 기록했다. 인터뷰 내용에서 구체성을 발견하기 어려울 때는 해당 자료들을 찾아 객관성을 보완했고, 현장을 직접 돌아보며 당시 상황을 자기 몸으로 느끼고자 했다.

생활도, 교육 환경도, 경제적 배경도 달랐던 이들이 시대를 달리하며 하나둘 일본으로 건너간다. 어떤 이는 어린 소녀였고, 어떤 이는 나이가 제법 들기도 했다. 일본으로 건너간 아버지를 찾아, 남편을 찾아 일본어도 모른 채 배를 타고, 기차를 타고 누군가를 찾아 일본 땅에 넘어갔다.

타야 할 열차와 환승역, 목적지가 등에 적힌 치마저고리를 입고 열둘, 열셋 먹은 소녀들이나 열다섯, 열여섯에 결혼한 어린 신부들이 일본으로 갔다. 생활고 탓에 일을 구하러 갔다가 연락이 끊긴 아버지를 찾아, 남편을 찾아 떠난 것이다. 말도 통하지 않는 낯선 땅에 찾아갔지만, 척박한 생활은 지속되거나 확대되었다. 전구 공장에서 필라멘트를 잇거나 직물 공장에서 장시간 노동에 시달리다 쪽잠을 자면서 생활했다. 그렇게 일해도 재일 코리언들은 극히 낮은 임금을 받았고, 특히 어린 노동자들은 고작해야 간단한 옷과 침식만 제공받기도 했다.

그들은 '제국' 일본에서 일본인이 되어야 했다. 황국신민의 서사를 암송해야 했고, 궁성요배, 신사참배를 해야 했다. 일본인이 되어야 했으니까.

하지만 그들은 조선인이었다. 열심히 공부했지만 '조선인'이기 때문에 진학을 할 수 없었다. 특공이 되어 제국 일본을 위해 '산화'한 오빠의 빈 유골함을 받았다. 일본의 전사자에게는 유족 연금이 지급되었지만 조선인은 받을 수 없었다. 히로시마에서 피폭을 당해 평생 병을 달고 살지만, 피폭자 건강수첩은 지급되지 않았고 제대로 치료받지 못했다. '조선인'이었으니까.

재일 여성들은 폭력에 시달렸다. 일본군 '위안부'가 되어 일본군의 폭력을 온몸으로 감내해야 했다. 도박과 계집질이 찌든 남편이 휘두른 폭력은 작은 몸에 기억으로 새겨졌다. 무자비한 폭력에 휘둘리면서도 자식을 지키고자, 가정을 지키고자 억세게 살았다.

가난은 쉽게 벗어날 수 없었다. 재일 할머니들은 지금도 번지 없는 곳에서 억척스러운 삶을 살아가고 있다. 태풍으로 모든 것을 잃고 연고도 없는 '지상 낙원' 북한으로 귀국한 사람들. 헤어짐도 슬픔도 복잡하게 얽혀 있다. 이주와 이산. 이들은 아직도 이주 중인 유랑자인지도 모른다. 이들에게 고향은 어디일까?

일본인과 함께 전쟁의 참화를 온몸으로 견디었다. 공습의 공포는 온몸에 남아 있다. 소이탄의 열을 피하고 강물에 뛰어들었다. 공습과 원폭으로 주변에 주검이 넘쳐났지만, 그곳에서 가족을 기다리며 굶주림을 참아내야 했다.

전쟁이 끝났다. 해방이었다. 귀국선이 침몰하기도 했고, 어렵사리 귀국을 해도 해방 정국의 어수선함 때문에 다시 일본으로 돌아오기도 했다.

귀국을 위해, 그간 잃어버렸던 언어를 찾기 위해 '국어 강습소'가 생겼다. 잃어버렸던 우리말과 역사를 배웠다. 어렵게 건설한 조선 학교가 GHQ의 폐쇄령으로 강제로 폐쇄당하자 어린 몸으로 학교를 지키고자 싸움을 하기도 했다.

식민지와 제국 일본, 그리고 전후 일본에서 조선인으로, 재일로 살아온 여성들. 지금까지 재일 여성의 삶에 대한 기록은 없었다. 가와타 후미코는 자료를 찾아 분석한 것이 아니라 재일 여성들을 직접 만나서 이야기를 듣고 삶의 현장을 찾았다. 그는 재일 여성들의 삶을 설명하는 것이 아니라 그들의 입말을 통해 담담하면서도 감동적으로 그려내고 있다.

가와타 후미코는 그렇게 살아 있는 언어로 재일 여성의 백년사를 마치 영화처럼 써내려갔다. 하나로 모아지기에는 아주 작은 조각에 불과한 듯 보이는 각자의 삶을, 마치 그 작은 조각을 또다시 세밀히 뜯어보듯 하면서 재일 여성의 역사를 풍부하게 재구성했다. 그렇게 해서 이 책은 옆에서 직접 이야기를 듣고 있는 것처럼 재일 여성의 언어가 꼼꼼하게 재생되고, 감정의 변곡선까지 느껴질 만큼 생생함을 되살려내고 있다. 다만 우리는 그가 인용한 재일 여성들의 입말을 우리말로 옮기는 과정에서 그 생생함을 그대로 감칠맛 나게 담을 수 없다는 점이 무척이나 안타까웠다.

가와타 후미코는 오키나와에서 일본군 '위안부'를 했던 배봉기 할머니의 삶을 기록한 《빨간 기와집―일본군 위안부가 된 한국 여성 이야기》를 다듬어 펴냈다. 이 작업을 위해 10년이란 세월을 배봉기 할머니와 만났고, 5년에 걸쳐 다듬어 단행본으로 내놓았다. 10년 만남을 통해 배봉기 할머니에게 다가섰고, 그렇게 진중하고도 천천히 상처의 벽을 넘을 수 있었다.

재일 여성들과 만나도 그런 과정이었다. 한 일본인 여성으로서 재일 여성들의 삶을 조용히 들으며 그들이 온몸에 담아두어 각인되었던 상처의 기억들을 끄집어내고 기록으로 남겼다. 이 과정이 바로 온몸에 담은 상처들을 치유하는 과정이 되지 않았을까?

이 책을 번역하면서 재일 여성들의 삶에 눈을 뜨는 배움이 있었다. 알고 싶었지만 듣지는 못했던 이야기들을 알게 되었다. 번역을 통해 그런 기회를 얻게 해준 바다출판사 김인호 대표에게 감사드린다. 늦어지는 번역을 인내하며 기다려준 여미숙 팀장과, 거친 번역 문장을 말끔하게 다듬어준 이지혜 편집자에게도 고마움을 전한다. 영화를 좋아해서 한국에 무작정 머물고 있는 재일 임경희에게 특별히 감사

인사를 전하고 싶다. 임경희는 번역 과정에서 할머니들의 입말이 가지는 감정들을 설명해주었고, 우리가 모르는 재일의 삶을 이해하는 데 큰 도움을 주었다.

  이 책을 통해 이제까지 기록되지 않았던 재일 여성들의 삶이 우리의 가슴 안에 담기기를 기대한다.

2016년 1월 29일

안해룡·김해경

식민지 시대 재일 여성들의 삶과 증언
할머니의 노래

초판 1쇄 발행 | 2016년 2월 29일
개정 1쇄 발행 | 2024년 9월 30일

지은이 　 가와타 후미코
옮긴이 　 안해룡, 김해경

펴낸곳 　 바다출판사
주소 　 서울시 마포구 성지1길 30 3층
전화 　 322-3675(편집), 322-3575(마케팅)
팩스 　 322-3858
이메일 　 badabooks@daum.net
홈페이지 　 www.badabooks.co.kr

ISBN 　 979-11-6689-287-5 03900